나를 낳아주신 어머니,
오양광 (1915~)

내게 젖을 먹여주신 어머니,
강두란 (1908~1982)

내게 꿀을 먹여주신 어머니,
장 원 (1915~2000)

이 세 어머니들께 이 책을 바칩니다.

결국은
아름다움이
우리를
구원할 거야

1

뉴욕의 여신
NEW YORK

현경 지음

열림원

서문

이 책이 세상에 나온 지 벌써 12년이 되었다. 이 책은 지난 12년 동안 내게 커다란 선물들을 가져다주었다. 그 많은 선물 중에 내게 가장 소중한 것은 이 책을 통해 만나게 된 사람들과 그들이 경험한 삶의 변화였다. 그들은 예상하지 않은 장소들에서 오랫동안 숨겨진 보물들이 갑자기 나타나듯 그렇게 나를 찾아왔다. 한국의 공중목욕탕에서 샤워를 하고 있는 나를 "현경 선생님이시지요?" 하면서 알몸으로 와락 끌어안았던 할머니, 눈 내리는 겨울날 눈을 흠뻑 맞으며 서울에서 뉴욕 유니언 신학대학원까지 나를 찾아온 배우, 자살하려 나갔다가 책방 쇼윈도에서 이 책을 보고 다시 살기로 결심한 탈북 여성, 파리의 지하철에서 우연히 만난 방황하던 유학생, 맨해튼 소호의 한 갤러리에서 전시회를 하고 있던 젊은 화가, 종교와 성 정체성 사이의 갈등으로 깊은 고민에 빠져 있던 동성애자 학생, 잘못

된 선택이었던 결혼에서 빠져나와 새 삶을 선택한 젊은 여성, 성공한 직장을 버리고 중년의 나이에 꿈에도 그리던 일을 하기 위해 외국 유학길에 오른 전문직 여성, 사업은 크게 성공했지만 인생의 허무함에 늘 우울해했던 CEO, 지역에서 환경운동을 하며 자연 치유를 공부하는 농부, 사람을 살리는 집을 짓고 싶어 하는 건축가, 새로운 신학의 출구를 찾고 싶어 하는 젊은 신학도들……. 그들은 내게 찾아와 자기 영혼의 가장 내밀한 방을 열어 보이며 나를 초대했다. 그 방에서의 대화들이 그들과 나의 삶을 변화시켰다. 그들은 자신의 "진짜 자아"를 찾아 자신을 가장 가슴 뛰게 하는 사랑과 일을 찾아갔다. 그리고 그들 중 몇 명은 나의 소중한 친구, 동료, 도반, 그리고 애인이 되어 지금도 항상 내 곁을 지켜주고 있다. 모두 "그녀", 여신 덕분이다. 내 안의 여신이 그들 안의 여신들을 깨워냈고 그들이 모셔 온 여신들이 내 안의 여신을 훌쩍 자라게 했다.

나에게도 그간 큰 변화가 있었다. 나는 내 안의 여신이었던 "권인觀音"을 따라 마음공부를 계속하면서 숭산 스님이 세우신 관음선원에서 불교 법사가 되었다. 그 자격으로 매일 새벽 유니언 신학대학원과 컬럼비아 대학의 학생들에게 선禪명상을 지도한다. 명상의 세계는 우리 학생들과 나의 업보를 녹이며 우리에게 영혼의 진보를 가져다준다. 그들의 표정이 평화롭게 바뀌고 그들의 삶에 새 생명이 넘치는 것을 보며 예수와 부처의 만남에 감탄할 뿐이다. "그녀"가 내게 말한, 아티스트로 살라는 계시도 서서히 이루어지고 있다. 뉴욕의 브루클린 뮤지엄, 루빈 뮤지엄과 공동 작업을 했고, 2015년부터는 메트로폴리탄 미술관에서 "세계 종교의 명작들과 명상"이라는 과목을 미술관의 큐레이터와 함께 가르칠 예정이다. 사람이 없는 미술관에 일찍 학생들과 가서 명작 앞에 앉아 함께 명상하고 그 명상의 내용을 함께 나누는 수업이다. 나의 숙원이었던 영성, 예술, 사회변혁운동을 아우르는 신학의 세계가 숙성되어가고 있다. "그녀" 덕분에 나는 우리 세대가 꼭 이루어야 하는 역사적 과제가 한반도의 통일이라는 것을 더욱 분명히 알게 되었다. 이 일에 내 작은 힘이라도 보태려고 남북 여성 함께 잘 살기 운동, 여성 평화 대화 운동 단체인 "조각보"를 만들어 활동하고 있다. 조각보를 통해 많은 탈북 여성들을 만났고, 그들을 통해 60년간의 헤어짐도 자매애 앞에서는 아무것도 아니라는 것을 배웠다. 남북 여성이 자신들 안의 여신을 찾아내고 "그녀"를 통해 마음으로 자매가 되는 것으로 이미 통일은 이루어진 것이며 이제 그것을 정치, 경제, 문화적으로 확대해나가기만 하면 된다는 것도 알게 되었다. 그들이 탈북 과정에서 얼마나 많은 트라우마를 겪었는지, 그러나 얼마나 용감하게 남한에서의 어려운 삶을 개척하고 있는지도 그들과의 깊은 나눔을 통해 조금씩 배워가고 있다. 그들의 이야기들은 50대 중반인 나를 다시 학생이 되어 공부하게 만들었다. 나는 지금 독일에서 트라우마를 가장 영성적인 방법으로 치료하는 심리치료사가 되기 위해 훈련 과정을 밟고 있다.

"그녀"의 가르침은 단순하고 힘 있다. 그녀는 우리 영혼의 진보가 우리 삶의 모든 문제를 해결해준다는 것을 가르쳐준다. 그 영혼의 진보는 나를 살리고 이 세상과 지구를 살리는 힘으로 표현된다. 우리는 지금 어느 때보다도 신적인 여성성이 필요한 시대를 살아가고 있다. 폭력적인 지구화를 가속시키는 현재의 정치, 경제, 문화 양식은 우리 자신과 세상, 그리고 지구를 서서히 죽여가고 있다. 살아남기 위해서, 아니, 더 나아가 풍성한 삶을 축하하기 위해서 "그녀"의 힘이 더욱 요청된다. 죽임의 세력을 넘어 살림의 문명을 만들어가려면 부드럽고 연약해 보이지만 관계를 맺고, 가꾸고, 분쟁을 평화와 화해로 바꾸어내는 신적인 여성성을 찾아 잘 키워가야 한다. 그래야 나도 살려내고, 세상도 살려내고, 지구도 살려낼 수 있다. 세상의 모든 변화는 내가 먼저 변해야 성취된다. 간디는 "세상의 평화를 원하십니까? 그럼 당신 자신이 먼저 평화가 되십시오."라고 가르침을 주셨다. 우리가 삶으로부터 원하는 모든 것은 우리 자신이 그 원함의 내용과 에너지를 스스로 체화하면 우리에게 현실이 되어 온다. 그래서 나는 더 이상 내 밖의 여신을 찾지 않는다. 여신의 에너지를 체화하려고 매 순간 노력할 뿐이다. 이 책의 기운을 통해 독자 여러분 모두가 자기 안의 여신을 찾아가기를 기도한다.

결국은 그 아름다움이 우리 모두를 구원할 것이다.

2013년 성탄절을 기다리며
뉴욕의 눈 쌓인 옥탑방에서
현경 모심

프롤로그
여신, 살림이스트, 그녀의 탄생

 이 책을 쓰는 과정은 마치 불임의 여인이 각고 끝에 어려운 임신을 해서 온갖 임신 중독증을 거치면서 아이를 낳는 과정 같았다. 그것도 마치 '애비 없는 아이'를 낳는 것 같았다. 여러 사람들이 이 아이가 나오는 걸 원치 않아 낙태를 하거나, 나 혼자 몰래 아이를 낳아 숨어서 그 '뼈대 없는 집 아이'를 키우라고 하는 것 같았다. 그래서 많이 고민했다. 아이를 낙태시킬 것인지, 정말 몰래 눈에 안 띄는 어딘가에 가서 낳을 것인지, 그리고 계속 숨어서 이 '이상한 아이'를 키울 것인지······.
 그러다 이 태아가 '딸'이고 그들의 기준으로 보았을 때 소위 '정상이 아닌 장애아'라는 것이 밝혀지자 주위 사람들의 낙태 권고는 거의 '신생아 살해' 수준으로 극심해졌다. 이제 오십이 다 돼가는 나이에 그런 장애아 딸을 낳아 어디다 쓰겠느냐고, 지금껏 성공적으로 잘 살아왔고, 이제야 겨우 학자로서 삶의 자리도 잘 잡아 살 만해졌는데 왜 그런 고생을 사서 하느냐고, 괜히 그런 이상한 애 낳아서 노년에 "신세 조지지" 말고 편하게 살아가라고…….

나는 그들의 권고에 많은 날을 고민했다. 그러다 결심했다. 떳떳하게, 당당하게, 그리고 자랑스럽게 이 '이상한 딸'을 낳아 햇빛 잘 드는 세상의 양지에서 키우겠노라고. 왜냐하면 모든 아이들은 하느님의 아이이고, 많은 영웅신화는 소위 '애비 없는 아이'나 '뼈대 없는 집 아이'들이 세상을 바꾸는 이야기로 가득하고, 이상하게 생긴 '장애아'도 자신의 생명을 축하하고 모든 사랑을 받으며 자라날 권리를 갖고 있기 때문이다. 아이의 이름은 '미래에서 온 편지'였다.

딸아이를 낳는 과정은 이러했다.

나이 사십이 돼가면서 나는 인생과 사람에 흥미를 잃기 시작했다. 학생운동과 여성운동을 거치며 신나는 일과 사랑을 찾아 '이상주의자'로 살아온 나는 그 과정 속에서 일이나 사랑이나 인생이나 사람이나 다 그렇고 그런 거라는 비참한 결론에 도달했다. 일련의 배반 사건들과 혁명의 붕괴들은 나의 삶과 인간에 대한 뜨거운 사랑, 혁명과 새로운 세상에 대한 열정에 산성비를 뿌렸다. 다 스러져가는 삶의 불씨를 감지하며, 죽지 않기 위해, 나 자신을 치유하기 위해, 아니 불치의 병에 걸려 죽어야만 한다면 한마디 유언이라도 남기기 위해, 이 책을 쓰기 시작했다. 누구에게 보이기 위해 쓴 것이 아니고, 미치지 않기 위해 나 자신에게 쓰기 시작했던 것이다.

그렇게 써내려가다가 그래도 끊어지지 않는 번뇌에, 기독교 신학자가 머리를 깎고 계룡산 신원사로 스님들과 함께 동안거를 하러 들어갔다. 동안거가 끝나가는 어느 휴일, 내가 하버드 교수로 있을 때부터 알아왔던 뉴욕 조계사 주지이신 묘지 스님, 숭산 스님의 제자이신 현각 스님, 그리고 나, 이렇게 셋이서 눈 쌓인 계룡산 등반을 나섰다. 하루 종일 눈길을 걸으며 우리는 우리 삶에 대한 길고 긴 이야기들을 나누었다. 등산의 끝에 어느 따뜻한 산마을 식당에 앉았을 때 묘지 스님과 현각 스님은 내가 오늘 그들과 나눈 이야기를 꼭 책으로 쓰라고 격려를 해주셨다. 나에게 항상 어머니처럼 대해주시던 묘지 스님은 내가 이 책을 내면 한국의 많은 좌절한 여성들이 힘을 받을 거라고 하셨고, 현각 스님은 이 책이 영적으로 목말라 하는 한국의 젊은이들에게 좋은 지표가 될 거라고 하셨다. 망설이고 머뭇거리는 내게 그 당시 베스트셀러 『만행』을 내신 현각 스님께서 "선생님 책이 나온다면 제 책 『만행』은 '아기 책'이 될 거예요."라는 겸손한 한국말 표현까지 만들어가며 격려하셨다. 현각 스님의 강력한 추천으로 열림원 출판사와 인연이 되어 2년에 걸쳐, 거의 6년 전부터 쓰기 시작했던 이 책을 완성하였다. 다 쓰고 나니 왜 그렇게도 수다를 떨었는지 세 권의 책이 되어버렸다. 이 책은 마치 '다시는 이런 책을 절대로 안 쓰기 위해서' 쓴 책 같다. 이상한 세쌍둥이 딸아이들을 낳은 것이다.

나는 이 책을 통해 딱 한 마디를 하고 싶었다. 그것은 우리가 어떤 큰 슬픔이나 상처, 분노와 두려움도 그것을 큰 기쁨과 치유, 자비와 자유로 바꿀 수 있는 내적인 힘을 가지고 있다는 것이다. 그리고 그 힘으로 모든 죽임당하고 있는 것들을 치유하고 살려낼 능력 또한 가지고 있다는 것이다. 그 힘은 우리가 태어날 때부터 가지고 나온 우주의 선물이다. 나는 그 힘을 '여신'이라는 메타포를 사용해서 표현했다. 그러나 '그녀'로 표현되는 이 여신은 단순히 메타포만은 아니었다. '그녀'는 내가 지금 살아 숨 쉬고 있다는 사실보다 더 '진짜real인' 진실이었다. 나는 내 삶을 이끌어가는 원초적 힘인 '그녀'를 13년 전에 처음 만났다.

당시 나는 잘 안 써지는 박사논문과 무너져가는 결혼 생활로 고민하고 있었다. 일과 사랑에 다 실패한 사람처럼 느끼며 '죽음에 이르는 병'을 깊이 앓고 있을 때 '그녀'가 나타났다. '그녀'는 그때 나의 작은 마음과 가슴, 상상력으로는 잘 해석도 안 되는 '비전'들을 보여주며 나를 절망의 심연으로부터 구출해주었다. 지난 13년간 '그녀'는 나의 어머니로, 가장 다정한 친구로, 스승으로, 치유자로, 무엇보다 중요하게 나의 여신으로 곁에 있어주었다. '그녀'의 위로와 가르침, 보살핌과 돌봄 때문에 나는 용감하게 나를 가장 가슴 뛰게 하는 '그 무엇'을 따라가며 살 수 있었다. '그녀' 덕분에 나를 황홀하게 하는 '일과 사랑'을 찾았고, '참나True Self'를 찾은 것이다.

처음 '그녀'가 내 삶을 뒤흔드는 비전들을 보여주었을 때 나는 그들을 어떻게 소화해내야 할지 잘 몰랐다. 그래서 기도를 더욱 열심히 했고 칼 융을 전공한 페미니스트 심리상담자를 찾아가 꿈의 분석, 정신분석을 받았다. 그녀는 나의 비전 이야기를 듣자 잠시 침묵의 시간을 갖자고 하더니, 침묵 끝에 이렇게 말했다.

"현경, 정말 축하해요. 우주가 당신께 큰 축복을 내리는 것 같군요. 이런 경험은 너무도 소중한 것이니까 앞으로 10년 동안 이 경험에 대해서 말하지 마세요. 10년이란 세월이 지나면 모든 것이 검증되고 비전의 의미들을 당신 스스로 환하게 이해하게 될 거예요. 당신이 지금 하고 있는 이 '비전'에 대한 명상은 당신 학문 분야에서 열 개의 박사학위를 받는 것보다 더 어렵고 힘든 일일 거예요. 그러나 또한 이것만큼 당신 삶에서 소중한 공부도 없을 거예요. 힘든 공부 시작했으니 가능한 한 잘 먹고, 잘 쉬고, 많이 주무세요."

그래서 지난 13년간 계속돼온 '그녀'의 비전들에 대해 한 번도 공식적으로 이야기해본 적이 없었다. 더 큰 가르침을 받기 위해 훌륭한 신부, 수녀님 들에게, 큰스님들에게, 세계 도처의 도인들에게, 그리고 여러 전통의 심리상담 치유자들에게 비전에 나오는 상징적 의미들에 대해 개인적으로 의논드린 적은 있었다. 그러나 깊은 골방에서 조용히 이야기의 보자기를 풀었다가, 그 스승들의 방을 나오면서 '그녀의 비전'들을 다시 보자기로 꽁꽁 싸서 집으로 가져오곤 하였다.

이러던 중 몇 년 전부터 '그녀의 반란'이 시작되었다. "시간이 없다."라고 속삭이면서 이제는 아이를 낳으라고 나를 부추겼다. 특히 1999년, 2000년 히말라야에서 '방랑하는 수도승'으로 이곳저곳 순례여행을 떠났을 때 '그녀'는 비전들을 이제는 세상에 내놓으라고 거의 '닦달질'을 했다. 그래서 전기도 안 들어오는 히말라야의 산마을에서 촛불을 켜놓고 하루에 열다섯 시간씩 글을 썼다. 나중에는 손이 아파서 도저히 못 쓸 때까지 신들린 듯 그렇게 매일 글을 썼다. 히말라야를 떠나 뉴욕으로 돌아올 때는 A4로 8백 쪽가량 되는 원고가 내 손에 들려 있었고 공항의 큰 게이트 글씨도 보이지 않았다. 1년간의 무리한 촛불 아래의 글쓰기가 좌우 시력 1.5였던 내 눈을 망가뜨린 것이다. 그래도 나는 기뻤다. 이 아이가 태어나는 기쁨에 비하면 눈이 나빠진 것쯤은 얼마든지 참을 수 있는 고통이었다.

나는 내가 직접 보고 경험한 비전들에 대해 실증적으로, 과학적으로 증명할 수 있는 어떤 물적 증거도 가지고 있지 않다. 그러나 사도 바울이 다메섹 도상에서 예수를 만나 전적으로 삶이 변화되었듯이, 중세 독일의 힐데가르트 수녀님이 하느님이 '녹색의 기운'인 것을 보았듯이, 히말라야의 성자 밀라레파가 비전을 보면서 구도의 길을 떠났듯이, 또 수피 시인 루미가 애인 같은 신의 현존에 취해 춤추고 노래했듯이, 나는 세계의 많은 영적인 길을 가는 사람들의 가장 구체적인 삶의 경험의 증언 속에서, 그리고 나 자신의 경험 속에서 '사실'보다 더 '진실'인 그 비전의 참됨을 느낄 수 있다. 그래서 누군가가 그 비전들이 진실인 것을 어떻게 아느냐고 물어온다면, 나는 "그냥 안다."라는 대답밖에는 할 수가 없다. 이 책에 나오는 열 개의 비전들은 '진짜로' 내게 일어났던 일들이다. 어떤 소설적인 꾸밈이나 구성도 이 증언에는 들어 있지 않다.

이제는 이 비전들이 내밀한 나만의 방이라는 음지에서 벗어나, 세상이라는 양지에 알몸으로, 그러나 부끄러움 없이 나와야 되는 때가 된 것 같다. 흑인 여성운동가이며 시인인 오드레 로드의 "나의 침묵은 나를 보호하지 못했다My silences had not protected me."라는 말처럼, 세상이 우리에게 수치감을 강요하는 그러한 비밀스러운 침묵을 깨야만 우리는 진정으로 자유로워질 수 있다.

내가 히말라야에서 손으로 열심히 썼던 글들이 컴퓨터에 넣어져 분명하게 읽을 수 있게 되었을 때, 나의 주변에 있는 멀고 가까운 이들 60명쯤이 이 글을 접할 기회가 있었다. 내용이 '논란'을 많이 일으킬 것 같다는 출판사의 우려 때문에 각기 다른 분야에 있는 남녀노소의 사람들이 동원되어 이 책을 읽게 되었다. 여러 종류의 반응들이 쏟아져 나왔다. 세 권의 책을 하룻밤을 다 새워가며 눈물을 펑펑 쏟으며 읽었다는 10대, 20대의 젊은 여성들부터, 내용이 너무나 재미있고 자신들에게 영혼의 옷을 벗을 용기를 주었다는 30대, 40대의 친구·동료들, 절대로 이 책을 출판해선 안 된다는 60대, 70대의 남자 어른들, 전체적인 과감한 수정이 필요하다는 30대, 40대의 남자 동료들, 이 책 때문에 내가 받을 박해를 걱정하는 여러 친구들, 예술적·영적인 완성도를 높여야 한다는 예술가·성직자 지우들, 그 외의 여러 분들이 많은 조언을 해주셨다. 그분들의 반응은 나에 대한 진정한 배려였고, 그 자신들이 감지하는 '세상물정'에 근거한 이야기들이었기 때문에, 나는 가능한 한 열린 마음으로, 배우는 마음으로 받아들이려고 노력했다. 특히 이 책을 내지 말라고 하는 분들이나 전면적인 수정을 하라고 하는 분들과는 긴 대화와 토론, 설득의 과정을 가졌다.

나를 어린 시절부터 키워주시고 나를 정말 아끼시는 노령의 한 목사님은 절대 이 책을 내지 말라고 하면서 이렇게 말씀하셨다.

"너는 세계적인 학자이지 물의를 일으키는 연예인이 아니야. 너는 얼마든지 학문적인 능력이 있어. 말하고 싶은 것을 학문적·객관적으로 표현해. 개인적인 경험으로 표현하지 말고. 내가 이 나이까지 살면서 깊이 느낀 것은 한국 사람들이, 한국 사회가 창조적인 사람들에게 얼마나 잔인한가 하는 것이야. 네가 개인적인 '사생활' 이야기까지 쓰면 너는 훌륭한 학자에서 남들의 가십거리, 술자리의 안주로 전락하게 되는 거야. 너, 권력 있는 한국 남자만 너한테 잔인할 줄로 생각하면 큰 오해야. 아마 소위 말하는 '보통의 한국 여자'들이 더 잔인할 거야."

나는 그 목사님께 이렇게 답변을 했다.

"목사님, 저도 물의를 일으키는 연예인들과 똑같은 여자입니다. 그뿐 아니라 사람들이 천하다고 멸시하는 여자들과 근본적으로는 하나도 다르지 않은 또 하나의 한국 여자입니다. 저는 그들의 편을 들어주고 싶지, 제가 그 여자들과는 다른 여자라고 하고 싶지 않습니다. 남자들이 자기 멋대로 구분하는 소위 '고상한 여자', '고상하지 않은 여자'라는 틀을 깨야만 여자들은 더 큰 자유를 누리고 자신을 찾을 수 있습니다. 모든 여자가 함께 자유로워질 때까지는 어떤 한 여자만 특출하게 혼자 자유로워질 수가 없는 겁니다. 저는 다른 한국 여자들이 두려움과 억울함의 옷을 벗을 수 있도록 먼저 저의 영혼의 옷을 벗고 싶었습니다."

목사님께서는 너는 '여자 전태일'이 되려고 하는 거냐, 예수께서 비둘기처럼 순결하지만 또 뱀처럼 지혜로우라고 하셨다. 나는 잔인한 인간들이 너를 술자리 안주로 씹을 생각을 하면 걱정이 돼서 잠이 안 온다 등등 여러 말씀을 하면서, 미국으로까지 전화를 걸어 생각을 바꾸라고 충고하셨다. 나는 목사님께 '여성주의 글쓰기'가 왜 남자들의 글쓰기와 다른지, 왜 페미니스트들이 '개인적인 것이 곧 정치적인 것이다'라고 하는지, 왜 최근 학문의 세계적인 추세가 '공과 사'의 구별을 없애려고 하는지, 여러 학자들의 예를 들어가며 설명해드렸다. 그럴 때면 목사님은 한마디로 반론을 제기하셨다.

"그건 한국이 아니잖아. 한국은 잔인한 나라야."

아마 긴 세월을 살아오신 목사님의 통찰력이 맞을지도 모른다. 그러나 나는 안네 프랑크가 유대인 학살 때 죽어가면서 남긴 말을 떠올린다. "그래도 나는 사람들은 원래 다 좋은 사람들이라는 걸 믿는다." 나도 안네 프랑크처럼 한국 사람들의 잔인성 너머에 있는 우리 민족의 정겹고 따뜻한 마음을 믿고 싶었다. 원칙이 없을 정도로 정에 이끌리는 한국인의 근본적인 따뜻한 마음이, 외세의 침입, 식민주의, 군사독재주의와 경제적 침략 등에 의해 뒤틀린 현재 한국인의 정서보다 더 깊다고 굳게 믿고 싶었다. 목사님은 수많은 토론을 거친 끝에 마침내는 나를 축복해주셨다. 내가 만약 당하게 되면 목사님께서 직접 서평을 써주시겠다고 하시면서…….

그다음에 긴 대화를 나누어야 했던 사람들은 페미니스트 동료들과 학문, 예술, 종교 분야에 있는 지우들이었다. 한 페미니스트 선배는 내 책이

자기가 아는 나의 모습보다, 나의 깨달음보다 훨씬 거칠고 깊이 없게 표현되었다며 출판을 중지하라고 했다. 또 존경하는 한 예술가 선배는 내 책이 '멜로드라마' 같은 구석이 있다며 예술적·문학적 완성도를 높이라고 했다. 그리고 페미니스트 후배들은 책 구석구석에서 '정치적으로 맞지 않는 politically incorrect' 부분이 나타난다며 페미니스트 정치학에 맞게 내용분석을 다시 해보라고 했다. 그들의 비평을 들으며 나는 몇 번이고 다시 글을 읽어보다가 이런 결론에 도달했다.

나는 이 책을 다 깨달은 사람으로서 산 위에 올라가 산 밑을 내려다보며 쓴 것도 아니고, 문학 비평가들을 의식하고 예술성 높은 소설을 남기기 위해 쓴 것도 아니다. 또한 완벽한 페미니스트로서 옳은 페미니스트 정치학 연설을 하기 위해 쓴 것도 아니다. 이 책은 어떤 의미에서 참자아를 찾아 떠난 '발칙한 년의 순례기'이다. 원래는 발칙한 여자가 아니었지만, 이 가부장적 자본주의 사회 속에서 그 무엇에 의해서도 식민지화되지 않기 위해 안간힘을 쓰다 보니 '발칙한 년'이 되었고, 그 발칙한 년까지 사랑하는 우주의 큰 사랑을 표현하기 위해 이 책을 쓴 것이다. 아니, 정확히 말하자면 내가 쓴 것이 아니다. 이 책은 '그녀'의 닦달에 몰려 쓰인 것이다.

이 책은 순례의 결론에 대한 책이 아니라, '순례의 과정'에 대한 책이다. 거칠고 깊이 없고 멜로드라마처럼 들리고 또 페미니스트 정치학에 맞지 않더라도, 정말 있는 그대로의 복잡한 나의 순례 과정이었기 때문에 거르지 않고 쓰고 싶었다. 실제로 여러 곳에서 단선적·평면적·파편적으로 보이는 표현들도 나타났다. 그러나 그때 내 상태가 그랬으니까 그냥 그렇게 표현되는 채로 놔두고 싶었다. 왜냐하면 우리의 영적인 순례, 영적인 진보 과정은 네 발자국 앞으로 나갔다가 세 발자국 뒤로 후퇴하고, 또 어떨 때는 두 발자국 앞으로 나갔다가 아홉 발자국 뒤로 후퇴하는 과정이기 때문이다. 내가 내 나름대로의 영적인 순례를 거치면서 도달한 결론은 '도인은 없다. 그리고 우리 모두는 도인이다'라는 역설적인 것이었다. 아무리 높이 깨달은 자도 깨어 있지 않으면 금방 미혹의 구렁텅이에 빠질 수 있고 아무리 못된 연쇄살인범 같은 사람도 마음 하나 돌리면 깨달은 도인이 될 수 있기 때문이다. 나는 도(道)적·예술적·정치적 '완성도'에 신경 쓰며 책을 쓰진 않았다. 이 책을 통해 태어나려고 하는 그 아이가 가장 '자기답게' 태어나게 하려고 그저 '대리모' 역할만 했을 뿐이다. 히말라야 산중의 티베트 마을 입구에서 보았던 진흙과 돌로 무심코 세워진 탑들처럼 무심하게, 자연스럽게, 생긴 대로, 그렇게 아이가 세상에 태어나길 바랐다. 나의 훌륭한 동료들 눈에는 이 아이가 거의 '장애아'에 가까운 못난 칠삭둥이로 보일지도 모른다. 그러나 어떻게 하겠는가. 이미 아이는 자기 팔자대로 만들어졌다. 그리고 아이란 자기가 이 세상에 나오고 싶을 때 나오는 법이다.

 이 책은 나의 '작품'이 아니다. 나의 '아이'이다. 아니, 더 정확히 말하자면 '그녀의 아이'이다. '그녀' 때문에 이 아이가 생겼고, '그녀' 때문에 이 아이를 낳게 되었다. 아무리 부모가 완벽한 아이를 기대한다 해도 아이는 자기답게 운명을 타고나듯이, 이 '미래에서 온 편지'라는 아이도 제 운명을 타고났다. 이제 나는 이 아이를 낳고 이 아이가 제 운명대로 세상과 만나고 세상을 헤쳐나가는 것을 '엄마 마음'으로 바라볼 뿐이다. 그래서 나는 동료들에게 일일이 답변을 한다. "나의 후짐을 용서하라"고. "아이가 '못난이, 장애아'라 하더라도 그대로 사랑해달라"고. "이 아이는 태어나야만 하고 나는 그래서 낳을 수밖에 없다"고.

마지막으로 나는 '엽기적'이라고 불린 이 책의 '오해받을 위험성'을 감지하며 '수위 조절'을 하자는 많은 영적 도반들에게 티베트의 '탕가' 개념을 가지고 그들을 설득시키려 노력했다. 지금까지 선화 Zen Painting 같은 순례기만 보셔서 제 책같이 복잡한 책을 읽으시려니 힘들어하시는 것 같다고. 이 책은 티베트의 탕가에 가까운 책이라고. 선화처럼 큰 백지에 검은 먹으로 한 줄 멋있게 긋는 것이 아니라, 탕가처럼 알록달록한 색에 오만 가지 내용이 다 나타나는 그런 그림이라고. 탕가의 중심에는 부처님이 계시지만, 그 주변에는 인간의 창자를 꺼내어 씹어 먹고 있는 마라, 도 트겠다고 열나게 섹스하고 있는 인간들, 온갖 탐·진·치에 물들어 발광하는 인간들이 죽 나열되어 있다고. 나도 그런 영성 그림을 그리고 싶었다고. 인간의 빛과 그림자가 그대로 드러나는, 일하고, 도 닦고, 밥 먹고, 똥 누고, 섹스하는 생활에 전혀 분리가 없는, 있는 그대로의 영적 순례기를 보여주고 싶었다고. 특히 여성의 분노와 억울함, 슬픔을 소중히 여기고, 그 분노와 억울함, 슬픔 때문에 많이 깨지고 많이 상한 여자일수록 그걸 극복만 하면 온 세상을 바꿀 만한 큰 기쁨과 자유, 생명력을 얻게 된다는 것을 보여주고 싶었다고. 여성들을 얽어매는 억압의 사슬을 아름다운 금목걸이로 변화시킬 수 있는 '영혼의 연금술 Alchemy of Soul'을 보여주고 싶었다고.

마지막 결론만이 아니라 그 구질구질하고 신파조인 모든 과정을 보여주고 싶었다고. 사실은 그런 구질구질한 도가 진짜 더 깊은 도라고. 이렇게까지 내가 마음을 열고 당신들을 이해시키려 하는데 그래도 반대한다면 나는 혼자라도 이 길을 가겠다고. 나도 '한다면 하는' 여자라고……. 오랜 시간 온갖 감정의 파노라마를 거치며 나의 영적 지우들과 책의 내용에 대해 옥신각신했다. 그래서 마침내는 아이의 근본적인 모습에 변화가 없는 정도에서, 아이의 배꼽 모양을 좀 다르게 꿰매는 수준으로 책의 내용이 수정되었다.

이러한 오랜 산고 끝에 드디어 이 아이가 나오게 되었다. 노벨상을 받은 여성과학자 바버라 매클린톡의 연구대로 아마도 이 아이는 '튀는 유전자Jumping Genes'에 의해 만들어졌는지도 모르겠다. 생명을 죽이는 시대환경 때문에 튀는 아이가 만들어진 것 같다. 지금의 문명을 만들어낸 가부장적 자본주의는 모든 '여성적인 것' 모든 '다름'을 두려워하고 미워했으며, 급기야는 그것들을 죽여왔다. 자연과 여성에 대한 억압, 유색인종·제3세계 원주민 문화에 대한 억압 등이 식민주의의 모습으로, 문화제국주의의 모습으로, 노골적인 여성비하·학대의 모습으로 우리 삶을 뿌리부터 병들게 만들었다. '다름'을 인정 못 하는 자들은 그들이 미국적 시장근본주의사들이든, 탈레반의 종교근본주의자들이든, 아니면 여자의 육체적 '다름' 때문에 사제직을 못 주겠다는 교황청의 높으신 분들이든 모두 다 우리 삶의 생명력을 억압하고 인간 영혼의 진보에 해독을 끼치는 사람들이다.

나는 이 책을 통해서 비인간적인 지구화Globalization 과정, 지구 살해 Eco-Cide, '다름'에 대한 폭력 속에서도 푸르게 생명을 뿜어내며 우리를 그 푸른 생명에로 뛰어들라고 불러내는 '그녀'의 목소리를, 생명을 목말라 하는 모든 사람들과 나누고 싶었다. 그중에서도 특히 한국의 젊은 여성들과 나누고 싶었다. '그녀'의 목소리 속에는 정의롭고 해방적인 풍성한 삶을 보여주었던 예수의 열정, 깨어 있는 평화로움을 보여주었던 부처의 시원함, 기쁨으로 가득 찬 축제적 삶을 보여주었던 고대 여신종교의 신神남, 바람처럼 구름처럼 자연이 되어 흘러갔던 노장사상의 지혜, 생명의 작은 진동도 감지할 수 있었던 원주민들의 감수성이 다 녹아 들어가 있다. '그녀'는 모든 생명의 엄마이기 때문이다. '그녀'의 '엄마 마음' 속에서 정의와 돌봄에 근거한 21세기 새로운 문명의 징조가 태어나고 있다. 생명의 순환적인 주기, 생명의 그물망 안에 하나로 연결되어 있는 생명체들의 상호소통·협동·상생적 에너지 속에서 '그녀'는 부서져 파편화되었던 우리의 존재를 온전히 치유한다.

19세기가 진리에 관심을 두었던 '진'의 세기라면, 20세기는 정의·인권·평등의 문제에 열정을 쏟았던 '선'의 세기, 21세기는 그 '진'과 '선'의 갈등과 투쟁을 넘어 그것들을 모두 감싸고 치유하고 통합할 수 있는 아름다움으로 새로운 문명을 창출해내는 '미'의 세기가 될 것이라고 나는 예감한다. 그것은 단순히 나 혼자 느끼는 개인적인 예감이 아니라, 동서양의 성자들이, 원주민 중의 현인들이 오래전부터 21세기에 대해 예언했던바 문명의 전환이다. '여성적인 힘'이, 돌보고 가꾸는 '엄마 마음'이, 남녀노소 안에 잠들어 있는 '여신'들을 깨어나게 하면서 정의와 지혜, 돌봄과 자비에 근거한 새 문명을 만들어갈 것이다.

마침내 '미래에서 온 편지'라는 딸아이가 태어났다. 딸아이는 모든 것을 살려내는 '살림이스트Salimist 전사'이다. 여전히 폭탄과 증오가 비 오듯이 쏟아지는 21세기 초반에, 이 아이는 "결국은 그 아름다움이 우리 모두를 구원할 거야!" 하면서 우리를 큰 평화와 생명으로 이끌 것이다. 그녀가 개미처럼 작지만 단단한 지구 살림 민병대 전사들을 모아 우리 안의 폭력을 그녀의 아름다움과 생명으로 무장해제시킬 때, 그리고 그녀가 거미 여인처럼 그녀의 지혜로 우리를 연결시키며 우리 안에 '녹색의 기운'을 불어넣어줄 때, 우리가 꿈꾸던 '그날', '새 하늘과 새 땅', '서방정토'가 지금 여기서 열릴 것이다. 나는 오늘 그녀의 탄생을 여러분 모두와 함께 축하하고 싶다.

"보라.
여자아이가 태어나
세상을 구원으로 이끌 텐데,
그 아이의 이름은
'살림이스트'이다.
하늘엔 영광,

땅에는 평화,

지구에겐 생명,

우리에겐 신神남.

여기 그 아이가 있다.

이 여자아이를 보라!"

이 책에 나온 내용은 모두 내가 경험하고 해석한 사실에 근거해 있다. 본인들의 요구에 의해 이름과 아이덴티티를 고친 소수의 사람을 제외하고는 모두 실명을 사용하였다. 혹시라도 저자의 '내공'이 부족해 잘못 해석된 부분이 있다면, 이 책을 읽는 독자들 안의 여신이 그러한 잘못까지 뛰어넘어가면서 '그녀'의 진정한 메시지를 밝혀내기를 기도한다.

이 아이가 태어나는 과정 속에서 도움을 주셨던 그 많은 고마운 이웃들에게 내 마음 깊은 곳으로부터 진정한 감사를 올린다.

2001년 12월
21세기 처음 맞는 성탄절을 기다리며
서울의 흐린 하늘 밑에서
현경

살림이스트 선언

살림이스트: 명사 '살림'에서 온 말;
모든 것을 살아나게 함

1.

한국의 에코페미니스트 혹은 한국 에코페미니스트의 비전에 참여하고 싶어 하는 세계의 모든 사람들을 의미. 살림이스트는 모든 것(특히 죽어가는 지구)을 살아나게 함. 살림은 한국 여성이 매일 하는 가정일을 일컬음. 예를 들면 나무하기, 물 긷기, 음식 하기, 빨래하기, 베 짜기, 아이 키우기, 병간호, 노인 돌보기, 꽃·나무 가꾸기, 우물 지키기, 소·닭·개 키우기, 그리고 집의 영靈들을 돌보기 등. 살림은 또한 망가지는 것(냄비, 신발, 그리고 가슴 등)을 고치는 일을 일컬음. 한국 사람들이 "저 여자 살림꾼이네." 하고 말하면 그것은 그 여성이 모든 것을 살아나게 하는 기술, 예술, 전문성이 있음을 말함. 예를 들면 모든 사람을 배부르고 행복하게 먹이는 것, 가족의 평화, 건강, 풍요함을 끌어내는 것(이때의 가족은 모든 종류의 생명을 포용하는 큰 가족 개념을 의미), 아름다운 삶의 환경을 만드는 일 등.

2.

살림이스트는 마술사, 혁명가, 여신처럼 모든 것을 만짐. 그녀가 만지면 모든 것이 웃고, 자라고, 태어나면서 생생해지고, 색깔을 띠고, 살아나게 됨. 그녀는 채식주의 음식을 즐겨 만듦(그러나 아주 가끔, 그녀가 화가 매우 많이 나면 못된 놈들을 큰 솥에 넣고 끓이기도 함). 그녀는 운동의 전략이나 근본적인 사회 변혁의 비전을 요리해내는 것도 즐김. 그녀는 라틴아메리카의 에코페미니스트 '콘스피란도'들처럼 함께 머리를 회전시켜서 중요한 것을 짜냄. 그녀는 어떤 조건하에서도 살아남음! 그녀는 깔깔대는 아이들을 씻기는 것, 더러운 늙은 남자들에 의해서 만들어진 정치·경제 제도와 오염된 강을 청소하는 것이 취미임. 어떤 살림이스트들은 더러운 늙은 남자가 만들어내는 쓰레기를 '가부장적 자본주의'라고 부름. 그녀는 포용하는 자, 끌어안는 자임. 그녀는 '다름'들이 신나는 것이며, 우리의 면역 체계를 향상시키는 것이라고 믿음. 다른 종의 식물들과 나무들은 숲을 강하게 만들고, 다른 민족들은 만나서 아주 예쁜 아이들을 만들고, 다른 색 실들은 무지갯빛 색동을 만든다고 믿음. 그녀는 모든 것을 다 포용함. 남녀노소, 빈부귀천, 학력, 성한 몸, 장애인, 성적 취향에 관계없이 모든 사람들을 그녀의 잔치에, 예배에, 부정의에 대항해서 싸우는 데모 등에 그들의 의도가 좋다면 다 참석시킴. 그러나 그녀는 '칼리' 여신처럼 무서운 포용주의자임. 그녀는 만약 못된 의도와 악한 마음들을 보면 정의의 칼로 그 목들을 잘라 그녀의 목걸이를 만들어버림. 그녀는 강인한 남아프리카공화국의 어머니들처럼 "여자를 쳤어? 바위를 친 줄 알아." 하며 부정의를 향해 포효함. 그러나 결국 그녀는 모든 것을 끌어안음. 선과 악, 빛과 그림자, 더러움과 깨끗함, 기쁨과 슬픔, 고통과 해방, 분노와 자비 등. 그것들이 다 그녀의 영혼에, 명상에, 시에 좋은 밑거름들이 되기 때문이라고 함. 그녀는 특히 인도의 칩코 운동을 일으킨 여자들처럼 나무 끌어안는 것을 좋아함. 도끼를 든 나무꾼들에게 "저를 죽이고 나무를 죽이세요." 하고 윙크하면서.

3.
살림이스트는 모든 것을 재활용함. 종이, 우유팩, 병, 정치가와 지도자 들,

옛 애인, 전남편, 고대의 신 들, 그리고 삶 자체를. 혁명적 변화가 빨리 오지 않는다며 사람들이 좌절하면 그녀는 호탕하게 웃으면서 그들을 격려함. "긴장 푸세요. 백만 번도 더 이 삶으로 돌아오면서 그 이상을 이루면 되니까요. 지금 여기서 할 수 있는 최선을 다하고 그다음엔 춤춥시다." 하면서.

4.
살림이스트는 '산처럼 생각하는' 평화주의자임. 한국에 있는 살림이스트들 중 어떤 사람들은 결혼을 했는데 그 남편들은 그녀를 '안해-아내'라고 부름. '햇볕 정책'*으로 그녀는 가는 곳마다 갈등을 비폭력적으로 풀어 평화와 화해, 그리고 조화를 만들어냄. (상상력이 풍부한 한 언어학자는 한국어의 살림, 히브리어의 샬롬(평화), 아랍어의 살람(평화)이 같은 어원에서 생긴 것이라는 이론을 내놓음. 인류는 모두 아프리카 대륙에서 출발했으므로 그럴 수도 있겠으나 아직 학문적 근거가 밝혀진 것은 아님.)

5.
살림이스트는 여성, 자연, 지구, 여신 등을 사랑함(가끔씩 남신들, 예수, 부처,

---

* '햇볕 정책'은 남한 정부가 북한 정부를 향해 펼친 정책이기도 함. 이 정책은 50년이나 계속된 남북 간의 증오, 의심, 폭력 등을 녹이는 데 조금은 기여했음. 남북한 지도자들은 2000년 6월에 50년의 분단을 넘어 극적으로 상봉했음. 남북한의 여성들은 만약 남북한의 국가원수가 모두 여성이었다면 이미 남북통일을 이루었을 것이라고 생각하고 있음.

루미 같은 신적인 남자들을 사랑하기도 함). 그녀는 밥, 연꽃 등과 모든 여성적인 것, 페미니스트적인 것을 사랑함. 그리고 그녀는 새롭게 자라나고 있는 '살림꾼' 남자들과 모든 흐르는 것을 사랑함. 눈물, 강물, 구름, 생명 에너지, 기, 샥티, 프라나, 루아, 그리고 그녀가 월경하며 흘리는 피 등. 그녀는 "삶은 유기체, 오르가니즘(아니면 오르가슴)이야. 증식시켜!" 하고 속삭임. 그녀는 봄처럼 오고, 오고, 오고, 또 돌아옴. 살림이스트는 그녀의 자궁과 우주의 자궁, 그리고 창조력을 축하함. 그리고 그녀는 어떠한 상황에서도 자신을 사랑함.

6.

만약 우머니스트와 페미니스트의 관계가 보라와 연보라의 관계라면 살림이스트는 짙은 녹색으로 나타남. 그 색은 '어둠을 정면으로 뚫고 들어가 끌어안고 변화시키는 En-Darken-Ment' 색임. 그 짙은 녹색은 보랏빛과 연보랏빛 꽃들을 더욱 아름답게 만듦.

살림이스트 선언을 쓸 수 있도록 영감을 주신 한국의 많은 여성들과 흑인 여성 작가 앨리스 워커 Alice Walker 에게 감사드립니다. 그리고 '살림'이라는 말에 시적 상상력을 불어넣어주신 김지하 선생님께도 감사드립니다.

차례

5 _ 서문

9 _ 프롤로그: 여신, 살림이스트, 그녀의 탄생

25 _ 살림이스트 선언

1

It's Her!:
Her Deep Blue Body

모두 그녀 때문이었다: 태초의 몸, 깊고 푸른 몸

35 _ 서울, 장마, 유혹

38 _ 뉴욕, 작열하는 태양, 재회

42 _ Re-member, Re-member, Re-member

47 _ 이화여대의 이상한 젊은 여교수

71 _ 그녀, 유니언 신학대학, 항해

79 _ 한국을 떠난 이유

2

*Dreaming in the People's
Republic of New York*

우리는 모두 꿈을 찾아 이곳에 왔다

뉴욕, 160년 역사상 최초의 아시아계 여교수 _ *89*

여신의 음모 _ *103*

두 개의 시간, 두 개의 공간 _ *108*

Lover _ *116*

집들이: 공방수, 그 축복과 저주 사이 _ *132*

아름다운 남자, 그의 결혼 _ *156*

서로를 선택한 뉴욕의 새 가족 _ *172*

뉴욕에서의 나의 일 _ *195*

뉴욕의 새 친구들 _ *224*

생일 파티 _ *250*

결국은 아름다움이 우리를 구원할 거야 2

3
She Is Who She Is

그녀는 얼굴이 많다, 변장의 천재다:
그녀, 나의 사랑, 나의 어머니, 나의 여신

외롭고, 괴롭고, 그리고 황홀했던 미국 유학 · 보스턴, 폭설 - 첫 번째 비전 · 캔버라, 마른번개, 성인식 · 하버드 대학의 이상한 젊은 여교수 - 두 번째 비전 · 보스턴, 결혼으로부터의 졸업 - 세 번째 비전 · 서울, 장마 - 네 번째 비전 · 뉴욕, 작열하는 태양 - 다섯 번째 비전 · 뉴욕, 첫 남편과의 재회 · 이제 항상 함께하는 그녀

4
Apocalypse Now

이제는 시간이 없다, 히말라야로 가라

모두 무너져 내리고 있었다, 죽음이 하얀 옷을 입고 손짓하고 있었다 · 서울, 가을비, 우리 집안의 비밀: 나와 똑같이 생긴 아이, 리나 · 히말라야, 안나푸르나 산속의 그녀 - 여섯 번째 비전 · 계룡산 신원사, 동안거: 다시 만난 그녀 - 일곱 번째 비전 · 서울, 어머니의 죽음: 행복한 장례식 · 순례 - 여덟 번째 비전 · 미래에서 온 편지: 지구 살림 민병대 여성 전사들에게 보내는 여신의 십계명 · 따라가고 싶어!: 여신의 향기 - 아홉 번째 비전 · 귀향: 그녀의 선물 - 열 번째 비전

에필로그: 결국은 아름다움이 우리를 구원할 거야

1

It's Her!: Her Deep Blue Body
모두 그녀 때문이었다: 태초의 몸, 깊고 푸른 몸

내 삶에서 가장 중요한 것이 있다면

그건 나의 생명력이다.

It's Her!: Her Deep Blue Body

서울, 장마, 유혹

그녀 때문이었다.

내가 신들린 여자처럼 이화여대 교수직을, 사랑하던 가족, 친구, 학생과 동료 들을 모두 뒤로하고 한국을 떠난 까닭은…….

그녀의 까르륵 넘어갈 듯한 웃음소리, 장난기와 권위에 가득 찬 말투, 그녀의 생명력으로 터질 것 같던 몸의 느낌. 아! 그리고 그녀의 냄새. 그녀가 나타나면 나는 내 자궁 속 깊은 곳에서부터 전율한다. 그리고 내 몸의 세포 하나하나가 환호한다.

'Touch me.'

그날 밤, 천둥과 비가 회오리 되어 몰아치던 8월의 장마 속을 걸어 그녀가 내게 찾아왔다. 그녀는 비를 흠뻑 맞은 채 열린 창문으로 들어와 잠자고 있던 나를 흔들어 깨웠다. 그녀 특유의 매혹적인 웃음으로…….

그리고 모든 것이 달라졌다.

사람들은 물었다. 왜 조국을 버리고(?) 중년의 나이에 미국의 맨해튼으로 살러 왔는지. 요즘은 출세하고 돈 벌려면 미국의 전문 직장인과 2세들까지도 한국으로, 아시아로 역이민을 가는데 왜 그런 바보 같은 결정을 했는지 의아해했다. 그러면 나는 장난처럼 대답했다.

"맨해튼에는 예쁜 여자가 많다고 해서요."

나는 1989년에서 1996년 여름까지 7년 동안 이화여대 교수로 재직하다가 그 후에는 유니언 신학대학원에서 에큐메니컬 스터디스 Ecumenical Studies를 가르치는 교수로 일하고 있다. 나는 이곳에서 기독교와 불교의 대화, 신비주의 영성과 사회변혁, 아시아신학, 여신종교와 여성의 영성, 종교적 측면에서 본 병과 치유, 그리고 생태여성주의와 제3세계의 생명신학 등을 가르친다.

유니언 신학교는 미국의 진보적 신학의 산실이며 160년 이상의 역사를 가진 유서 깊은 학교로서, 오래된 수도원 같은 인상을 풍기는 곳이다. 직사각형 모양으로 지은 아름다운 학교 석조건물의 중앙에는 평화로운 정원이 자리 잡고 있다. 그리고 내가 사는 집은 컬럼비아 대학, 맨해튼 음악학교, 리버사이드 공원, 유대교 신학교 들이 자리 잡고 있는 동네의 한가운데에 있다.

나는 화려한 브로드웨이 거리와 수도원 같은 학교 사이를 왔다 갔다 하며 뉴욕의 한가운데서 광기로 가득한 수도승 같은 삶을 시작했다. 내 나이 마흔이 되던 해였다.

뉴욕,
작열하는 태양,
재회

It's Her!: Her Deep Blue Body

또 8월이었다. 눈부시게 아름다운 햇빛이 쏟아져 내리는 뉴욕의 여름날 아침, 나는 리버사이드 공원에서 조깅을 마치고 브로드웨이에 있는 카페에 혼자 앉아서 금방 짜낸 야채 주스를 마시고 있었다. 길가에는 다양한 인종의 사람들(흑인, 백인, 아시아인, 라틴 계통의 사람들)이 한가로이 일요일 아침 길을 걸어가고 있었다.

나는 땀에 흠뻑 젖은 몸으로 천천히 주스를 마시면서 뉴욕은 미국이 아니라는 생각을 했다. 뉴욕은 세계의 모든 사람들이 꿈을 찾아 모여든 뉴욕 인민공화국The People's Republic of New York이다. 비록 그 아름다운 꿈들이 많은 경우 악몽으로 변할지라도 말이다. 뉴욕은 아름답고도 잔인한 꿈의 도시이다. 꿈의 인민공화국이다.

그때였다. 갑자기 내 몸의 깊은 곳에서부터 그 특유의 떨림이 서서히 올라오기 시작했다.

아, 그녀의 냄새. 그녀에게서는 오대산 호랑이 냄새가 난다. 그 냄새는 아마존의 젖은 원시림 냄새, 태평양의 바다 냄새와 섞여 나의 전 존재를 뒤흔든다. 나는 고개를 들어 주위를 두리번거렸다. 저만치서 그녀가 어딘가를 향해 달려가고 있었다. 그녀의 몸은 햇볕에 검게 타서 전보다 더욱 반짝거렸고 땀으로 흠뻑 젖어 있었다.

나와 눈이 마주치자 그녀는 까르륵 웃기 시작했다. 그녀는 오른손을 들어 내게 따라오라고 손짓했다. 나는 정신없이 그녀를 쫓아갔다. 너무 빨리 달리는 그녀를 헉헉거리며 따라잡았다. 그녀 옆에서 같이 달리며 물었다.

"당신이지?"

"보면 몰라?"

"확인하고 싶었어."

"확인?"

그녀의 웃음소리가 더 커진다.

"내 몸을 봐. 공룡과 시조새, 아메바와 플랑크톤, 화산과 바다, 바위와 폭포, 바람과 천둥 번개, 별과 달, 몇억 년 전의 조상들과 몇억 년 후의 아이들이 보이지 않아? 그들이 다 내 몸속에 있잖아."

"Touch me!

당신이 날 만지기만 하면 모든 것이 다 풀리리란 걸 알고 있어.

이 외로움, 이 목마름, 이 괴로움, 더 이상 참을 수가 없어. 나를 다시 온전하게 해줘."

"너를 다시 온전하게 해줄 수 있는 이는 너 자신뿐이야."

"나는 당신이 필요해. 나 혼자 노력했지만 되지 않았어."

"그랬겠지. 왜냐하면 너는 너 자신을 믿지 않으니까. 큰 비밀을 알려줄까? 너는 이미 온전해. 존재의 밑바닥에서부터 너 자신을 믿어봐."

나는 화가 났다. 그녀는 항상 이런 식으로 물러난다. 내가 한 발자국 더 가까이 다가가면 그녀는 한 발자국 뒤로 물러서는 것이다. 닿을 듯 닿지 않는 그녀. 그녀는 무지개처럼 황홀하게 나타났다가는 신기루처럼 사라져버린다. 그녀의 속도가 더욱 빨라졌다. 나는 숨이 찼다. 그러나 그녀를 또다시 놓쳐버리지 않기 위해 나는 열심히 뛰었다.

"네 안엔 그 누구에 의해서도 부서지지 않은 빛나는 아름다움이 있어. 네가 그 빛나는 아름다움을 네 안에서 꺼낼 수 있다면 그 빛나는 아름다움이 너를 구원할 거야. 그러나 네가 만약 그 빛나는 아름다움을 네 안에서 꺼내지 못한다면 그 태어나지 못한 빛나는 아름다움이 너를 파괴시키고 말겠지. 그 빛나는 아름다움 외에는 아무것도 너를 도와줄 수 없어."

그리고 그녀는 더욱 속력을 내어 뛰기 시작했다. 긴 머리카락이 햇빛에 반사되면서 주홍빛으로 반짝였다. 땀으로 젖은 검은 몸은 열을 뿜으며 보랏빛으로 변했다. 주변에 쏟아져 내리는 금빛의 입자들 속에서 그녀는 포효하는 사자처럼 소리쳤다.

"결국은 그 아름다움이 우리 모두를 구원할 거야."

그녀의 속도가 더욱 빨라졌다. 나는 헉헉대며 쫓아가면서 그녀에게 소리쳤다.

"제발 함께 가게 해줘. 나를 데리고 가줘."

"안 돼. 아직은……. 아직 너는 빛의 속도로 달리는 법을 배우지 못했잖아. 그리고 너는 아직 이 세상에 온 이유를 다하지 않았기 때문에 나와 함께 갈 수 없어."

그녀는 빛의 속도로 달리기 시작했다. 그녀의 모습이 순식간에 사라져버렸다. 황금빛 입자들이 날아다니며 투명한 글자 모양을 만들기 시작했다.

Re-member

Re-member

Re-member

리멤버?

기억하라고? 무엇을 기억하라는 말인가? 무엇을 어디까지 기억하라는 말인가?

Re-member,
Re-member,
Re-member

It's Her!: Her Deep Blue Body

　그래. 그날 밤부터 기억하자. 그녀가 비를 흠뻑 맞고 나에게 찾아왔던 그 8월의 밤부터.

　나는 비를 좋아한다. 비가 오면 나는 물 만난 고기처럼 행복해진다. 온 세계가 엄마의 자궁처럼 편안해지고, 흩어졌던 내 존재의 파편들이 집으로 돌아온다.

　어릴 땐 비가 오면 밖으로 뛰어나가 온몸으로 비를 반기며 춤추고 노래했다. 진흙탕에서 친구들과 축대를 만들기도 하고 비 오는 숲 속을 뛰어다니기도 했다. 사춘기 때는 교복을 입고 책가방을 든 채 하염없이 비를 맞으며 걸어 다녔다. 대학 시절에는 비 오는 날마다 비 온다는 이유로 애인을 만났다.

　그 '비 사랑'은 계속되어서 미국 유학 시절에도, 한국에 돌아온 후 교수가 된 다음에도 비 오는 날은 내게 공치는 날, 휴업일, 귀향의 날이었다. 나는 고향에 돌아온 나그네처럼 엄마의 자궁으로 회귀했고, 잠시나마 '나 자신이 됨'의 황홀함을 맛보곤 했다. 가만히 창가에 앉아 아무것도 하지 않고 한없이 빗소리를 듣는 것. 그것은 나의 귀향의 제례였다.

그러다 보면 눈물이 흐르고, 모든 흐르는 것은 아름답다는 생각이 든다. 빗물, 강물, 눈물, 구름, 바람, 우리의 덧없는 삶. 모두 흐르고 변하고 잡을 수 없기 때문에, 무상하기 때문에 깊이깊이 아름다워진다.

그날 밤도 나는 빗소리를 한참 듣다가 창문을 활짝 열어놓은 채 잠이 들었다. 뒷산의 나무 냄새와 흙냄새가 나를 아버지와 함께 산책하던 어린 시절 뒷동산으로 데려다 주었다. 아, 아버지. 부드럽고 섬세했던 남자. Oh, How much I loved him! 나는 아버지의 등에 업혀 옛 전설을 듣고 있었다. 아버지의 등은 든든하고 따뜻했다. 아버지는 천천히 산책하며 재미난 이야기를 들려주셨다.

"옛날에 옛날에, 아주 아름다운 여자아이가 살고 있었단다. 아마 우리 딸만큼 예뻤나 봐."

나는 킥킥거리며 아버지의 목을 있는 힘을 다해서 꼭 안았다.

"놔라, 놔. 이러다 아빠 죽겠다."

나는 아버지의 등 속으로 더욱 깊이 얼굴을 파묻으며 물었다.

"그런데 아빠, 그 여자아이에게 어떤 일이 일어났는데?"

"그 아이에게는 가난한 엄마 아빠가 있었단다. 그런데 갑자기 두 분이 죽을병에 걸린 거야. 한데 이웃 마을에 사는 의원이 먼 곳에 있는 깊은 산중에 가면 그 병을 고칠 수 있는 약이 있다고 소녀에게 알려주었지. 그러나 첩첩산중에 가서 약을 구해오는 일은 쉬운 일이 아니었단다. 거기 가서 살아 돌아온 사람이 아무도 없었다는구나. 그곳에는 무서운 괴물이 살고 있었대요. 소녀는 무서웠지만 엄마 아빠를 꼭 병에서 낫게 해드리고 싶었어. 그래서 주변 사람들이 가지 말라고 잡는데도 불구하고 그 숲을 향해 떠나게 되었단다. 참 용감하지? 우리 딸만큼 용감했나 봐."

나는 숨을 죽이고 가만히 있었다. 무슨 일이 일어날지 너무 궁금했기 때문이다.

"소녀는 몇 날 며칠을 쉬지도 않고 걸어갔어. 배가 고파서 쓰러질 때까지 걸어갔지. 그런데 갑자기 원숭이가 나타나서 소녀에게 물었지. 그 소녀의 이름은 태랑이었어."

"태랑아! 태랑아, 어디 가아~니?"
"울 엄마 아빠 약 구하러 가안~다."
"어디로 구하러 가아~니?"
"첩첩산중 용바윗골로 가아~지."
"나도 너랑 같이 갈란~다."
"그래, 같이 가아~자."

"원숭이는 태랑이와 같이 가면서 나무 타는 법, 재주넘는 법, 몸 모양을 바꾸는 법 등 많은 것을 가르쳐주었지. 그래서 태랑이는 자기도 모르는 사이에 원숭이에게 무술을 배우게 된 거야. 소녀 전사가 된 거란다. 태랑이는 또 새와 호랑이, 그리고 곰과 뱀 같은 많은 짐승들을 만나게 되었어. 그러면서 그 짐승들로부터 한 가지씩 다 배우게 되었지. 높이 날며 멀리 보는 법, 두려움 없이 목표를 향해 빨리 뛰는 법, 아무리 무거운 것이라도 아랫배에 힘을 모으고 들어 올리는 법, 출구가 없어 보이는 곳에서라도 작은 구멍을 통해 기어나가는 법 등을 말이야.

태랑이는 그렇게 가다가 마침내 그 첩첩산중 용바윗골에 도착했단다. 산속에는 큰 연못이 있었는데, 그 안에는 용이 되려고 1천 년을 수련하다가 마지막에 한 가지 실수를 해서 용이 되지 못한 이무기가 살고 있었대요. 그런데 이무기는 용이 되지 못한 원한 때문에 누구든 그 근처를 지나가는 사람은 다 잡아먹는다는 거야."

"으~무서워."

나는 아버지의 목을 더욱 꼭 껴안았다.

"그래서, 아빠?"

"태랑이는 많이 무서웠지만 한 발 한 발 연못을 향해 다가가기 시작했지. 그런데 갑자기……."

그때 갑자기 까르륵 넘어갈 듯한 그녀의 웃음소리가 들리기 시작했다.

"꿈 깨!"

"누구야?"

"누구긴 누구야? 나는 나지."

그녀는 비에 흠뻑 젖은 채 알몸으로 내 앞에 서 있었다. 그녀의 몸에서 모락모락 김이 났다. 마치 금방 오르가슴을 끝낸 여자처럼.

"왜 왔어?"

"왜 오긴. 보고 싶어서 왔지. 할 말이 있어."

"무슨 말?"

"너는 이제 배부른 돼지야!"

"그게 무슨 소리야?"

"그게 무슨 소리인지 모르니까 배부른 돼지지."

"내가 왜 배부른 돼지야?"

"생각해봐."

그리고 그녀는 창문을 통해 날아갔다.

비가 억수처럼 쏟아지는 서울의 밤하늘을.

마치 샤갈 그림의 날아다니는 신부처럼 연보랏빛 꽃잎을 뿌리면서, 그렇게 사라져갔다.

It's Her!: Her Deep Blue Body

이화여대의
이상한
젊은 여교수

    그날 이후 '배부른 돼지'는 나의 화두가 되었다. 이제 나는 정말 배부른 돼지인가? 그녀가 내 삶에 찾아왔을 때 나는 이화여대에서 교수로 일한 지 6년째로 접어들고 있었다. 그리고 그런대로 내 삶의 자리를 잡아가고 있었다. 끊임없이 접시를 닦고, 학교 정원에서 풀을 뽑고, 남의 집 개와 고양이를 봐주고, 도서관에서 책을 정리하며 어렵게 꾸려나갔던 유학 시절과 비교하면 나는 전혀 다른 사람이 되어가고 있었다. 이대 후문 뒤 봉원사가 있는 산의 바로 밑에 창문을 열면 산이 시원스레 내다보이는 괜찮은 3층 전셋집도 생겼고, 학교에는 페르시아의 카페 같다는 멋있는 연구실도 있었다. 우리 학과에서는 내 이후로 들어온 신임 교수들이 네 명이나 되어서 벌써 중견 교수가 되어 있었고, 다음 해부터 나는 학과장을 맡을 예정이었다. 처음 이대에 들어왔을 때에는 모든 것이 서먹하고 어려웠지만 이제는 많은 것이 편안해진 상태였다. 비로소 나는 한국 사회에서 소위 '성공한 전문직 여성'으로 불리는 삶을 살아가게 된 것이다. 여러 사람들의 부러움의 대상이 되면서 말이다.

그런데 나는 행복하지 않았다. 무언가 내 안에 있는, 아직 태어나지 않은 존재가 소리치고 몸부림치며 반란을 일으키고 있었다. 아주 오래된 존재였다. 태고의 영혼을 가진, 나도 모르는 '그'였다. 이것을 처음에는 8년간의 유학 생활 끝에 수반되는, 새로운 환경에 적응하려는 문화충격이려니 하고 대수롭지 않게 생각하려고 애썼다. 이제 곧 지금의 삶에 자리가 잡히면 이런 현상은 사라질 것이라고 굳게 믿으면서 말이다.

처음에 교수직을 시작했을 때 내 동료들은 나를 놀려댔다. "정 교수는 홍콩 여배우 같아.", "정현경 교수는 파리에서 금방 도착한 패션모델 같단 말이야." 33세의 혼자 사는 젊은 여교수. 긴 머리에 헐렁한 자루 같은 원피스를 입고 다니는 새로 온 교수가 다른 교수들에 비해 너무 눈에 띄었던 모양이다.

나는 중국 여배우 공리를 좋아했고, 『보그』 잡지에 나오는 파리의 모델들, 아니, 그 모델들보다는 『보그』 사진의 프러포션이 멋있다고 생각한 사람이었기에 그냥 기분 좋게 그 코멘트를 받아들였다. 그러나 나를 아끼는 선배들과 친구들은 모두 나를 걱정했다.

"정말 너보고 홍콩 여배우 같댔어?"

"응."

"그리고 파리에서 온 패션모델 같대?"

"그래."

"그래서 뭐랬어?"

"그렇게 아름답게 봐주시니 고맙다고 했지."

"이 바보야, 그건 네가 교수답지 않다는 욕이야. 너 한국 사회가 어떤 사회인지 아니? 괜히 눈에 띄면 튀는 여자로 낙인찍혀서 계속 고생하게 돼. 당장 우리랑 미장원 가서 머리 자르자. 옷도 제발 그 자루 같은 거 그만 입고 정장 좀 입어봐."

나는 정말 내키지 않았지만 선배들과 친구들의 지극한 정성과 극성에 감복해서 미장원에서 머리도 자르고 파마도 하고, 그들이 가는 옷가게에서 옷을 사기도 했다. 한국 교수 사회의 일원이 되기 위하여. 그러나 나는 그 머리도 싫었고, 괜히 비싸고, 멋없고, 불편한 옷들이 지겨웠다. 그래서 처음 몇 달간의 노력에도 불구하고 나는 다시 긴 머리에 헐렁한 자루옷으로 돌아가게 되었다. 그러나 그 정도도 내게는 열심히 적응한 삶의 양태였다.

내 영혼 깊은 곳에서는 아침마다 인도 여자들처럼 긴 머리에 꽃을 꽂고 학교에 가고 싶었다. 새벽녘, 안개가 자욱한 콜카타의 꽃 시장. 많은 여자들이 와서 흰 재스민 꽃을 사서 머리에 꽂고, 이름 모를 오렌지빛 꽃을 사서 칼리Kali 여신의 신전으로 향한다. 그 향과 꽃과 신들과 함께 하루가 시작되는 것이다. 나는 그녀들의 뒤를 한참 따라가며 바람결에 흔들리는 그 꽃잎의 춤과 거기서 흘러나오는 향기에 도취되곤 했다. 나도 그 여자들처럼 새벽마다 일어나 가장 향기로운 꽃을 머리에 꽂고, 또한 아름다운 꽃을 한껏 안은 채 학교에 가고 싶었다. 내가 사랑하는 한국의 젊은 여성들이 가득 있는 이화여대의 강의실을 신전처럼, 그리고 그 젊은 여성들을 여신처럼 생각하며 출근하고 싶었다.

나는 학생들이 애인처럼 느껴졌고, 그들 중에서도 특히 불타는 눈을 가진 몇몇 학생들을 더욱 사랑했다. 특히 3, 4백 명이 넘는 '기독교와 세계'라는 대형 강의를 할 때, 강의실에 들어가서 제일 먼저 그 눈의 소유자가 왔는지 큰 강의실을 죽 둘러보았다. 그 학생이 비록 제일 뒷자리에 앉아 있어도 나는 그의 눈에서 나오는 빛을 감지하곤 했다. 탁 트인 만주 벌판을 달리는 말 타는 여인의 눈빛이었다.

나는 그런대로 인기 있는 교수였다. 강의실에 들어가면 많은 날, 교탁 위에 놓여 있는 한 송이 붉은 장미와 음료수, 혹은 초콜릿과 곱게 접은 편지, 보낸 사람을 알 수 없는 작은 선물 상자들이 나를 감격시키곤 했다. 정말 한국 교수만이 이런 애틋한 사랑의 표현을 학생들로부터 받을 수 있을 것이다.

그리고 나는 90년대 학번으로 내려갈수록, 소위 신세대 학생들일수록 감성의 주파수가 잘 맞았다. 다른 교수들은 아이들이 얄미울 정도로 이해타산 따지고, 사회의식이 없고, 버릇없고, 세대 차를 느낀다고 말들 했지만 나는 아래 학번으로 내려갈수록 학생들이 더 가깝게 느껴졌다. 그들의 가슴이 느껴졌다. 그들의 답답함과 열리지 않는 열망들이 내게는 보였다.

어떤 날은 수업 시간에 학생들과 함께 일어나서 흔들면서 노래를 같이 부르기도 했고, 네 멋대로 발표해보라고도 했다. 마음껏 질문하고 자기표현을 해보라고도 말했다. 나는 우리 강의실을 '해방구'로 만들고 싶었다. 많은 일들이 강의실에서 일어났다. 마녀사냥을 했던 시대의 대심문관과 마녀와의 열띤 토론이 벌어지기도 했고, 여성 노동자와 여대생의 가슴 아픈 이질성에 대한 뮤지컬을 하기도 했다. 순진한 여신도가 신의 이름으로 사제에 의해 강간당하는 장면도 일어났으며, 여자 동방박사가 여자 예수의 탄생을 축하하러 오는 연극도 보았다. 그럴 때마다 나는 학생들의 상상력에 감탄하면서 저 아이들을 한국 사회가 어떻게 입시 지옥에 묶어두었을까 의아해했다.

어느 날인가, 여성 문제에 대한 학습을 하던 중에 윗도리를 벗고 교실에 들어와 우리 모두를 놀라게 한 학생도 있었다. 한 학생이 무대(교탁)에 서서 이렇게 말했다.

"이 케케묵은 옷은 내가 아니에요. 가정에서, 학교에서, 사회에서 입혀준 이 맞지 않는 옷은 내 옷이 아니에요. 나의 이 맨살, 이 살결, 이것이 정말 나예요. 나는 나 자신을 반드시 찾고 싶어요."

나는 울보 교수였다. 학생들의 가슴이 열리고, 그들의 아픔이 하나하나 토론되고, 그들의 꿈이 표현될 때 나는 교실 뒷자리에서 그들의 발표와 토론을 보며 찔끔찔끔 눈물을 흘리곤 했다. 어떨 땐 학생 발표가 끝난 후에도 교수인 내가 울음을 그치지 못해 수업 도중에 잠깐 휴식을 취했던 적도 있었다.

그리고 학생들과 연애하는 기분으로 교실에 들어갔다. 아침마다 애인을 만나러 가듯 '어떤 옷을 입어야 오늘 강의 내용과 수업 분위기에 맞을까, 학생들의 느낌과 맞을까?'를 생각하며 이 옷 저 옷 입어보곤 했다.

나는 우리 강의실이 록 콘서트장보다 더 신나고 재미있는 곳이기를 바랐다. 그리고 교수가 마이클 잭슨이나 마돈나보다, 서태지와 김건모, 한영애 같은 대중가수보다 더 환상적이고 매력적이어야 한다고 생각했다. 왜냐하면 대학은 '신나는 인생의 실험장'이어야 했기 때문이다. 그래서 학생들이 대학이라는 안전한 울타리 안에서 그들의 마음을 사로잡는 교수들과 함께 이성, 감성, 몸의 경계의 끝까지 가면서 자신이 왜 이 세상에 왔는지, 자신이 누구인지 찾아가길 바랐다.

그러다 보니 영화의 한 장면 같은 일들이 교실에서 일어나곤 했다. 어느 날, 한 학생이 일어나 "선생님, 사랑해요." 하며 그 당시 유행하던 사랑 노래를 목청 돋워 부르기도 했고, 또 어떤 날은 질문 시간에 "선생님, 한번 안아봐도 돼요?"라고 해서 온통 교실이 웃음바다가 되기도 했다. 에로스로 가득 찬 강의실이었다. 나는 그들을 좋아했다. 소위 문제아일수록 더욱 좋아했다. 그들이 질문하고 도전하고 반항하는 마음이 사랑스러웠기 때문이다.

나는 그들이 호두과자나 국화빵처럼 사회에서 만들어놓은 판에 그대로 찍혀 나가는 사회의 하수인이 아니라, 더욱 깊은 인간성을 찾아가면서 사회를 변혁하는 창조적인 인간들이기를 바랐다. 그래서 나는 학생들이 전형적인 방법으로 별 질문 없이 발표를 하면 "당신은 국화빵과 호두과자가 뭐라고 생각하지? 지금 당신이 발표한 게 바로 국화빵, 호두과자 발표야.

그 발표 속에 당신 자신은 어디 있지? 다른 사람이 묻는 것 말고 자기 자신의 질문은 뭐야?" 하고 그들에게 도전하곤 했다.

그러는 나를 놀리는 제자들도 있었다.
"선생님, 못생긴 여자만 페미니스트 하는 줄 알았더니 선생님처럼 섹시한 여자도 페미니스트를 하나 봐요. 사실 우리 부모님과 우리 교회 목사님께서 이대 가면 절대로 정 선생님 수업 듣지 말라고, 선생님 수업은 이단이라고 하셨어요. 그래서 저는 호기심 반, 기대 반으로 이 수업에 들어왔거든요. 그런데 이단이 이렇게 신나고 재미있는 줄 몰랐어요."

'여성신학'이라는 과목을 듣는 50여 명의 학생 중 10명 정도는 이곳에 오면 절대 나의 과목을 듣지 말라고 하신 목사님과 부모님의 신신당부 때문에 호기심으로 들어온 청개구리들이었다. 청개구리들일수록 그동안 억눌렸던 것을 발산하느라고 더 요란하게 발표하고 더 심각하게 질문했다. 그들의 위트와 상상력은 항상 나보다 앞서 달려가고 있었다. 한 학생이 내게 이런 질문을 했다.

"선생님, '남존여비'가 뭔지 아세요?"
"그런 구태의연한 질문은 왜 하니? 네 의도가 의심스럽다."
"요즘 새로 나온 해석을 알려드리려고요."
"어떤 해석인데?"
"'남존여비'의 뜻은 말이죠, '남자의 존재는 여자에 비할 것이 못 된다' 예요."

"음, 그것 참 통쾌한 복수네."

"그런데 그것보다 더 통쾌한 해석이 있어요. '여필종부'는 뭔 말인지 아세요?"

"글쎄?"

"그건 말이죠, '여자가 필요할 때 종종 부르는 남자'예요."

나는 그 말을 듣고는 의자에서 굴러떨어질 정도로 한참을 그들과 함께 웃었다.

가부장적인 문화가 어떤 사상과 말을 만들어내도 모든 여성들이 그것을 언제나 있는 그대로 받아들이는 것은 아니었다. 그들은 5천 년의 남성 지배의 역사 속에서 항상 이러한 위트와 기량으로 자신들에게 향하는 억압을 속으로 비웃으며 그 상황을 초월해왔던 것 같다. 자라나는 젊은 신세대 여성들과 매일 생활한다는 것은 내게는 감격의 일일연속극 같았다.

더 감격적인 일들은 페르시아 카페 같다는 나의 연구실에서 일어났다. 그곳은 비밀스러운 음모의 방이었다. 우리가 일반적으로 들을 수 없는 은폐된 이야기의 보따리가 풀어지는 장소였다.

나의 연구실에는 세계 각지에서 들고 온 여신상들로 가득 차 있었다. 내가 '아시아의 여성신학과 제3세계 여성의 영성'이라는 나의 전공을 세계 여러 곳에 강연하러 다니며 그들을 모셔 왔기 때문이다.

아마존 원시림 속에 있는 브라질 원주민들의 동네에서 미국 샌프란시스코의 정신과 의사들 모임으로, 호주 캔버라에서 열린 전 세계 기독교인들 모임에서 아일랜드 더블린의 세계 여성운동가들 모임으로, 남아프리카의 소웨토 빈민촌에서 니카라과 혁명정부의 장관실로, 인도의 언터처블불가촉천민 마을에서 케냐의 무당집으로, 필리핀의 창녀촌에서 영국의 윈저 궁으로, 유럽의 많은 대학들에서 중국 베이징의 세계여성대회로, 문자 그대로 오대양 육대주를 돌아다니게 되었다.

그 여행에서 나는 가는 곳마다 여신들의 신상은 빼놓지 않고 가져왔다. 그들의 모습은 하나같이 신비롭고 영적인 기운에 가득 차 있었기 때문이다. 지혜와 책의 여신 사라스바티Sarasvati, 정의와 복수의 여신 칼리, 지혜와 자비의 여신 퀀인Kwanin: 관음의 중국식 발음, 쌀의 여신 스리Sri, 바다의 여신 예마야Yemaya, 처녀신이자 다산모인 아르테미스Artemis, 못된 자들을 꿀로 녹여 항복시키는 사랑의 여신 오슌Oshun, 인어 여신, 동물들의 모양을 한 여신, 그리고 예수와 부처 같은 소수의 좋은 남신(?)들이 내 방에 하나하나 자리를 차지해갔다.

티베트의 수도승들이 입는 검자줏빛 천들로 장식된 나의 방은 마치 자그마한 신전처럼 보이기 시작했다. 연구실은 나에게는 작은 성전이었다. 아침에 출근하면 제일 먼저 꽃병의 물을 갈고, 촛불과 향을 피우고, 명상 음악을 틀었다. 그리고 한 잔의 차를 끓여 손에 들고 한참 동안 가만히 앉아 있었다. 그냥 그렇게 아무 생각 없이 한두 시간을 앉아 있기도 했다. 그 안에서 나는 '지금 내가 이곳에 이렇게 살아 있음'에 감사했다.

그 방의 기운 때문이었는지 학생들이 하나둘 찾아오기 시작했다. 들어와서 자신들의 장래 꿈의 날개를 펴기도 하고, 어떻게 공부해야 할지, 혹은 어떻게 살아야 할지를 의논해 오기도 했다. 어떤 때엔 들어오자마자

"선생님!" 하며 우는 학생도 있었다.

나는 그들로부터 많은 이야기를 들었다. 목사 아버지의 강간으로 시작된 어머니의 결혼, 그리고 거기서 탄생한 자신, 부모님의 불화 때문에 정신병원까지 가기도 했던 이야기. 또 부모의 이혼 과정에서 감정적으로 부모 사이에서 이용당하다 3년간이나 눈이 멀었던 이야기, 존경하던 신부님에게 강간인지도 모르고 당한 이야기, 졸업하고 취직한 첫 직장에서 동료 남자 사원에게 얼굴이 시퍼렇게 멍들도록 구타당한 이야기, 남편에게 맞아 머리가 깨지고 다리뼈가 부러진 이야기, 유부남과 사랑에 빠져 고민하는 이야기, 일흔이 넘도록 시아버지에게 맞고 사는 시어머니의 아픔과 그 시어머니 때문에 겪는 며느리로서의 고초, 운동권 남자와 연애를 하지만 정의의 투사인 그 남자가 자기에게만은 조선시대의 여인상을 원한다며 분통 터져 하는 이야기. 그리고 도대체 하느님이 정말 있긴 있는 건지 세상 꼴을 보면 못 믿겠다는 이야기, 그런 세상이 싫어 자살하고 싶다는 이야기, 친구가 자기 애인을 빼앗아 갔다고 분노하는 이야기, 처음으로 동성과 사랑에 빠져 황홀한 경험을 했다는 이야기 들도 나의 방을 찾아왔다.

나는 이런 이야기들을 들으면서 어떨 땐 따뜻한 차 한잔을 놓고, 어떨 땐 내가 겪은 이야기를 나누며, 어떨 때는 "그 개 좆같은 새끼들!" 하고 함께 기염을 토하며, 때론 그냥 가만히 앉아 억울함이나 슬픔이 스스로 가라앉을 때까지 눈물을 흘리며 그들과 함께 기도하기도 했다.

그런 날이 있는가 하면 어떤 날은 꽃을 한 아름 안고 와서는 개선장군처럼 선언을 하는 학생도 있었다.

"선생님, 선생님이 제 인생을 바꿔주셨어요."

"어떻게? 좋은 방향으로 바뀌었다면 좋겠다, 얘."

"저 사실은 어릴 때 사촌오빠로부터 성폭행을 당했거든요. 무슨 짓을 해도 그 충격에서 벗어날 수가 없었어요. 그런데 선생님이 '기독교와 세계' 시간에 하신 사랑과 노동에 대한 강의를 듣고, 그리고 선생님이 가르쳐주신 명상을 하면서 그 괴로움에서 벗어나게 되었어요. 저 이제 성폭력 상담소에서 자원봉사 지킴이로 봉사하게 됐어요."

나는 그녀의 반짝이는 눈을 보며 말을 잃었다. '이게 바로 부활이야'라는 생각이 스쳐갔다. 죽음이 아닌 생명을 택한 그가 너무나 고마워 힘껏 끌어안았다.

"그래, 한 번밖에 없는 인생이야. 멋있게 살아봐. 날개를 달고 높이 멀리 날아봐."

그가 남기고 간 탐스러운 꽃을 병에 꽂으며 나는 눈물을 흘렸다. '아마 이래서 선생질을 하나 보다'라고 생각하면서.

또 어떤 날은 내가 아주 사랑했던, 공리보다도 더 예쁘게 생긴 제자가 홍콩에 살고 있는 중국 남자 친구를 데려와 내게 결혼식 주례를 맡아달라고 한 날도 있었다.

두 사람은 유럽 배낭여행 중, 암스테르담의 어느 길가에서 만났다고 한다. 정말 튼튼하게 잘생긴 중국 청년이었다. 그는 내 제자 선희를 위해서

라면 무엇이든 하겠다는 공학도였다. 선희가 꼭 나의 허락을 받아야만 결혼할 수 있다고 해서 찾아왔다는 것이다. 나는 흔쾌히 진심으로 그들의 앞날을 축복해주었다. 그들은 사랑을 위해 그들이 태어난 나라인 한국과 홍콩을 떠나 제3국인 미국에 가서 살겠다고 했다. 상담 치유와 공학 석사를 받은 그들은 이제 전문인이 되어 샌프란시스코에 살고 있다. 나는 선희에게 1학년 때부터 항상 이렇게 가르쳤다.

"'세계는 넓고 할 일은 많다'도 진리지만 '세계는 넓고 남자는 많다'도 진리야. 아니, 너희 시대에는 아마 '우주는 넓고 할 일은 많다'로, 혹은 '우주는 넓고 남자는 많다'로 말을 바꿔야 할지도 몰라. 한국에서만 직장을 찾고, 한국 남자하고만 사랑한다는 생각 하지 말고, 지구에서 직장을 찾고, 지구인 남자와 사랑한다고 생각해봐. 아니, 나는 너희가 이것보다 더 야심적이길 바라. 지구가 아닌 우주의 다른 별에서도 일할 수 있고, 다른 별의 우주인 남자와도 열렬히 연애할 수 있다는 것도 가능성에 넣어봐. 그리고 그런 우주적인 감성, 우주적인 실력을 키워나가기 바란다."

이렇게 가르칠 때 나보다 더 급진적인 제자들이 꼭 있었다. 그중에서도 나를 가장 심하게 놀려먹는 제자는 레즈비언 제자들이었다.

"선생님! 선생님은 왜 항상 후지게 사랑 이야기만 나오면 남자하고 사랑하는 얘기만 하세요? 선생님은 사랑할 때 '남자냐 여자냐?', '자지냐 보지냐?' 확인하고 사랑하세요? 바로 그 사람 인간성의 매력 때문에 사랑하는 거예요. 남자면 어떻고, 여자면 어때요? 선생님은 잘 나가시다가도 꼭 이 연애 문제에 오면 19세기 순정파, 소녀적 감성으로 돌아가시는 것 같아요. 참 입맛 쓰네."

"미안해. 시대를 잘못 타고나서 '이성애자'로 완전히 고착되어버린 것 같아. 나는 정말 '여자'를 많이 사랑하는데, 아직은 '성적'으로 여자하고 자고 싶은 마음이 전혀 안 들어. 핸디캡이야. 용서해라."

"에이그, 에이그, 애재라 통재라, 우리 마님. 마님은 제가 보기엔 구제불능인 '비전향 장기수 이성애자'입니다요. 아예 노력하지 마세요. 언년이는 마님 신세가 딱해 보입니다요. 좆 하나 가지고 잘난 체하는 남정네들이 그렇게 좋으시단감?"

"얘, 얘. 너무 그렇게 잘난 척하면서 이성애자라고 사람 무시하지 마라. 사람 팔자 시간문제야. 너, 쥐구멍에도 볕 들 날 있다는 말 몰라? 또 모르지, 나도 한 예순 살쯤 돼서 뒤늦게 철들어 가지고 레즈비언으로 커밍아웃할지. 너 혹시 나한테 관심 있어서 자꾸 내가 페미니스트이면서 이성애자라고 비웃는 거 아냐?"

"얼래 얼래, 선생님 정말 꿈도 야무지시네. 제가 레즈비언이라고 뭐 치마만 두르면 다 좋아하는 줄 아세요? 이래 봬도 저도 입맛이 있다고요. 선생님처럼 뒤에 남자 환영들이 쭉 서 있는 여자들, 저는 밥맛이에요. 이렇게 선생님처럼 남자에게 자신의 모든 사랑을 바치게 훈련된 여자에게 왜 제가 시간과 정력을 낭비해요? 선생님, 알라 니콜라스키의 베스트셀러 소설 '주제파악의 지름길'을 읽으셔야겠어요."

"그래. 알았어. 그 책만 읽는 게 아니라 소크라베이컨의 '너 자신을 아는 게 힘이다'라는 책까지 읽으면서 깊이 반성할게."

이렇게 죽음과 부활, 그리고 '다름'이 허락되는 미래의 가능성을 임신하고 있던 나의 그 자줏빛 방을 내 동료들은 이상한 이름으로 불러대곤 했다.

"정 선생, 그 빨간 방에서 촛불 켜고 뭐 해? 거기 혹시 홍등가 아냐?"

"와! 여기 입장료 내고 들어와야겠어!"

"학교 와서 연구실을 요상한 카페처럼 차려놓고 뭐 하는 거야? 카페 마담 같잖아. 일하러 온 거야, 놀러 온 거야?"

나의 차림새와 내 방의 모양새 때문인지, 강의 내용이나 스타일 때문인지, 아니면 나라는 인간에게 느껴지는 기운 때문인지 나를 좋아하고 격려하는 동료들도 많았지만, 그 수만큼이나 나를 싫어하고 불편해하는 교수들도 많았던 것 같다. 내 친구 교수들은 나이 많은 여교수들이 내 등 뒤에서 소곤거리는 말들을 전해주기도 했다.

"무당 딸이라며?"

"나도 그 소리 들었어."

"어쩐지 분위기가 이상하더라."

"집시 같잖아."

나는 워낙 전공 때문인지 여성들의 영성에 관심이 많아 무당을 좋아하는 사람이었기에, 또 집시들을 사모하는 사람이었기에 그러한 소문에 크게 신경 쓰지 않았다. 그러던 어느 날 '언니' 교수들로부터 호출을 받았다.

"너, 행동 조심해. 모 교수와 내연의 관계라고 학교에 소문이 파다하더라. 네가 고혹적으로 웃으면서 꼬리치고 다닌다는 소문이야."

나는 웃음이 터졌다. 나보다 스무 살도 더 많은 데다 부인도 멀쩡히 살아 있는 할아버지 교수와 내연의 관계라니……. 웃음이 나오지 않을 수가 없었다.

"언니들은 그 말을 믿어?"

"믿든 안 믿든 소문나면 너만 손해야. 네가 너무 자유롭게 하고 다니니까 그런 소문이 나도는 거야. 좀 조신하게 다녀라. 그리고 좀 그만 웃어."

"내가 어때서? 그런 말 퍼뜨리고 다니는 교수들 혹시 정신병자 아냐?"

"너는 도대체 몇 살인데 아직도 그렇게 기가 안 죽었니? 사람들은 네가 정신병자라고 생각한다고. 계속 여기 교수로 있고 싶으면 좀 조심해."

이런 식으로 나는 교수 사회에서 서서히 '직녀'가 되어갔다. 우리 친구들이 붙여준 이름이다. '직녀'란 '찍힌 여자'의 준말, '찍녀'의 부드러운 표현이었다. 나는 직녀로서의 삶이 불편하기는 했지만 참지 못할 정도는 아니었다. 직녀로서 소외당하는 어려움 못지않게 직녀이기 때문에 오는 자유가 있었다. 나는 그 자유가 좋았다. 저 사람은 그러려니 하고 내버려두는, 아예 나에 대해 포기한 사람들이 늘어나는 데서 오는 자유가 있었다. 나를 좋아하는 동료 교수들은 내게 은근히 장난치듯 이렇게 말하곤 했다.

"야, 너 때문에 우린 신난다. 너 때문에 우리가 뭘 해도 용서를 받는 거야. 그래도 우리는 너보다 덜 야해 보이고, 더 조신해 보이고, 더 모범적으로 보이잖니? 희생양이 되어줘서 고마워."

나의 선배 교수들은 나를 '신세대' 교수라고 불렀다. 때론 사랑스러움과 부러움을 담아, 때론 비웃음과 질시로 "신세대 교수니까……" 하고 코멘트를 했다. 확실히 생각과 감성의 차이가 있긴 있었다.

내가 기막힌 아이디어라고 의견을 내면 웃음거리가 되는 일이 종종 있었다. 예를 들면 이화여대 광고를 전면적으로 할 예정이니 교수들에게 좋은 아이디어를 내라고 한 적이 있었다. 우수한 여학생들이 서울대, 연세대, 혹은 다른 남녀공학 대학을 선호하는 경향이 있다는 것이었다. 나는 꿈이 큰 여자일수록 꼭 여자대학에 가야 한다고 철저히 믿는 사람이었다. 왜냐하면 여자대학에 가야 졸업할 때까지 가부장적 분위기와 교육에 의해 기가 죽지 않고 자기 자신을 자기답게 지킬 수 있는 기회가 훨씬 많기 때문이다. 나는 이대에 가기로 했던 결정이 내 삶을 바꿔놓은 가장 중요한 결정 중의 하나였다고 생각한다. 그리고 항상 이 여성 공간에 깊은 고마움을 가지고 있었다.

그래서 나는 정성을 다해 이 학교를 자랑할 수 있는 점을 짜내어 회의 중에 내놓았다.

"21세기는 감성과 지혜가 주도적인 역할을 하는 시기가 될 것입니다. 이제 곧 새로운 문명이 동터올 것이며 여성들의 감성과 지혜가 바로 이 미래의 지도자 자질에 어울린다고 생각합니다. 이러한 지도자상을 과감하게 그려보는 방법이 어떨까요?

1, 2분짜리 텔레비전 광고를 하는 거예요. 한 우주선이 태양계에 떴어요. 무수히 많은 갤럭시가 옆으로 지나가면서 큰 우주 공간이 보이지요. 그다음 장면이 바뀌어 우주선 안이 보이는데, 그곳에서 많은 외계인들과 한 지구인이 앉아 우주 평화에 대한 회의를 하고 있어요. 그다음 그 우주선이 이화여대 운동장에 대단한 빛과 소리와 함께 착륙하고 우주선의 문

이 서서히 열리는 거예요. 거기서 미래의 유엔 대사들과 같은 전 우주의 외계인들이 〈스타워즈〉에서 나오는 듯한 다양한 모습을 하고 내려요. 그 장면에서 기가 막히게 매력적이고 튼튼해 보이는 지구인 여성이 맨 앞장을 섭니다. 그 여성은 우주선의 캡틴이기도 하지요. 여성 우주인이 '여기가 저의 별인 지구이고 이곳이 제가 우주 비행을 공부한 저의 모교입니다'라고 말하는 겁니다. 이 코멘트가 각 외계인의 언어로 동시통역되어 우주인들에게 들리고 각각 '원더풀'을 연발하는 것이지요. 그러면서 화면 밑에 자막이 '미래를 이끌어가는 여성교육의 전당, 이화여자대학교!'라고 나오면 어떻겠어요?"

동료들이 배꼽을 잡고 웃어댔다.

"정 선생, 그거 너무 황당해. 우리 정서에 맞지 않아."

"광고는 원래 파격적이어야 해요. 그렇지 않다면 어디 광고라고 할 수 있겠어요?"

"아니, 그래도 어느 정도 우리 상황에 맞아야지. 그걸 만화라고 생각하지, 누가 심각하게 받아들이고 자기 딸을 이대로 보내겠어?"

나는 정말 실망스러웠다. 내가 총장이라면 이런 따끈따끈하고 짜릿짜릿한 광고를 내보낼 것이다. 그러니 어쩔 수 없었다. 나는 총장이 아니었기에. 그리고 앞으로도 그런 고위직에 오를 유형의 사람은 전혀 아니었기에.

"좋아요. 그러면 둘째 안을 발표하지요. 이건 지구 차원에서 머무는 거니까 안심하고 들으세요. 새로운 여성상, 앞서 가는 힘 있는 여성상을 보여주는 거예요.

젊은 여자가 까만 가죽옷을 위아래로 입고, 까만 헬멧을 쓰고, 빨간 대형 오토바이를 타고 전속력으로 질주하는 거예요. 위험을 무릅쓰고 모험을 해요. 007 영화처럼 절벽 사이를 오토바이로 뛰어넘고, 장애물을 넘고, 강을 뛰어넘고, 옆에서 치근대는 남자 운전사들을 추월해서 전속력으로 달려요. 그러다 대강당 앞에서 멋있게 급커브를 돌아 파킹하는 거죠. 헬멧을 벗은 그녀는 오토바이 뒤에서 강의를 듣기 위해 가져온 책들을 꺼내 들고 크게 숨을 들이쉬곤 아름다운 긴 머리를 휘날리며 대강당에 들어가는 거지요. 그 책들은 노자의 『도덕경』, 초프라의 물리학책, 고정희의 시집, 버지니아 울프의 『자기만의 방』, 또하나의문화에서 펴낸 『새로 쓰는 성 이야기』 등 여학생들의 상상력을 자극할 수 있는 책들이에요. 그러다 갑자기 그 학생이 뒤로 돌아 하늘로 높이 뛰어오르며 엄지손가락을 내보이는 겁니다. '사랑해요, 이화!'라고 외치며 말이에요. 마지막 장면은 슬로모션으로 하늘에 새처럼 비상하는 아름다운 여성과 주변에 펼쳐져 날아다니는 책들로 끝을 맺고요."

"그 광고를 보면 아무도 자기 딸을 이대로 보내고 싶지 않겠다."

"딸을 그런 학교에 보냈다가는 딸 버린다고 생각할 거야."

"정 선생, 이 광고는 고등학교 여학생들에게 하는 게 아냐. 그 부모들에게 하는 거지. 아직까지 한국에선 학교를 정하는 주체는 부모들이란 말이지. 그런 센세이셔널한 광고를 낸다면 아마 역효과만 날 거야."

이렇게 뭔가 주파수가 맞지 않았다. 내 가슴을 뛰게 하는 것들이 동료 교수들의 가슴을 뛰게 하지 않는 것이었다. 내가 꿈에라도 총장이라면 첫 번째 우주선 광고를 반드시 신입생 모집 광고로 내보낼 것이다. 교수회의를 끝내고 풀이 죽은 채 다른 학과 동료 교수들과 저녁을 먹으면서 우리 과 교수회의에서 있었던 그 광고 이야기를 했다.

"정 선생, 아직 귀국을 덜 하셨군요."

"아직도 화면 조정이 안 되셨군요."

그들은 웃었다. 그들의 말이 맞았다. 나는 화면 조정이 잘 안 되는 신임 교수였다. 그러나 그 화면 조정 시간은 계속 늘어나기만 했고, 5, 6년이 지난 후에도 화면 조정이 안 되기는 마찬가지였다. 화면 조정이 안 된다기보다는 화면 조정을 하고 싶지 않았다. 왜냐하면 화면 조정을 아주 잘해서 잘 적응하면서 사는 우리 선배나 동료 교수 들이 내 눈에는 생명감과 자유가 있어 보이지도 않았고, 건강해 보이지도, 창조력을 표현하며 사는 것 같지도 않았다. 그렇다고 매력적이거나 섹시하게 느껴지지도 않았다. 화면 조정을 잘한 사람일수록 더 굳어 보이고, 몸에 병도 많고, 나이보다 늙어 보이고, 피곤해 보였다. 그런데 그런 화면 조정을 왜, 누구를 위해 하고 살아야 하는지 난 이해할 수 없었다.

이러한 와중에도 내 전공의 희소성 때문에 국제강연 요청은 해마다 늘어났고, 나는 방학만 되면 줄곧 여러 나라를 다니며 강연을 하게 되었다. 이 국제강연들과 그 기회를 통해 얻어지는 세계에 대한 신선한 배움들이 내게는 영적인, 그리고 지적인 생명줄처럼 느껴졌다. 처음에는 영어로 내가 믿는 바와 한국과 아시아의 여성들에 대해 생각하는 바, 그리고 제3세계 신학자들의 사상을 정리해서 지성적이면서 감동적인 언어로 표현하는 것이 어려웠다. 하지만 다행히도 해가 갈수록 나의 진실을 좀더 쉽게 이야기하는 방법을 알게 되었다. 세계의 지성인, 종교인, 운동가, 예술가 들과의 만남과 대화를 통해 우리의 진실을 나누는 방법을 조금씩 배워간 것이다.

물론 학교에서는 이렇게 자주 학교를 비우고 다니는 것이 편안하게 느껴질 리가 없었다. 왜냐하면 학기 중에도 4, 5일씩 학교를 비우고 국제강연을 간 적도 있었기 때문이다. 교수들은 방학 중에도 이런저런 행정적인 일을 하느라 바쁜 경우가 많았다. 특히 작은 일들은 주로 젊은 교수들이 맡아서 해야 할 때가 많았다. 그러니 나처럼 계속 밖으로 나가는 젊은 교수는 불편한 '문제아'로 느껴졌을 것이다.

하루는 선배 교수님이 나를 불렀다. 그러고는 내게 주의를 주었다.

"정 선생은 자신이 프리랜서라고 생각해? 강사나 그렇게 자유로운 거지. 교수는 방학 때도 학교를 지켜야 하는 거야. 정 선생이 하지 않는 일은 다른 누군가가 해야 한다는 거 몰라? 우리는 방학 때도 학교 비상사태를 대비해서 대기하고 있어야 한다구."

처음에는 철이 없게도 이런 꾸중들이 억울하게 느껴져서 그야말로 '간도 크게' 반론을 제기하기도 했다.

"노는 게 아니고 일하러 간 거예요, 선생님. 학교에서도 계속 국제화, 지구화하라고 강조하시잖아요. 저를 이화여대 국제홍보를 하는 홍보원으로 봐주시면 안 될까요?"

그러면 상황은 악화되기 일쑤였다. 또 어떤 때는 밖으로 나가는 것을 허락받기 위해 학교의 어른을 찾아갔다가 야단맞은 적도 있었다.

"정 선생, 라이프 스타일을 좀 바꾸지 그래. 여기 분위기에도 맞춰서 살아야지. 정 선생, 명상 많이 하잖아. 이제 자신을 좀 꺾어봐. 그리고 거 이상한 선글라스 좀 고만 쓰고 다니고."

급기야는 높은 지위에 있는 한 선생님한테도 야단을 맞았다.

"당신은 건방지기 짝이 없어요. 젊은 교수가 무슨 주제강연을 한다고 그렇게 돌아다니는 거예요? 당신 강의 내용 듣고 학부모들이 전화하고, 다른 보수파 기독교인 교수들이 당신 이단이라고 쫓아내라고 하는데 내가 그거 막느라고 얼마나 애를 먹는지 알아요? 신학적 입장이 다르다고 교수를 쫓아낼 수는 없다고 말입니다. 당신 보호하느라고 신경 많이 쓰고 있어요. 하지만 앞으로는 좀 조심해요. 학교 생각도 해서. 그리고 해외 강연은 나이가 들어 머리 희끗희끗한 원숙한 학자가 되거든 해요."

나를 아끼시는 그분의 마음에 감사했지만, 그래도 어딘가 마음 한구석이 씁쓸했다.

나는 이화여대를 사랑했다. 특히 내가 학생일 때 이곳은 나의 꿈에 날개를 달아준 은혜로운 보금자리였다. 나는 이화여대가 계열별 모집을 했을 때 인문대학에 들어가서 내가 하고 싶었던 모든 공부를 할 수 있었다. 특히 현영학, 서광선, 신옥희, 소흥렬, 정대현 선생님의 수업 시간들은 황홀한 탄생의 시간들이었다. 이 교수님들은 수업 시간 외에도 끝이 없이 이어지는 나의 질문을 들어주시면서, 철없는 여학생이었던 내게 혼신을 다하시며 꿈과 실력을 키워주셨다. 나는 그때 학문하는 재미, 알아가는 것에 대한 즐거움을 만끽했다. 마치 학문과 지독한 연애에 빠진 여자 같았다. 그리고 무엇보다 모교가 내게 준 가장 큰 선물은 '무엇이든 할 수 있다'는 자신감이었다. 여자들끼리 공부하면서 내 몸과 마음을 한껏 자유롭게 펼칠 수 있었고, 남성적인 권위에 짓눌려 살 필요가 없었기 때문이다.

나는 모교가 준 그 자신감 덕분에 몸과 마음과 정신의 '느낌'을 소중하게 여기게 되었고, 내 느낌에 분열이 없는 일체감을 가지게 되었다. 그런 자신감과 일체감은 유학 시절에, 그리고 학자가 되어 세계 무대에 서서 일할 때에 당당하게 살아갈 수 있는 큰 힘이 되어주었다.

그래서 내 마음 깊은 곳에는 항상 이화여대에 대한 자랑스러움과 고마움이 자리 잡고 있었다. 세계대회에서 주제강연을 할 때 나의 첫마디는 항상 "저는 한국에서 온 정현경입니다. 저는 세계에서 가장 큰 여자대학인 이화여자대학교에서 교수로 일하고 있습니다. 이곳은 2만여 명이 넘는 여학생들이 삶의 진실을 공부하는 곳입니다."였다. 그러면 사람들에게서 탄성이 터져 나왔다. 학생수가 2만여 명이 넘는 여자대학이 세상에 있다는 사실에 놀라는 것이었다.

그런데 아이러니하게도 바로 이화여대가 학생 시절에 내게 심어준 자신감과 일체감, 그리고 당당함이 내가 교수가 된 다음에는 많은 사람들, 특히 학교의 어른들을 불편하게 만든 요소가 된 것 같았다. 교수가 되어 다시 돌아온 나의 옛 보금자리, 고향인 이곳은 더 이상 고향이 아니었다. 내게 그곳은 이제 친정이 아니라 시댁 같았다.

눈치 보고 싶지 않은데 눈치 보라 하고, 조심하고 싶지 않은데 조심하라 하고, 기죽고 싶지 않은데 기 좀 죽이라 하고, 내가 사는 식이 좋은데 나 자신을 꺾고 라이프 스타일을 바꾸라고 했다. 결국 나는 나다운 것을 표현할 수 없게 되었던 것이다. 나의 많은 행동들이 건방져 보이기 때문이라는 것이다.

나는 나를 염려해 충고해주시는 '웃어른들'의 말에 일리가 있다고 생각하고 한편으로는 고맙게도 여겼지만, 그 충고를 따를 마음은 왠지 전혀 일어나지 않았다. 나는 아직도 가부장적 문화로 가득 찬 한국 사회에서 기죽거나 눈치 보거나 조심하며 살고 싶지 않았다. 그렇게 살지 않으려고 지금껏 열심히 공부했고, 명상했고, 운동했고, 기도해왔다.

내 삶에서 가장 중요한 것이 있다면 그건 나의 생명력이다. 생명력을 마음껏 펼치고 살아가는 것, 그것이 내 삶의 축대였다. 그래서 나는 지금까지의 역사 속에서 억눌려왔던 사람들과 함께 학생운동, 여성운동, 환경운동에 뛰어들었다. 그리고 여성학, 여성신학, 환경신학 등을 공부하면서 에코페미니스트 신학자가 된 것이다. 나는 생명력을 전염시키는 사람이고 싶었다. 그 사람 옆에 가면 괜히 인생이 신나게 느껴지는 사람, 세상을 향해 생명의 씨를 뿌리는 사람, 그러한 사람이고 싶었다. 나는 나의 학생들에게도 그 생명의 힘에 대해 가르쳤고, 동료 교수들에게도 그렇게 격려했다. 사회적 압력에 굴복해서 잘 적응하고 사는 동료들일수록 속으로는 더 피곤하고 불행한 인생들을 살고 있는 듯이 보였기 때문이다.

물론 이러한 뿌리 깊은 권위주의는 이화여대만의 문제는 아니었다. 유교가 국교가 된 조선시대부터 한국 사회는 봉건적 권위주의, 남성숭배, 여성비하에 물들어 있었던 것이다. 이화여대는 이것을 깨기 위해 주도적인 역할을 해왔고, 그 결과 한국 사회 여성의 평등한 삶에 큰 변화를 가져오기도 했다. 그러나 내가 돌아온 학교의 분위기는 이화여대가 초창기에 가지고 있던 개혁적이고 진취적인 비전이 흐려져가고 있는 듯했다.

나는 사회가 잘 받아들이고 용납하는 소위 '철든 여자', '자기를 잘 죽이는 여자', '좋은 여자', '착한 여자'이고 싶지 않았다. 수많은 나의 철든 친구들, 자기를 잘 죽이고 사는 선배들, 좋은 여자, 착한 여자로 일컬어지는 동료들이 40대가 되면서 암으로 자궁을 들어내고, 유방을 잘라내고, 이름 모를 우울증에 걸리고, 또 불행한 죽음을 맞이하는 것을 나는 아픈 마음으로 바라보고 있었다. 내 마음속 깊은 곳에서 나는 진짜 철든 여자(우주와 삶의 의미를 깨달은 여자), 진짜 자기를 죽일 수 있는 여자(두려움에서 벗어난 진정한 자유 때문에 자신의 에고를 내려놓을 수 있는 여자), 진짜 좋은 여자(우주로부터 오는 사랑으로 가득 차 옆에 있기만 해도 신나는 여자), 진짜 착한 여자(큰 것을 위해서 자기를 크게, 목숨까지도 버릴 수 있는 여자), 진정 그런 여자로서 살고 싶었다. 이 사회에서 정해주는 답답하고 작은 '철듦', '기죽음', '좋음', '착함'들이 내게는 고대부터 있어온 노예제도의 잔상 정도로 여겨질 뿐이었다.

바로 그때쯤 그녀가 나타났던 것이다. 나를 '배부른 돼지'라고 부르면서, 또 다른 탈출을 유혹하면서……. 나는 '도인'이나 '깨달은 자'가 되고 싶었다. '우아한 노예'로서 살고 싶은 마음은 전혀 없었다.

It's Her!: Her Deep Blue Body

그녀,
유니언 신학대학,
항해

    그녀의 말대로 나는 '배부른 돼지'인가? 사회적으로 보면 나는 소위 '성공한 여자'일 수도 있었다. 미국의 명문학교에서 박사학위를 받았고, 이대 교수가 되었다. 세계 여러 기관에서 주제강연 요청도 계속해서 들어왔다. 생활도 많이 안정되었고, 학교에서의 불편한 상황에도 어느 정도 익숙해졌다. 이만하면 잘 적응한, 성공적인 성인 여자의 삶이라고 할 수 있었다.

    하지만 날이 갈수록 분명해지는 것은 나는 이렇게 살고 싶지 않다는 마음이었다. 이 익숙함, 이 편안함 속에서 나는 무언가를 잃어버리고 있었다. 아니, 그 정도가 아니라 그 무언가가 태어나려 하는 것을 가로막고 있다는 느낌이 들었다. 무엇이 태어나려고 하는 것일까? 알 듯하면서도 잡히지 않았다. 하지만 점점 분명해지는 것은 내가 이 익숙함과 편안함 속에 계속 있게 된다면 '그 무엇'은 결코 태어나지 못하리라는 확신이었다.

자, 이제 어떻게 해야 할까? 내 속에서 여러 가지 대화가 오갔다. 만약 내가 안전한 교수 생활을 그만두고 아직 잘 잡히지도 않는 '그 무엇'을 따라가버린다면 나는 먹고살 수 있을까? 나를 도와줄 부모나 형제도 없고, 소위 '보호막'이 되어줄 남편도 없는 처지인데, 이렇게 무작정 '그 무엇'을 따라 마음 가는 대로 살다가 거지로 죽게 되는 건 아닐까?

한국의 개화 초창기, 소위 튀는 여자 선배들의 삶을 생각해보았다. 최초의 오페라 가수 윤심덕, 최초의 서양화가 나혜석, 법학자 전혜린. 모두가 정신이상이 될 정도로 고통스럽게 살다가 죽었다. 또 죽지 않은 여자 중에 자유연애와 여성 해방을 외치다 세상에 치여서 다시는 글을 쓰지 않겠다고 선언을 하고 수덕사의 비구니가 된 일엽 스님 같은 여성도 있었다.

이렇게 '그 무엇'을 따라갔던 여성들은 고통스럽게 죽거나, 아니면 어떤 식으로든 세상과 작별을 했어야 했다. 물론 지금은 그때와 상황이 많이 달라졌지만 말이다. 그러나 자기 가슴속의 불꽃을 쫓아가며 사는 사람들의 삶은, 특히 그런 여성들의 삶은 동서양을 막론하고 고통스러웠다. 버지니아 울프, 프리다 칼로, 에디트 피아프, 조라 닐 허스턴, 재니스 조플린의 삶을 보라. 비록 지금은 젊고 건강하니까, 기운이 넘치니까 이렇게 모험을 감행하고 싶고, 또 그럴 수도 있다. 하지만 꿈만 따라가다가 60세쯤 되어 집도 없고, 돈도 없고, 가족도 없이 병든 미친 노파로 거리를 헤매다 굶어 죽는 것은 아닐까? 이런저런 생각들이 나를 괴롭혔다.

이런 생각들 가운데에서도 나는 내게 끊임없이 질문했다.

"난 이제 배부른 돼지인가?"

점점 분명해지는 것은 내가 이 세상에 태어나 꼭 해야만 하는 그 일을 하지 않으면서 편히 먹고산다면 배부른 돼지임에 틀림없다는 것이었다.

"그러면 나는 어떻게 해야 할까?"

내 영혼이 부르는 대로 가슴 뛰는 일을 하며 고통을 감수하든지, 아니면 그냥 평면적이고 편안한, 남들이 인정해주는 성공한 여자의 삶을 살든지 두 가지 중 하나를 선택해야 했다.

먹고사는 것이 걱정은 되었지만 결국 나는 내가 진정 원하는 삶을 향해 가기로 결심했다. 한 1년간 조용히 준비해서 교수직을 그만두고, 시골에 가서 작은 집을 짓고 살면서 도대체 무엇이 내게서 태어나려고 하는지 그 소리를 듣기로 했다. 나는 천안에 살고 있는 친구의 도움으로 유관순 선배의 고향 병천에 작은 땅을 샀다. 지극히 평범한 시골마을의 귀퉁이 땅이었다. 집을 지을 돈이 준비되는 대로 집을 짓고 병천으로 옮기기로 작정했다.

그때 여러 가지 확실하지 않은 미래에 대한 걱정 속에서 내 마음을 안정시킨 것은 '안락사'의 가능성이었다. 내가 하려고 했던 모든 일들이 실패해서 오갈 데 없고 돈도 없는 병든 노파가 되어 일어날 힘도, 치유될 가능성도 없어진다면, 주변 사람들에게 부담이 되고 싶지는 않았다. 만약 그때 나의 '도 닦음'의 진도가 정말 많이 나가서 인도의 요기들처럼 호흡 조정으로 스스로의 죽음을 유도할 수 있다면, 그렇게 나의 이번 생을 끊을 수 있기를 바랐다. 내가 사랑하는 강원도 오대산의 깊은 숲 속에서 마지막 숨을 쉬고 이생을 마감하며 나의 몸을 티베트 사람들처럼 깊은 산 산짐승들에게 보시한다면 행복할 것 같았다. 그러나 그때까지 삶과 죽음을 자유롭게 조정할 수 있을 만큼 진도가 나가지 못한다면 고도의 모르핀으로 편안한 죽음을 맞고 싶었다.

그래서 세 명의 친구들을 찾아갔다. 모르핀 주사를 놓아줄 의사 친구, 죽은 몸을 화장해줄 목사 친구, 그리고 화장한 재를 강원도 산속에 뿌려줄 스님 친구. 그들의 동의를 받고 나자 마음이 아주 편해졌다. 그래서 태어날 '그 무엇'이 잘 태어나서 푸르게 자라준다면 나는 아주 행복하겠지만, 그렇게 되지 못하고 최악의 경우가 온다 할지라도 견딜 만한 고통으로 느껴졌다.

그때쯤 유니언 신학대학원이 갑자기 내 앞에 나타났다. 유니언 신학대학원은 내가 1984년에서 1989년까지 신학 공부를 하며 박사학위를 받은 학교였다. 그 5년간의 삶이 내게는 인생의 가장 중요한 시기 중의 하나였다. 그곳에서 나는 내 고유한 목소리를 찾은 아시아의 여성 해방 신학자로 다시 태어났기 때문이다.

유니언 신학대학원은 설립년도인 1800년대 중반부터 치열한 지적 탐구, 사회정의를 향한 깊은 참여, 여러 가지 종교사상에 대한 개방성으로 인해 세계적으로 알려진 신학계의 명문학교였다. 양심적인 기독교인으로서 유대인 학살을 두고 볼 수 없어서 히틀러를 암살하려다 사형대의 이슬로 사라져간 디트리히 본회퍼Dietrich Bonhoeffer, 히틀러를 피해 망명 온 독일 신학자 파울 틸리히Paul J. Tillich, 미국의 정신계를 흔들며 디트로이트 자동차 노조를 결성했던 기독교 윤리학자 라인홀드 니부어Reinhold Niebuhr 등이 교수로 있었고, 지금은 블랙 파워Black Power를 신학화한 세계적인 흑인 신학자 제임스 콘James Cone, 성서를 여성의 눈으로 읽으며 구약을 여성신학적으로 해석해낸 필리스 트리블Phyllis Trible, 자본주의의 경제 문제, 낙태 문제, 여성 해방과 동성애 문제를 윤리신학적으로 다루는 비벌리 해리슨Beverly Harrison, 환경 문제를 연구하는 래리 라스무센Larry Rasmussen 등 미국과 세계 신학계를 이끌어가는 많은 신학자들이 그곳에 모여 있었다.

우리나라에서도 교계를 이끌어가는 많은 사람들이 이곳을 거쳐갔다. 박형규, 강원용, 현영학, 문동환, 홍현설, 이우정, 강문규, 서광선, 노정선 등이 그들이다. 유니언 신학대학원은 한국과 인연이 많은 학교였다. 세계의 정의를 세우는 일을 하는 자에게 수여하는 유니언 메달을 지금은 대통령이 된 김대중에게 그가 독재정권에 핍박당할 때 수여했고, 이화여대 총장이었던 김옥길에게도 몇 년 후 같은 메달을 수여했다. 남아프리카공화국의 대통령인 넬슨 만델라도 유니언 메달을 받았다. 그리고 최초의 여성부 장관이 된 한명숙과 남편인 박성준 목사님도 이곳에서 방문학자로 연구한 바 있다.

유니언은 다른 종교와의 대화에도 문이 열려 있어서 교수 채용에 종교를 제한하지 않으며, 학생들 역시 불교, 유대교, 가톨릭교, 개신교, 이슬람교, 부두교 서인도 제도의 아이티에서 널리 믿어지는 민간신앙, 산테리아 카리브 해에 있는 혼합 종교들 등 다양한 종교를 가지고 있었다. 불교계의 큰 스승인 달라이 라마도 뉴욕에 오면 이곳 총장 댁에 머무르시곤 했다.

내가 학교를 다니던 시절, 동양인 교수라고는 일본인 고스케 고야마 교수뿐이었다. 그런데 이제 그분이 은퇴를 해서 그분이 가르치던 '세계종교와 기독교'와 '에큐메니컬 스터디즈' 자리가 공석이었다. 당시 래리 라스무센 교수님은 아마 나를 그 자리에 알맞은 후보자로 생각한 모양이었다. 어느 날, 그는 내게 그 자리에 도전해볼 생각이 있느냐고 뉴욕에서 전화를 걸어주었다.

망설여졌다. 이제 이화여대 교수직도 그만두고 병천에 내려갈 생각을 하고 있는데, 외국에 교수로 가는 것이 과연 마땅할까 하는 의문이 들었다. 그리고 소문에 의하면 세계적인 거장 신학자들이 30여 명이나 그 자리에 도전한다니, 나처럼 젊은 동양 여성 신학자는 될 것 같지도 않았다. 괜히 이력서를 냈다가 유명한 학자들 들러리나 서면서 에너지만 낭비하는 것이 아닐까 하는 생각이 들었다. 그 자리는 자기가 원하는 날까지 은퇴할 필요가 없는 종신교수직이었다.

나는 내가 존경하는 몇 분에게 이 일을 의논드려보았다. 거의 모두가 도전해보라고 권유했다. 그분들은 여러 가지 말씀을 하셨는데 공통되는 점은 내가 나 자신의 꿈을 맘껏 펴고, 나의 기를 뻗치며 한국 사회에서 살려면 아직도 두 세대는 더 지나가야 할 것이라는 얘기였다. 그런데 그럴 때를 기다린다는 것은 나의 창조력과 인생의 낭비라고 조언해주셨다. 존경하는 여러 분들의 격려가 내 마음을 열었고, 나를 '배부른 돼지'라고 부르며 괴롭히는 그녀의 영상도 끊임없이 따라다녔다. 그리고 뉴욕에 대한 알 수 없는 그리움이 나의 세포 속으로 스멀스멀 기어 들어와 나로 하여금 자주 뉴욕 꿈을 꾸게 만들었다.

내가 뉴욕에 대해 그리워하는 것은 기가 막힌 뉴욕의 예술이나 학문, 화려함 때문이 아니었다. 내가 그리워했던 것은, 마약상처럼 건들건들하는 할렘가 흑인들의 걸음걸이와 노래, 그들의 축제 같은 예배, 지퍼가 금방이라도 터져 나갈 듯이 딱 달라붙는 옷을 입은 남미계 여자들의 고혹적인 웃음, 홍콩인지 상하이인지 알 수 없을 정도로 중국말만을 쓰는 차이나타운의 중국인들, 그들의 푸른 채소 시장과 음식 냄새, 모두가 영화 〈대부〉에 나오는 주인공 같아 보였던 리틀이탈리아 동네의 현금만 받던 배 나온 국수집 아저씨들, 여름에도 까만 코트에 까만 중절모를 쓰고 다니던 정통파 유대인들, 번화한 길가에 노란 택시를 세워두고 5시만 되면 메카를 향해 길가에 엎드려 절하는 이슬람교도 택시 운전사들, 거리거리에 깔린 집 없는 거지들과 그들의 창조적인 구걸 행각, 코걸이·배꼽걸이·혀걸이 등 별별 곳에 고리를 달고, 머리엔 온갖 색으로 물을 들이고 다니던 가죽옷의 펑크족들, 언젠가는 세계적인 음악가가 되기를 꿈꾸는 거리의 악사들, 그리고 한국에 사는 사람들보다 더 촌스럽고 순진해 보이는 한국 이민자들, 그것들이었다. 이 모두가 내게는 그리운 이웃이었다. 나는 그들의 '서로 다름'이 나누던 갈등과 조화가 너무나도 그리웠다. 매일 비슷비슷한 한국 사람 얼굴만 보며, 매일 한국말만 듣고 사는 것이 왠지 내게는 자연스럽지 않았다.

내게는 영혼 깊은 곳에서부터 '다름'에 대한 갈망이 있었다. 다름이 인정되는 것, 인정되는 것만이 아니라 공생하고 축하하는 곳, 그런 공간이 그리웠던 것이다. 물론 뉴욕 역시 '다름'이 모두 인정되는 이상적인 공간은 아니었다. 그러나 뉴욕의 인구 40퍼센트 정도가 외국 태생인 것을 보면 그들은 운명적으로 '다름'이라는 큰 화두를 안고 살아야 하는 이웃들임에 틀림없었다.

  이화여대를 자진해서 그만두고 시골로 내려가려 할 때 갑자기 나타난 이 기회가 어떤 우주의 손길처럼 느껴졌다. 왠지 '그녀'가 내가 뉴욕에 사는 것을 좋아할 거라는 생각이 들었다. 뉴욕에는 그녀처럼 생명력 가득하고 즐겁고 힘 있는 여성들이 많이 있다. 우울한 날, 브로드웨이나 그리니치빌리지 혹은 소호의 카페에 앉아 있다 보면, 따라가고 싶을 정도로 멋있는 매혹적인 여성들이 향기를 뿌리며 지나가곤 했다. 그런 여자들을 보고 있으면 나는 괜히 기분이 좋아졌고, 나를 사로잡고 있는 우울함에서 벗어나곤 했다. 그 건강하고 자유로우며 힘 있는 뉴욕 여성들에게 생각이 미치자 뉴욕에 갈 마음이 거의 굳어지는 것 같았다. 나에게 기쁨과 위험을 주던 곳, 그곳으로 다시 돌아가고 싶었다.

It's Her!: Her Deep Blue Body

한국을 떠난 이유

  뉴욕으로 가겠다는 마음이 굳어지자 그때부터는 공수특전단의 군인처럼 '유니언 신학대학원의 종신교수직'이라는 고지탈환을 위해 작전개시에 들어갔다. 올림픽 경기에 나가 금메달을 따기 위해 노력하는 운동선수처럼 온 정력을 집중해서 그 자리를 얻기 위해 심혈을 기울였다. 사실 안 되도 그만이지만, 하겠다고 일단 마음먹었을 때는 작게는 최선을 다해 노력해보고, 크게는 하늘의 뜻에 맡겨야 한다는 생각이었다.

  일단 그 학교에서 원하는 교수 상에 대한 정보들을 치밀하게 분석했다. 유니언은 이제 새로운 바람을 몰고 올 동양인 교수, 특히 제3세계 문제와 다른 종교에 대한 관심이 있는 젊은 교수를 찾고 있는 것 같았다. 그리고 여학생들의 극성으로 여자 교수를 원하고 있었다. 여러 가지 면에서 내가 될 확률이 높았다.

나는 그 학교에 재직하고 있는 평소에 친한 교수들에게 국제전화를 걸어 내가 될 가능성이 있는지 말해달라고 했다. 그들은 확답은 못 하지만 내가 될 확률이 매우 높다고 말하면서 꼭 도전해보라고 했다. 나는 이기지 못할 싸움, 되지 않을 게임은 아예 시작하고 싶지 않았다. 그러나 일단 하기로 마음먹으면 최선을 다해 성취해야 된다는 생각을 가지고 있었다.

객관적으로 내가 될 가능성이 높다는 것이 확인되자 국제적인 로비를 시작했다. 유니언 신학대학원에 다니고 있는 한국 학생들과 아는 교수들에게 개인적으로 전화를 해서 도와달라고 부탁을 했고, 뉴욕의 명사들에게 나를 위해 유니언 대학의 총장과 이사들에게 로비를 해달라고 도움을 청했다.

이때 그 로비를 위해 도와주신 대표적인 분들이 미즈Ms. 재단을 만들어 세계의 여성운동을 도와주고 있는 글로리아 스타이넘과 포드 재단의 회장인 프랭크 토머스였다. 글로리아는 그 특유의 세련됨과 유머를 쓰면서 이 결정을 하는 데 중요한 사람들에게 전화를 해주었고, 프랭크는 포드 재단의 회장으로서의 바쁜 일정에도 불구하고, 내가 1996년 2월에 유니언 신학대학원의 교수와 학생 들 앞에서 '뉴욕에서 가르치는 에큐메니컬 스터디스의 비전'이라는 강연을 할 때 맨 앞자리에 앉아, 그것도 자리가 없어 바닥에 앉은 채 열심히 고개를 끄덕이며 강의를 들어주었다. 포드 재단은 세계에서 가장 큰 희사금을 내는 재단이고, 미즈 재단은 세계 여성운동을 도와주는 유명한 기관이기 때문에 그곳의 회장들이 왔다는 것은 학교 측에서 봐도 영광이 아닐 수 없었다.

나는 열정적이고, 진지하고, 당당한 태도로 아시아 여성의 입장에서 보는 21세기 에큐메니컬 스터디스의 비전이 무엇인지 혼신을 다하여 강연했다. 안 되도 그만이라는 생각이 컸기 때문에 그들이 원하는 입맛에 맞춰가며 강연할 생각이 없었다. 있는 그대로의 나의 모습, 나의 생각이 무엇인지 그들에게 보이고는 좋으면 선택하고, 싫으면 관두라는 태도로 임했다. 강연이 끝날 때 나는 그들에게 이런 질문으로 도전을 했다.

"지금까지 나는 당신들에게 내가 보는 에큐메니컬 스터디스의 비전에 대해, 그리고 내가 유니언에 와서 당신들에게 줄 수 있는 것이 무엇인지에 대해 솔직하게 다 이야기했습니다. 그렇다면 당신들이 내게 줄 수 있는 것은 무엇입니까? 내가 한국 최고의 여성교육의 전당인 이화여대라는 좋은 직장을 떠나, 그리고 한국이라는 나의 조국을 뒤로하고 당신들과 함께 살며, 같이 지낼 만한 이유를 제공할 수 있는 그 비전을 당신들은 가지고 있습니까? 당신들은 도대체 어떤 힘과 비전으로 나를 유혹할 것입니까? 저를 유혹해보십시오. 저는 당신들의 유혹을 받을 모든 준비가 되어 있습니다."

강연이 끝나자 웃음이 터지는 재미있는 코멘트와 불꽃 튀기는 질의응답 시간이 이어졌다. 특히 한국 학생들의 협조는 감동적이었다. 작전을 미리 짜고 그랬는지 모르지만 유니언에서 박사학위를 하고 있던 한 한국 신부님이 일어나 내 강연 직후 재미있는 첫 코멘트를 해서 강연장을 웃음바다로 만들었다. 순하고 착하게 생긴 신부님이 갑자기 일어서더니 이렇게 말씀하시는 것이었다.

"정 선생님의 강연을 듣고 느낀 건데, 선생님 영어가 미국 사람들 영어보다 우수하고, 강연 내용 또한 훌륭하며, 또 선생님이 얼마나 아름다운지 고백하고 싶었습니다."

물론 이건 사실일 수 없다. 어떻게 내 영어가 미국 사람보다 우수할 수 있는가? 그렇게 말하며 도와주시려는 신부님의 의도가 고마웠다.

미국에서는 여자 학자에게 강연 후 아름답다고 이야기하는 것은 거의 모욕에 가까운 것으로 여겨진다. 그러나 한국적인 감성으로 이해하면 그것은 얼마든지 있을 수 있는 일이었다. 특히 여자에 대해 잘 모르는(혹은 잘 모를 것이라는 우리의 선입견을 투사시키는) 가톨릭 신부님에게서 나온 코멘트라고 생각하면 말이다. 나는 그 신부님의 코멘트 후 몇몇 유니언 여자 교수들이 의아한 표정으로 인상을 쓰는 것을 보았다. 그래서 재빨리 그 신부님의 코멘트에 답변했다.

"아마 서양의 페미니스트들은 신부님의 코멘트를 불편하게 여길지 모르겠지만 저는 한국 여성으로서 그것을 찬사로 받아들이겠습니다. 저를 아름답게 봐주셔서 감사합니다."

그 코멘트 후에도 많은 재미있는 토론이 이어졌고, 이 자리에 내가 오게 될 것 같다는 예감이 들었다.

한국 학생들이 강연 후 찾아와서 내게 말했다.

"선생님, 너무 속 시원했어요. 미국 애들 잘난 척하는 것이 너무 꼴 보기 싫었는데 선생님께서 걔네들 기를 팍 죽이신 것 같아요. 다른 많은 미국 학자들도 강연하러 와서는 학교 눈치를 보며 조심스레 강연을 했는데 선생님이 '도대체 너희는 내게 뭘 줄 수 있느냐?' 하는 태도로 강연을 하시니까 그동안 억울했던 감정이 다 해소되는 것 같아요."

유니언에 있던 한국 학생들은 정말 내게 고마울 정도로 잘해주었다. 나를 꼭 이곳에 오게 하려고 교수 선정 위원회에 편지를 쓰고, 학생과 교수들에게 로비도 하면서 나를 열심히 밀어주었다.

그 강연 이후에 모든 걸 하늘에 맡겼다. 내가 할 수 있는 최선을 다했고, 지금부터는 하늘이 도와야 성사될 일이라고 생각하고 있었다. 안 된다면 그것은 하늘의 뜻일지도 모른다는 생각으로 마음 편히 생활했다. 이제는 유니언에 가는 것과 상관없이 곧 이화여대도 떠날 마음이었기 때문에 학교에 말하지는 않았지만 마지막 수업을 하는 애틋한 마음으로 학생들과 만났고, 동료들도 사랑의 마음으로 대하려고 노력했다. 이제 언제 다시 볼지 모르는 사람들이었기 때문이다.

그 봄은 행복했다. 무엇인가 나의 인생에서의 첫 번째 삶이 막을 내리고, 두 번째 삶의 무대의 막이 오를 것 같은 이상한 기운이 돌고 있었다. 내가 보는 이 아름다운 조국 산하, 사랑하는 이화여대의 학생들, 이제는 친해진 동료 교수들을 왠지 오래오래 못 볼 것 같은 생각이 들어서 나는 마치 내가 죽을 날짜를 알고 있는 암환자나 사형수처럼 이상하게 슬프고 아름다운, 그리고 황홀한 봄을 보냈다. 모든 사람들과 사물들을 마지막으로 본다는 느낌이 들었다. 눈부시게 아름다운 시간이었다. 달력에는 없는 시간들이었다.

그러던 어느 날, 뉴욕의 유니언 신학대학 총장으로부터 편지가 왔다.

닥터 정. 축하합니다. 당신을 유니언의 종신교수로 초대합니다.
우리와 같이 일하여주신다면 영광이겠습니다.

'아. 이제 새로운 운명이 다가오는구나.'
나는 마치 조각배를 타고 파도치는 태평양을 혼자 건너는 항해사 같은 기분이 들었다. 조국을 떠나서 살아야 할 내 운명에 대한 깊은 외로움과 서글픔, 그리고 무엇이 일어날지 모르는 미지의 세계에 대한 아련한 기대로 가득 찬 이상한 들뜸, 그리고 이상한 가라앉음이 교차되는 신비로운 봄이었다.

유니언의 초대를 정식으로 받아들인다고 뉴욕에서 온 계약서에 사인을 한 후 학생, 친구, 동료 들에게 내 결정에 대해 이야기했다. 그들은 내게 이구동성으로 물었다. 왜 한국을 떠나느냐고. 어떻게 내 마음을 설명할 수 있을까? 여신의 유혹 때문에 가는 것이라고 대답하면 그들은 나를 정신병자로 생각할 테고, 나도 모르는 '태어날 그 무엇' 때문이라고 하면 나를 환상에 빠져 있다 할 것이고, 뉴욕이 한국보다 더 그리워서 간다고 하면 조국 배신자라 할 것이고, 유니언이 이화여대보다 훨씬 좋아서 간다고 하면 의리 없는 배반자라 할 것이고……. 이래도 저래도 그들의 마음에 드는 대답을 해줄 수 없었다.

나는 그들에게 이렇게 대답했다.
"제가 한국에서 대학교수로 계속 일할 거라면 이화여대보다 더 좋은 직장은 없을 거예요. 이화여대는 제게 꿈의 날개를 달아준 모교이고, 저는 이 학교에 대해, 또 여성교육에 대해 깊은 애정을 가지고 있어요. 아마도 한국 사회가 이화여대 정도로 부정부패가 없고, 이화여대의 지도자들처럼 자기 삶을 바쳐 헌신한다면 우리나라는 세계의 빛이 될 거예요. 제가 만약 한국 사회의 다른 신학교에서 가르쳤다면, 이미 너무 급진적이라는 이유로 쫓겨났거나, 아니면 여성으로서 하는 신학적 담론을 발전시키지도 못했을 거예요. 이화여대를 떠나는 제 마음은 많이 미안하고, 또 감사할 뿐이지요. 제가 이 나이에 한국을 떠나야 하는 것은 제 운명, 제 팔자예요. 신앙적으로 말하자면 하느님의 뜻이고요. 제 인생에서 뉴욕에 꼭 가야만 할 수 있는 일이 있기 때문에 지금 가는 거예요. 그 일이 무엇인지 지금은 저도 말씀드릴 수 없어요. 그러나 10년이 지나면 여러분은 그 일이 무엇인지 보실 수 있을 거예요. 그때 제 마음을 이해하실 거예요. 지금은 어떤 말로도 명확하게 제가 한국을 떠나는 이유에 대해 속 시원히 설명드릴 수가 없어요."

하지만 내 속에서는 분명한 대답이 있었다. 내 세포의 하나하나가 자신들의 살아 있음보다 더 가까이 알고 있는 그 느낌 속에 대답이 있었다. 내 자궁에서부터 올라오는 깊고 깊은 떨림. 태초부터 있던 원초적인 창조의 떨림이 나를 따라오라고 손짓했다. 생명을 향해 소리치는 '그녀'의 부름이었다.

2

*Dreaming in the People's
Republic of New York*

우리는 모두 꿈을 찾아 이곳에 왔다

어디에 있거나 나는

두 개의 시간, 두 개의 공간 사이에서 춤추고 있었다.

Dreaming in the People's Republic of New York

뉴욕, 160년 역사상 최초의 아시아계 여교수

유니언 신학교에서 첫 번째 강의가 있던 날. 나는 아침부터 긴장하고 흥분해 있었다. 과연 내가 이곳 사람들의 기대를 충족시킬 수 있을지. 학교에서는 내가 그들의 160년 역사상 처음 나타난 아시아계 여자 교수라고 기대가 대단했다.

이 미국 사람들을 잘 가르칠 수 있을지, 괜히 긴장해서 영어 문법, 발음이 틀리지는 않을지, 혹시나 미국 사람들이 젊은 동양 여자 교수가 가르친다고 속으로 무시하면서 이상한 질문을 하지는 않을지, 아니, 그 무엇보다도 중요한 것은 내 영혼이 그들의 영혼과 만날 수 있을지, 그래서 우리 교실의 분위기가 단순한 지식 전달이 아닌 진리를 같이 탐구해가는 '도반道伴'의 분위기가 될 수 있을지……. 많은 의문과 기대가 엇갈리는 아침이었다.

나는 내가 한국 역사상 가장 멋있는 여자라고 생각하는 '황진이'의 안방을 상상하며 꾸민 침실에 누워, 열린 한국 창호지 문 사이로 우리 학교 채플의 종탑을 바라보고 있었다. 아침 햇살을 받아 종탑이 황금빛으로 빛났다.

> 황금빛 아침 햇살에 산과 들 눈뜰 때……
> 그 맑은 시냇물 따라 내 맘도 흐르네.
> 가난한 이 마음을 당신께 드리리.
> 황금빛 수선화 일곱 송이도…….

양희은의 노래가 떠올랐다. 자줏빛 보료, 자줏빛 한국 솜이불 속에 누워 나는 이 노래를 흥얼거렸다.
"그래, 중요한 것은 내 마음을 주는 거야. 미국 사람도 사람은 사람이니까, 언어를 넘어선 진실한 마음을 그들도 읽을 수 있을 거야."
내가 이번 학기에 가르칠 과목은 두 과목이었다. 하나는 '사랑과 지혜의 만남 – 기독교와 불교와의 대화'였고, 다른 하나는 '뉴욕의 살아 있는 종교적 심벌들'이었다.
오늘은 '뉴욕의 살아 있는 종교적 심벌들'이란 강의가 시작되는 날이었다. 이곳은 대학원이기 때문에 학생들은 주로 석사나 박사 과정이었고, 연령층은 20대부터 70대에 달했다. 그들의 배경도 다양해서 대학을 갓 졸업하고 온 사람들이 있는가 하면, 월 스트리트의 사장을 지냈던 사람, 브로드웨이에서 연극하다 온 사람, 변호사, 의사, 무용가, 화가, 오페라 가수,

경찰관, 목수, 목사, 신부, 수녀, 심리학자, 출판사 편집장, 사회운동가, 영화감독 등등 온갖 상상할 수 있는 직업의 소유자가 다 모여들었다. 인종, 국적도 다양해서 인간 전시장을 보는 듯했다.

그동안 에큐메니컬 스터디스에 교수가 공석이었기 때문인지 대학원답지 않게 이 강의를 수강 신청한 학생들이 거의 70명이나 되었다. 보통 이 학교에서는 10명 정도의 학생들로 세미나가 구성되기 때문에 학교에서는 이 큰 강의를 꾸려나가는 데 도움이 되도록 내게 유능한 조교를 붙여주었다.

그의 이름은 데이비드. 국제정치학과 생태학적 윤리에 대한 박사논문을 쓰고 있는 게이동성애자였다. 처음 데이비드가 이번 강의 과목에 대해 나의 의견을 들으러 사무실로 찾아왔을 때, 나는 속으로 '나는 참 억세게 재수 좋은 여자구나, 저렇게 예쁜 남자와 일하게 되다니' 하는 생각을 했다. 데이비드는 눈빛이 깊고 마음이 착하게 생긴 30대 초반의 백인 남자였다. 긴 속눈썹과 반짝이는 초록색 눈, 그리고 내가 보아왔던 뉴욕의 많은 게이들이 그렇듯이, 스타일리시한 헤어스타일과 옷차림, 부드럽고 섬세한 어투와 자세로 사람의 이야기를 잘 들어주고 반응하는 유형이었다. 그는 까만 머리에 초록빛이 도는 브라운 색의 눈을 가지고 있어서 더 친근하게 느껴졌다. 특히 이번 강의는 뉴욕 곳곳에 펼쳐져 있는 불교, 유대교, 이슬람교, 힌두교 사원, 또 부두교 제사 드리는 곳 등등을 그 많은 학생들과 함께 가서 그 종교인들의 제례에 참여하고, 그들의 심벌을 연구하는 것이기 때문에 철저한 사전조사가 필요했다. 그렇게 많은 곳들을 저렇게 예쁘고 똑똑한 젊은 남자와 같이 돌아다닐 생각만 해도 기분이 좋았다. 더군다나 그는 자기 파트너와 깊이 사랑에 빠져 있는 게이니 얼마나 안전한가! 여자를 자기의 성적 파트너로 보지 않는 안전하고 예쁘고 똑똑한 젊은 남자와 같이 밀도 깊게 일한다는 것은 신나는 일이었다.

데이비드는 오리건 주 출신 고아로, 아기일 때 아주 유복한 가정에 입양되어 자라났다고 한다. 그는 지금까지도 자신을 낳아준 부모가 누구인지 모른다고 했다. 데이비드는 대학 때 여자들과 데이트하던 중 자신이 게이임을 발견했고, 그 후론 계속 남자 애인과 연애를 했다고 한다. 대학 졸업 후 세계 여행을 많이 했고, 파리와 마드리드에서도 오래 살았다. 마드리드에 있을 때는 플라멩코 댄서들을 위한 기타 악사로 일했다. 지금은 유니언 신학교에서 만난 애인과 같이 살고 있고, 몇 달 후에 그와 결혼할 예정이라고 했다. 게다가 다행스럽게도 데이비드와 애인의 부모님들은 모두 둘의 관계를 인정하고 잘 도와준다는 것이었다.

나는 데이비드의 살아온 이야기를 귀 기울여 들은 후, 지나온 나의 인생을 짧게 정리해서 이야기해주었다. 그리고 그와 함께 수업 준비를 시작했다. 첫날은 학기를 여는 리추얼^{제례}로 시작해서 서로를 소개하고, 강의 계획안을 나누어주며 축제 분위기로 꾸미면 어떻겠느냐고 제안했다. 데이비드는 좋은 생각이라고 하며 자기가 리추얼과 소개를, 그리고 축제 준비를 할 테니, 나더러 강의 계획안만을 준비하라고 했다. 내가 앞으로 강의하느라 고생할 테니 첫날은 자기가 꾸미겠다는 것이었다. 그래도 나는 걱정이 되어서 돕겠다고 했다. 그러자 데이비드는 "닥터 정, 게이들은 파티의 천재예요. 걱정하지 마시고 시간 맞춰 교실로 오세요." 하고 말했다.

그래서 나는 데이비드에게 모든 것을 맡기기로 했다.

드디어 유니언에서의 첫 강의가 있는 날이 왔다. 나는 서서히 이날을 열기 시작했다. 먼저 이불 속에서 기어나와 잠깐 기도를 했다. 모든 이들의 마음이 열리게 해달라고……. 그리고 운동복으로 갈아입고 리버사이드 공원을 뛰기 시작했다. 햇빛이 쏟아지는 공원에는 많은 조깅객들이 있었고, 여러 색의 개와 강아지들이 이리저리 조깅객들과 함께 뛰어다니고 있었다. 아직은 추운 2월이라 얼굴이 빨갛게 얼어왔다. 뛰면서 챈팅chanting, 종교적 경 읽기 혹은 주문 외우기을 시작했다.

나는 여자다.
나는 만진다. 나는 변화시킨다.
내가 만진 모든 것이 변화된다.
만짐은 변화이고,
변화는 만짐이다.

I am
I am
I am
I am a woman.
I touch, I change. I touch, I change.

Everything I touch, I change.

Touch is change.

Change is touch.

온몸에 땀이 나기 시작했고 기분이 점점 좋아졌다. 나는 더 속력을 내어 뛰었다. 한 시간쯤 뛰었을까? 집으로 돌아와 뜨거운 샤워 물이 쏟아지는 욕탕으로 들어갔다. 모든 것이 다 씻겨 내려가라고 열심히 씻었다. 나의 두려움, 나의 슬픔, 나의 분노, 그리고 나의 외로움······. 물을 잠그고 안개가 자욱이 끼어 있는 거울 앞에 섰다. 거울에 서린 안개를 손으로 닦아내며 나의 젖은 몸을 본다. 그 젖은 몸에 겹쳐서 떠오르는 그의 얼굴.

"나쁜 새끼."

수건으로 모든 걸 지워버린다.

"너는 거짓말쟁이야.

오늘은 너를 생각하고 싶지 않아.

나는 너에게 사랑의 이름으로 또다시 나의 하루를 망치게 할 기회를 주지 않겠어.

꺼져."

마음속 깊은 곳에서 아직도 아물지 않은 그에 대한 분노가 치밀었다. 나는 몸의 물기를 닦으며 집 안을 돌아다녔다. 안숙선의 《구음》CD를 찾아 큰 볼륨으로 틀었다. 안숙선의 찢어지듯 터져 나오는 창의 가락이 나의 분노를 훑어갈 수 있다는 듯이······. 그리고 다시 목욕탕으로 들어와 거울 앞에 섰다. 그리고 거울 속에 있는 알몸의 여자에게 말을 건넸다.

"현경, 나는 널 사랑해.

나는 네가 진실함을 아니까.

너는 좋은 여자야.

너는 오늘 신나는 수업을 할 거야.

오늘은 네 남은 인생의 첫날이야.

네 삶을 축하해."

나는 목욕 가운을 입고 온 집 안을 안숙선의 창가락에 맞춰 춤추며 걸어 다녔다. 그의 창가락을 흉내 내면서…….

나는 뉴욕에 와서 살면서 과거에 안 하던 짓을 시작했다. 순 한국 여자로 사는 일을 시작한 것이다. 마흔 살이 되어 한국을 떠난다는 것은 나에겐 쉬운 일이 아니었다. 그래서 한국에서 7년 동안 교수 생활을 하면서 모은 돈을 털어서 한국의 고가구, 절과 사당에서 나온 그림들, 한국의 옛 도자기, 옹기, 부엌 용기들, 바구니, 발, 돗자리, 그리고 많은 문짝들을 돈이 되는 대로 다 사 모아서 뉴욕으로 왔다. 지금 있는 학교에서 이사에 드는 전액을 대겠다고 해서 마음 놓고 사들인 것이다. 그때 나는 한국의 냄새, 색, 조상들의 귀신 붙은 그림들과 가구들에 싸여 살아야만 이 전쟁 같은 뉴욕의 경쟁 사회에서 당당한 한국 여자로 살아남을 수 있다고 느꼈던 것 같다. 그리고 학교로부터 얻은 1백 년이 된 큰 집을, 여러 박물관과 인사동에서 사 온 한국 민속책들에 나온 사진들처럼 안방, 사랑방, 부엌, 식당,

응접실, 공부방, 여신방, 명상방, 손님방 들로 꾸몄다.

나는 한국 문화가 얼마나 힘 있고 아름다운지 서양인들에게 굳이 설명하고 싶지 않았다. 자신 없는 사람이나 자기 장점에 대해 설명하는 거니까. 나는 나의 학생들, 동료 서양인들이 우리 집에 들어오면 그냥 우리 문화의 힘에 압도되어 말을 잃기를 원했다. '그리고 아무 말도 하지 않았다' 처럼.

우리의 문화적 기로 그들의 서양 문화 우월주의를 누르고 싶었다. 유니언 신학교의 한국 학생들이 우리 집에 와보더니, "선생님, 여기는 뉴욕 인사동 일 번지네요."라고 했다. 동료 교수들도 한 번씩 들렀다가는 자기 부인과 친구들을 데리고 와서 다시 보고 싶어 했다.

학교 일이 끝난 후 집으로 돌아오면 한국으로 가고 싶었다. 그것도 삼국시대 이전으로 거슬러 올라가는 고조선시대의 한국으로……. 뉴욕 인민공화국 안에 작은 한국 자치구역을 만들고 싶었다.

그러다 보니 하루 세 끼를 다 한국 음식으로 먹게 되었다. 아침에는 현미밥에 미역국, 점심에는 현미밥에 된장국, 저녁에는 현미밥에 두부찌개, 그렇게 먹어야만 뉴욕에서 이곳 사람들에게 밀리지 않고 한국의 기를 뻗치며 살 수 있을 것 같았다.

특히 이날은 첫 수업이 있는 날이니까 더 잘 먹어야 했다. 정성껏 아침을 차려 먹고, 오늘 이야기할 내용을 죽 검토했다. 어떻게 해야 학생들과 첫날부터 마음을 열고 영혼으로 만날 수 있을까? 이리저리 궁리해보다가 춤을 추기로 했다. 아주 아름다운 명상 음악을 틀고 모두가 몸을 열어 에너지가 흘러 나가도록 춤을 추면 좋을 것 같았다. 이 사람들이 과연 마음을 열고 춤을 출까? 좀 위험한 발상이었지만 '뉴욕인데 뭐 어때?' 하는 생각이 들었다.

'뉴욕인데 뭐 어때?'는 한동안 나의 모토가 되었다. 처음에 와서 모든 게 서먹할 때, 어떤 도발적인 새로운 일을 해야 할 때마다 나는 항상 나 자신에게 최면을 걸었다. '뉴욕인데 뭐 어때?'가 그 첫마디였다. 그리고 나서 나는 자신을 부추겼다.

"너, 눈치 보지 않으려고
하고 싶은 말 다 하고
하고 싶은 짓 다 하고
마음껏 기 뻗치면서
가장 너다운 표현을 하고 살고 싶어서 뉴욕에 왔잖아?
멍석 깔아놓으니까 괜히 내숭 떠는 거야?
Just do it!"

수업 시간은 저녁 6시 40분이었다. 강의 내용상 학생이 아닌 일반인들도 청강할 수 있게 하기 위해 저녁 시간으로 잡았다. 5시쯤부터 화장을 시작했다. 운동권 학생이었던 대학 시절, 나는 화장하고 다니는 모든 여자들을 경멸했다. 이 자본주의의 가부장제 사회에서 화장은 여자가 무슨 일을 하든지 결국은 고급 창녀로 자기 몸을 파는 일을 하기 위한 준비라고 여겼기 때문이다. 그런데 아이러니하게도 화장에 대한 나의 생각은 내가 페미니스트가 되면서부터 달라졌다. 여성 그룹에서 여신에 대해 공부하면서 최초의 화장은 여신을 흉내 내면서부터 시작되었다는 것을 알았다. 이집트의 여신 아이시스Isis의 눈, 인도의 여신 칼리의 눈, 모두 깊은 아이라인으로 그려져 있다. 또한 원주민들의 문화로 갈수록 전사들이 온몸에 보디페인팅을 하는 것을 알게 됐다. 그러면서 화장에 대한 생각이 바뀌기 시작했다. 나는 여신과 전사를 닮고 싶었다. 여신의 지혜와 전사의 힘을…….

그리고 강의는 결국 퍼포먼스다. 배우가 무대 위에서 관객들을 사로잡듯, 나는 강단 위에서 학생들을 사로잡아야 한다. 그렇지 않으면 나의 인생을, 또 그들의 인생을 낭비하는 거니까. 맬컴 엑스가 이야기했듯이 나에게는 '수단과 방법을 가리지 않는' 자세가 필요했다. 우리 모두의 해방을 위해서…….

나는 최고의 퍼포먼스를 준비하는 배우처럼 정성껏 화장을 했다. 보라색 아이섀도를 꺼내 눈화장을 하고 인디언핑크색 립스틱을 바르고, 내가 가장 아끼는 한국의 고구려시대 옷을 본뜬 연보라색 면사 한복을 입었다. 그것은 고구려 벽화를 보고 내가 직접 디자인해서 만든 옷이었다. 그리고 과일 주스를 마셨다. 준비 끝.

강의 계획안과 소개할 책들을 다 챙겨놓고 명상방으로 들어갔다. 수업시간 15분 전까지 시계를 맞춰놓고 명상을 시작했다. 명상을 끝낸 후 서서히 교실을 향해 걷기 시작했다. 우리 집에서 교실까지는 10분도 안 걸린다. 수도원 같은 긴 복도를 따라서 한참 가면 교실이 나온다. 그러니까 우산도 필요 없고 차도 필요 없는 무공해 출근길인 것이다.

밖은 이미 캄캄했다. 내가 이번 학기에 사용할 강의실은 유니언 신학교에서 제일 큰 강의실인 207호실이었다. 복도가 끝나는 곳에 다다라 2층 계단을 오르려니, 2층으로 오르는 계단과 복도, 강의실 모두에 불이 꺼져 있는 대신, 각 계단 스텝마다 작은 촛불이 켜져 있었다. 교실 입구의 큰 항아리에 노란 개나리꽃이 풍성히 꽂혀 있었고, 그 아래에는 촛불과 향이 켜져 있었다. 그리고 이런 팻말이 붙어 있었다.

"여기는 성지입니다. 들어오실 때 신발을 벗어주십시오."

그 팻말 옆에 위아래로 까만 옷을 입은 데이비드가 향을 들고 서 있었다.

"데이비드, 환상적이에요. 이거 꼭 영화 〈잉글리시 페이션트〉의 한 장면 같잖아요? 너무 수고했어요."

"별말씀을요, 닥터 정. 저는 강의실을 리추얼 공간으로 바꾸면서 친구들과 재미있었답니다. 책걸상을 다 치우고 방석과 쿠션을 깔아놓았어요. 중앙에는 큰 꽃항아리와 뉴욕 시에 있는 종교적 심벌들을 모아 설치해놓았고요. 우리가 같이 나눌 빵과 붉은 포도주도 준비해놓았습니다. 재미있는 한 학기가 될 것 같아요. 저를 조교로 택해주셔서 감사합니다."

"데이비드, 이제 교수님, 박사님 그렇게 부르지 말고 현경, 그렇게 불러요. 교수님, 박사님 그러니까 너무 권위적으로 들려요."

"그렇게 불러도 괜찮겠어요? 이곳 미국 교수님들께는 그렇게 퍼스트 네임을 부르지만 아시아 문화가 우리와 다르기 때문에 주저했어요."

"나는 아시아인이지만 페미니스트니까 괜찮아요. 나는 서열적이고 권위적인 관계 좋아하지 않아요."

데이비드가 얼굴을 붉히면서 말했다.

"그렇다면, 오케이. 현경, 여기서 향을 들고 들어오는 학생들을 이 향으로 축복해주시겠어요? 학생들이 좋아할 거예요."

"알았어요, 데이비드."

학생들이 하나둘 모여들기 시작했다. 신발을 벗으면서 복도와 교실의 분위기에 모두 매혹된 분위기였다. 나는 웃으면서 학생 하나하나를 향으로 축복했다.

"Welcome to the class!"

학생들도 반갑게 대답했다.

"Welcome to Union, Professor Chung!"

그렇게 축복하고 있는데 아주 젊은, 20대 초반으로 보이는 중남미계 남학생이 다가와서 신발을 벗으며 이렇게 물었다.

"프로페서 정, 신발만 벗어야 하나요? 나는 나체주의자 Exhibitionist 예요. 옷을 다 벗고 싶은데요."

나는 데이비드를 쳐다보았다. 데이비드가 웃으면서 윙크를 한다. 머리를 설레설레 흔들면서. 나는 웃음이 터져 나왔다.

"음, 음, 오늘은 첫날이니까 좀 차분하게 시작하면 어떻겠어요? 그러다 보면 어느 날엔가는 다 벗을 수 있는 날도 오겠지요."

이런저런 농담을 학생들과 주고받으며 축복을 끝내고, 나는 데이비드와 함께 마지막으로 교실에 들어왔다. 교실은 남미 원주민들의 성당 같았다. 수백 개의 초가 군데군데 밝혀져 있고, 데이비드가 편집한 불교, 이슬람교, 유대교, 힌두교의 명상 음악이 조용히 흐르고 있었다. 교실 중앙에 꽃과 빵과 포도주, 여러 문화의 전통 음식들, 뉴욕 시에 있는 종교적 심벌인 작은 동상들과 그림들이 여러 가지 패브릭 위에 놓여 있었다.

나는 데이비드와 함께 학생들을 환영 리추얼로 인도했고, 리추얼 끝에 모든 학생들로 하여금 명상 춤을 추도록 인도했다. 교실의 분위기 때문이었는지 70여 명의 학생들이 한 사람도 빠지지 않고 춤을 추었다. 점점 열기가 더해가면서……. 그렇게 마음을 열고 따라주는 그들이 너무나 고마웠다. 자연스럽게 분위기를 바꿔 강의 계획안을 설명해주었고 돌아가면서 각자 소개 시간을 가졌다. 그러고는 신나는 음악을 틀고 교실에 있는 음식과 음료수를 마시면서 돌아다니며 서로를 아는 시간을 가지라고 했다. 그리고 평화의 인사로 첫 강의 시간을 마쳤다. 우리 모두는 기분이 좋았다.

수업을 끝낸 뒤 몇몇 학생들과 교실을 원상복구(?)하면서 데이비드에게 감사의 말을 전했다.

"데이비드, 너무나 고마워요. 환상적인 시작이었어요. 다 당신 덕분이에요. 이 많은 준비를 하느라 얼마나 고생했겠어요?"

"천만에요. 저도 이 과목에 대해 흥분되어 있어요. 정 교수님과 같이 일하게 되어 영광입니다."

"헤이, 데이비드. 교수님이라고 부르지 말랬잖아요!"

"아, 미안해요. 현경."

"나는 오늘부터 데이비드를 '잉글리시 페이션트'라고 부르겠어요. 오늘 복도는 그 영화 장면과 똑같았어요."

"감사합니다. 그런데 그 남자, 너무 잘생기고 멋있잖아요?"

"데이비드도 마찬가지예요."

우리는 교실이 떠나가도록 크게 웃으면서 함께 교실을 치웠다. 데이비드는 개나리꽃을 항아리에서 뽑아 내게 주었다.

"환영하는 의미의 꽃입니다. 유니언에서의 생활이 행복하시기를 바라요."

나는 노란 개나리꽃을 한 아름 안고 집으로 돌아오면서 행복했다. 좋은 예감이 들었다. 아주 근사한 일이 일어날 것 같은…….

Dreaming in the People's Republic of New York

여신의 음모

노란 개나리꽃이 질박한 한국 옹기 항아리 속에서 웃고 있었다.

'아, 뉴욕에서의 첫 수업이 무사히 끝났구나.'

안도의 숨과 함께 온몸에 피로가 몰려들었다. 나는 졸졸졸 소리내어 흐르는 작은 실내 정원의 분수 옆에 서서 돌 연못 속의 조약돌을 바라보았다.

뉴욕 한복판, 여러 개의 방이 있는 커다란 집에서 혼자 사는 여자. 이것은 어린 시절 꿈꾸었던 마흔 살의 내 모습은 아니었다. 나는 어린 시절 '현모양처'가 되는 것이 꿈이었다. 너무나 괴로워 찾아갔던 도교의 한 도사님은 "현모양처가 꿈이었는데요?" 하는 나를 비웃었다.

"정 선생은 영 주제파악을 못 하시네요. 공방수空房數를 타고난 여자가……."

'공방수', 이것은 내가 풀어야 할 인생의 미적분 문제다. 돌 연못 속에

비치는 전구가 연못 속에 뜬 보름달 같다.

보름달이 뜬 여름밤이었지. 그와 나는 성북동 성곽에 앉아 기네스 맥주를 마시고 있었다.

가질 수 없었던 아름다운 남자. 우리는 달력에 없는 날들을 살았다.

"네가 얼마나 매력 있는 여잔지 아니?"

"글쎄, 사실 난 잘 모르겠어. 유치원 다닐 때 '백설공주' 연극에서 시녀 12번이었거든. 예쁜 여자애부터 공주를 시켰어. 그리고 다음 예쁜 애가 시녀 1번, 그다음 애가 2번, 이렇게 나갔던 것 같아. 시녀가 열두 명이었는데 내가 12번째였어."

그가 웃었다.

"그 프랑스 영화 생각나? '내겐 너무 예쁜 당신'. 나는 너에게서 원시적인 축제를 느껴. 원주민들의 기운이 느껴지지. 네가 내 삶에 들어온 후, 나의 무채색의 세계가 유채색으로 변해가고 있어. 내 인생에서 처음으로 색채의 아름다움이 무엇인지 배우고 있지."

그는 언어의 연금술사였다. 영혼이 섹시했던 남자. 만약 올림픽 대회에서 '세상에서 가장 아름다운 섹스' 종목이 있었다면 그와 내가 금메달을 받았을 텐데……. 왜 그가 그렇게 갑자기 폭력적으로 나를 떠나야만 했는지 나는 알지 못한다. 진실은 남자를 자유롭게 하는 게 아니라 두렵게 하는 것일까? 그는 내 가슴을 M16 소총으로 난사했다. 이제 내 가슴엔 아이의 얼굴이 들어갈 만한 큰 구멍이 생겼고, 그 구멍으로는 항상 찬바람이 불어온다. 한여름에도 나를 추위에 떨게 하는 내 마음의 북극.

"내 참, 유치한 신파극 더 못 봐주겠네."

아, 그녀다!

"무드 그만 잡으시지. 그만한 외로움도 없이 네가 이런 자유를 누린다면 그건 천박한 거야."

"보고 싶었어. 내가 얼마나 그리워했는데."

"참, 진도 안 맞아서 같이 못 놀겠네. 항상 같이 있는데 보고 싶다느니, 그립다느니……. 그나저나 자기 오늘 멋있었어."

"데이비드 덕분이야. 나도 감동했어. 그가 얼마나 열심히 첫 수업을 위한 리추얼을 준비했는지……."

"나한테 감사하다고 그래. 네가 처음 외국에 와서 힘들고 외로워할 것 같아서 내가 데이비드처럼 예쁜 남자를 네게 보낸 거야."

"역시 그랬구나. 어쩐지 컴퓨터에 넣어서 조합한 남성상 같은 완벽한 남자가 갑자기 나타났다 싶더니. 게다가 게이라니 안전보장이고."

"지금 너는 아주 중요한 일을 준비하고 있어. 이럴 때 남자하고 연애에 빠지면 부정타니까 게이가 지금의 너에게는 최고의 선물이야."

"그런데 그 중요한 일이라는 게 대체 뭐지? 도대체 뭔데 나를 '배부른 돼지'라고 유인해서 미친 여자처럼 모든 걸 다 버리고 태평양 건너 뉴욕까지 오게 했어?"

"네가 내 말을 이해할 수 있을 때가 되면, 네가 준비가 되면 이야기하지."

"어떤 준비?"

"죽을 수 있는 준비."

"죽을 수 있는 준비?"

"그래. 너는 네가 준비가 되는 날 이 세상을 향한 여신의 비밀을 알게 될 거야. 그러나 이것은 목숨을 걸어야 하는 과정이지. 일단 여신의 비밀을 알게 되면 그 비밀을 네 온몸으로 살아내야 해. 네가 그 비밀을 알고도 그대로 못 살아내면 너는 목숨을 잃게 돼."

"어떻게 하면 그 준비가 끝나는 거지?"

"그때가 되면 자연히 알게 돼. 네 몸이 네게 이야기해줄 거야."

"그럼 그때까지 내가 할 일은 뭐야?"

"잘 사는 거지. 잘 먹고 잘 살아. 교수 노릇 잘하고."

"잘 먹고 잘 살라고?"

"응. 그게 제일 중요해. 밤이 깊었어. 오늘 일 많이 했으니까 편히 쉬어. 나 간다."

"잠깐만. 가기 전에 한마디만 해줘. 당신의 이름이 뭐야?"

"나는 나라고 했잖아. 나는 나지."

"'나는 나지'……?"

"응. 나는 나지. 안녕. 좋은 꿈 꿔."

나풀거리는 반투명의 하얀 드레스 속으로 그녀의 살이 보인다. 맨해튼 음악학교 지붕 위로, 빌딩 숲 속에서 떠오르는 달을 향해 그녀는 날아간다. 청람색 푸른 바다를 헤엄쳐가는 돌고래 같다.

"I love you!"

나는 점점 작아지는 그녀의 모습을 보며 나지막하게 속삭였다. 그녀만 보면 나는 행복해진다. 그녀가 떠난 뒤에도 그녀의 향기가 집 안에 가득 차 있다. 비에 젖은 깊은 숲의 냄새. 그녀의 향기를 맡으며 나는 깊이깊이 잠에 빠져들었다.

두 개의 시간,
두 개의 공간

Dreaming in the People's Republic of New York

뉴욕에서의 나의 삶은 두 개의 다른 시간, 두 개의 다른 공간 사이를 끊임없이 오가는 여행이다. 세계에서 가장 바쁜 도시. 스물네 시간 불이 꺼지지 않는 도시. 그리고 세계에서 가장 창조적이라는 도시. 뉴욕은 기운 넘치고, 젊고, 돈이 있는 사람에게는 천국이지만, 기운 없고, 늙고, 돈 없는 사람에게는 지옥과 같은 곳이다. 나처럼 적당히 기운 있고, 적당히 젊고, 밥 먹을 걱정 안 할 정도의 사람에게는 뉴욕이 천국과 지옥의 갈림길이다.

하루에도 몇 번씩 나는 이곳에서 천국의 맛과 지옥의 맛을 느끼고 있다. 앨빈 에일리 아메리칸 댄스 시어터가 〈계시〉라는 현대무용을 공연할 때는 그들의 몸속에서 그들의 동작 속에서 신이 탄생하는 걸 목격하고, 주빈 메타가 지휘하는 뉴욕 필하모닉 오케스트라의 송년 연주회에서 미도리가 연주하는 바이올린 콘체르토를 들을 때에는 하늘이 열리고 천사들이 노래하는 걸 경험한다. 구겐하임 박물관에 있는 브란쿠시의 조각들을 보고 있노라면 그가 그렇게도 사랑했던 11세기의 티베트 수도승 밀라레파가 갑자기 조각 뒤에서 나타나 씩 웃는다. 아, 그의 텅 빈 웃음. 그의 등 뒤에는 만년설의 히말라야가 병풍처럼 펼쳐진다. 나는 밀라레파와 함께 히말라야 산 위를 날아간다. 두 마리의 하얀 기러기처럼.

이러한 아름다운 미의 공간에서 복잡한 길거리로 나오면 거리의 구석구석에서 손을 내밀며 돈을 구걸하는 집 없는 사람들, 알코올 중독자들, 마약 중독자들이 가슴속으로 스멀스멀 기어 들어온다.

끊임없이 중얼거리며 욕을 해대고 침을 뱉어가며 걸어가는 집 없는 흑인 여자. 그녀의 양손에는 더러운 몇 가지의 옷이 처박혀 있는 비닐 쇼핑백이 들려 있다. 그녀의 조상들은 어디에서 왔을까? 아프리카의 그 푸른 초원을 뛰어다녔을 거야. 마을 축제 때에는 오색 빛깔의 옷을 입고 북을 치면서 춤을 추었을 테고, 신에게 제사를 지내는 날이 오면 제일 아름다운 동물을 잡아 신과 대화를 시작했겠지. 그러던 어느 날 백인들이 총을 가지고 나타났을 테고, 그러고는 노예의 삶이 시작되었겠지. 그녀의 눈을 쳐다본다. 큰 실수를 했다.

"Why are you looking at me? Fuck you! Fuck you! Fuck you!"

그래서 뉴욕 사람들은 거리에서 서로의 눈을 보지 않는다. 서로의 눈이 마주치지 않는 것이 마치 슬픔에 대한 면역주사라도 된다는 것처럼……. 그러고는 섬세한 심장, 가슴을 떼어서 집의 가장 깊은 곳에 모셔두고 나오는 습관을 들인다. 가슴을 가지고 나왔다가는 가슴이 이리 찢기고 저리 찢겨 계속 피를 흘리기 때문이다. 그래서 뉴욕에서는 휴대용 심장이 필요하다. 떼었다 붙였다 할 수 있는…….

수십 개국 출신 사람들이 수십 개 국어로 방언하는 성령강림절 같은 지하철을 타고 컬럼비아 대학 정문 앞에 내려 천천히 걸어오면 중세의 수도원 같은 우리 학교 건물이 보인다. 벽 하나를 사이에 두고 브로드웨이와 학교의 정원은 다른 두 세상으로 갈라져 있다. 학교 속의 정원. 이곳에서는 모든 것이 안전해진다. 그리고 모든 것이 천천히 움직인다. 수업과 교수회의가 있는 날이면 이 안에서의 속도도 매우 빨라지지만 그래도 거리의 속도와는 비교할 바가 아니다.

그러다 1백 년 된 내 집의 무거운 구리문을 열고 들어서면 갑자기 시간이 정지되고 새로운 세상이 펼쳐진다. 그곳에는 오래된 사원의 귀면들이 웃고 있고, 신라의 토기가 정지된 시간을 증언하듯이 차분히 앉아 있다. 황병기의 가야금 산조를 틀어놓고 서재에 앉아 있으면 우리 집 주변에는 북한산이 휘둘러 쳐지고, 삼청공원의 물이 흐르고, 성북동의 성곽이 솟아난다. 그러고는 여름 저녁에 성북동 성곽에 앉아서 쳐다보았던 작은 산동네의 골목길들, 그 골목길에서 하나둘씩 켜지던 따뜻한 가로등, 골목길을 굽이굽이 뛰어다니던 하얀 강아지가 나타난다. 고정희의 시집을 꺼내어 읽기 시작한다.

언제부턴가 나는

따뜻한 세상 하나 만들고 싶었습니다

아무리 추운 거리에서 돌아와도, 거기

내 마음과 그대 마음 맞물려 넣으면

아름다운 모닥불로 타오르는 세상,

불그림자 멀리 멀리

얼음짱을 녹이고 노여움을 녹이고

가시철망 담벼락을 와르르 녹여

부드러운 강물로 깊어지는 세상,

그런 세상에 살고 싶었습니다

(······)

그런데 그게 쉽지가 않습니다

내 피가 너무 따뜻하여

그대 쓸쓸함 보이지 않는 날은

그대 쓸쓸함과 내 따뜻함이

물과 기름으로 외롭습니다

(······)

―「쓸쓸함이 따뜻함에게」 중에서

고정희.

나만큼, 아니, 나보다 더 외로웠던 여자. 그녀는 내 나이만큼 됐을 때 죽어버렸다. 그렇게 사랑하던 지리산 뱀사골에서 억수같이 내리던 장마에 떠내려갔다. 열 권의 시집을 우리에게 남기고.

　지난 몇 년 사이 많은 친구들이 죽었다. 고정희가 죽고, 톰이 죽고, 이반이 죽고, 그리고 선순화가 암에 걸려 투병하고 있다. 여러 친구들의 죽음을 보면서 나는 자신의 죽음을 떠올린다. 이제는 내 차례라는 생각이다. 그리고 이제는 망설임 없이 내 갈 길을 가야 한다는, 내 할 일을 해야 한다는 생각이 무겁게 가슴을 누른다. 나는 개학을 앞두고 방학 숙제가 밀려 있는 아이의 마음이 된다.

　'숙제를 빨리 끝내야지. 그래야 진급이 되지······.'

　나는 이생에서 아주 야릇한 숙제를 우주라고 하는 학교로부터 받은 것 같다.

나의 숙제 목록

틈
사이
가장자리
절벽
작두
다리
이음

이것도 아니고 저것도 아님

이것이기도 하고 저것이기도 함

날카로운 끝

시퍼런 칼날

열린 살갗

이어져 있으면서 떨어져 있음

주변인

찢어진 심장, 그 열림

그 열림 속 펼쳐지는 새로움, 자비로움

동양이면서 서양

서양 속의 동양

여자+남자 = 여남자?

원시와 최첨단

부처와 예수

쾌락주의와 금욕주의

이승과 저승

결혼×이혼=비혼?

가난함과 부유함

화려한 수도승?

진짜 야하면서 진짜 명상적인 여자

학문과 예술

사회운동과 수행

비움과 가득 참

Sexuality and Spirituality

서울과 뉴욕

Lover and Warrior

소녀와 노파

마녀와 여신

Gospel According to Hyun Kyung. No. Goddess-spell According to Hyun Kyung

나는 벼랑 중독자?

나는 칼끝 중독자?

나는 비상(날아오름) 중독자?

나는 항상 벼랑 끝에 매달려 있거나, 시퍼런 작두에서 무당처럼 춤을 추거나, 남사당처럼 높은 곳에서 외줄을 타는 듯했다. 그러면서 날개가 솟아나 비상하고 싶어 했다. 왜냐하면 나는 항상 그렇게 끝까지 가봐야 했기 때문에. 더 이상 갈 수 없는 그곳까지 가봐야 했기 때문에……. 그런데 어디를 가도 그곳은 내가 찾는 곳이 아니었다. 그러면서 나는 내 존재의 '안전지대comfort zone'가 '그 사이'라는 것을 발견했다. 나는 어디에도 완전히 속할 수는 없었다. 어디에나 '절반의 진리'가 있었다. 절반의 진리는 항상 나를 목마르게 했고, 온전한 진리를 향해 다시 길 떠나게 했다. 머무르지 않고 항상 그 사이에서 춤추는 것. 그것이 이 삶이 내게 준 운명적인 숙제 같았다. 어디에 있거나 나는 두 개의 시간, 두 개의 공간 사이에서 춤추고 있었다.

Lover

Dreaming in the People's Republic of New York

글로리아의 생일이 다가오고 있다. 내 마음 깊이에서부터 사랑하는 자매 글로리아. 그녀의 우아함에 맞는 생일 선물을 사려고 메트로폴리탄 미술관에 갔다. 춥고 바람 부는 날이었지만 미술관에는 평소처럼 세계 각국에서 관광 온 많은 사람들이 입장권을 사려고 줄을 서서 기다리고 있었다. 나는 전시를 보려고 온 것이 아니었기 때문에 바로 미술관 아트숍으로 향했다. 이 우아한 여성 해방 운동가에게 어떤 선물을 주어야 할까 생각하며 주변을 둘러보니 벽에 빈센트 반 고흐의 〈밤의 카페 테라스〉라는 커다란 프린트가 걸려 있었다. 남프랑스 아를의 청람색 밤, 짙은 노란색 카페 벽 앞에는 의자들이 놓여 있다. 그 뒤로는 넓은 하늘 위로 은빛 별들이 빛나고 있었다. 그것을 보자 갑자기 눈앞이 흐려지며 내 깊은 곳에서 울음이 터져 나왔다. 울음을 도저히 참을 수가 없어서 정문 계단으로 뛰어나왔다.

나는 계단 구석에 쭈그리고 앉아 계속 울었다. 그야말로 엉엉 소리 내어 울었다. 어깨가 끊임없이 들썩거렸다. 전쟁터에 나간 애인이 죽었다는 전보를 받은 여자처럼 혼을 놓고 흐느꼈다. 지나가는 사람들이 의아한 듯 쳐다보는데도 창피한 생각을 할 여력이 없었다. 나는 2월의 뉴욕이 내뿜는 추운 바람을 온몸으로 맞으며 영혼에 홍수가 난 것처럼 몇 시간 동안 계단에 기대 앉아 눈물을 흘렸다. 그건 울음이 아니라 통곡이었다. 내 세포 하나하나가 목을 놓고 울어댔다.

얼마나 울었을까? 눈물이 서서히 그치면서 추위와 함께 탈진 상태가 찾아와 온몸이 덜덜 떨렸다. 선물이고 뭐고 다 포기하고 집을 향해 걸어가기 시작했다. 그곳에서 집까지는 50블럭도 더 떨어져 있었지만 차를 탈 기분이 아니었다. 뉴욕은 잔뜩 흐린 회색빛이었다. 걷고 있자니 서서히 눈이 내리기 시작했다. 5번가의 길을 걷다가 센트럴파크로 접어들었다. 공원의 나무들은 옷을 벗고 떨고 있었다.

멀리 호수가 보였다. 저 호수가 영화 〈러브 스토리〉에서 라이언 오닐이 백혈병으로 죽어가는 알리 맥그로우를 보며 스케이트를 타던 그 호수일까? 가부장제 사회에서는 사랑을 지고지순하게 만들기 위해 왜 항상 여자를 죽이는 걸까? 왜 그렇게 죽어가거나, 아니면 인어공주처럼 벙어리가 되거나, 백설공주처럼 독사과를 먹어야 하는 걸까? 때로는 징그러운 개구리한테 키스를 해야 하고, 숲 속의 잠자는 미녀처럼 마술에 걸려 잠자고 있거나, 그도 아니면 계모와 딸들에 의해 고통을 당해야 하는 걸까?

그 모든 사랑의 여자 주인공들에게는 공통점이 있다. 한결같이 절세미인이고, 남자를 위해 무슨 일이든지 감내하는 착한 여자들이고, 자기 스스로 자신의 일을 해결할 수 없는 수동적인 인물들이다. 그렇게 불쌍하고 가여운 여인들의 문제를 몽땅 해결해주는 인물이 바로 용맹스러운 백마 탄 왕자들, 혹은 기사들이다. 여인들은 고통에서 구출되고 그 남자들의 선택된 여자가 되어 자기의 생명의 은인인 그 남자에게 감사한다. 그리고 그와 결혼하여 "그리고 영원히 행복하게 살았더래요."로 끝이 난다.

다른 경우, 줄리엣이나 에바 페론, 그레이스 켈리나 프린세스 다이애나, 메릴린 먼로 같은 여자들은 모두 제명에 살지 못하고 죽어갔고, 죽고 난 후에는 세속적인 여신들로 재활용되고 있다. 나는 죽고 싶지 않다. 살아서 건강하고 튼튼하게 사랑하고 싶다. 그냥 억울하게 당하고 싶지 않다. 아프면 아프다고, 고통스러우면 고통스럽다고 말하고 싶다. 바보가 되는 마법에 걸리고 싶지 않다. 징그러운 개구리를 보며 '아름다운 왕자님'이라는 환상을 가지고 싶지 않다. 그냥 "어머, 개구리네요." 하며 보이는 대로 말하고 싶다.

그래서 어떻게 하면 구원자인 왕자님 없이도 삶이 주는 위험을 극복할 수 있는지 그 방안을 찾으며 열심히 공부해왔다. 그리고 남성세계가 하는 거짓말에 속아 넘어가지 않았다.

그 남자가 나를 떠나간 것은 어쩌면 그런 이유 때문인지도 몰랐다. 속일 수 없는 여자를 감당할 수 없어서……. 동화 속에 어김없이 나오는 "그리고 (남자와 함께) 영원히 행복하게 살았더래요."라는 사랑 이야기의 마지막 장면은 내게 일어나지 않았다. 지금까지의 경험에 비추어보면 앞으로도 '그리고 (남자와 함께) 영원히 행복하게'는 내게 일어나지 않을 듯하다. 그러나 "그리고 (남자가 있거나 없거나, 인생에 다른 어떤 일이 있거나 말거나) 행복하게 살았더래요."와 같은 일은 가능할지도 모르겠다.

그의 얼굴이 떠올랐다. 그쳤던 눈물이 다시 쏟아졌다.

"개새끼!"

나는 호수를 향해 소리쳤다.

"그래, 우리 엄마가 그랬어. 남자는 다 '개'라고."

엄마의 그런 말들이 바람피우는 남편을 가진 아내의 지겨운 히스테리로 들릴 때도 있었다. 나는 그런 소리를 들을 때마다 속으로 결심했다. '나는 엄마처럼 남성혐오증에 걸린 여자처럼 늙어가지 않겠다. 엄마처럼 전통적인 결혼 생활은 더욱 하지 않을 것이다!', '체 게바라 같은 멋있는 혁명가를 만나 평등한 사랑을 하겠다!' 나는 '혁명가와 함께 영원히 치열하게 혁명을 했더래요'로 끝나는 그런 사랑을 꿈꾸며 살았다. 그래서 세계적인 혁명가의 사진으로 내 방을 도배하다시피 했다(그러나 나중에 20년도 더 지난 후에 쿠바에 가서 찾아본 체 게바라는 전혀 좋은 남편이 아니었다. 그가 비록 남자들 사이에서는 의리에 살고 죽는 '진짜 사나이'였더라도 말이다).

나는 나의 결심에 걸맞게 혁명가 남자들을 찾았고, 그들과 열정적인 사랑을 했다. 내가 사랑한 사람들이 모두 '개'는 아니었다. 오히려 '코브라 한 마리', '곰 한 마리', '고래 한 마리'였다. 그러나 지금 나의 마음속에서 떠오르는 그는 '개'였다. 나는 그 '개'를 사랑했다. 아주 많이……. 그를 많이 사랑할 때 나는 그가 오대산 호랑이인 줄 알았다. 개구리 감별법은 열심히 연구했는데, 개 감별법까지는 모르고 있었던 차에, 늠름한 모습으로 산에서 빨리 뛰길래 그가 호랑이라고 굳게 믿었던 것이다. 색이 호랑이와 비슷했다. 노랑 바탕에 까만색 옷을 입고 있는…….

"개! 개! 개!"를 중얼거리며 눈에 발이 푹푹 빠지는 공원을 걸어 집으로 돌아왔다.

집에 돌아오자마자 눈으로 흠뻑 젖은 코트를 벗고 마른 타월로 머리를 말리며 벽난로에 장작을 태우기 시작했다. 그리고 음악을 틀었다. 에디트 피아프의 'Non, Je ne regrette rien 나는 아무것도 후회하지 않아요'. 계속 그 노래만 듣고 싶어서 반복 모드에 셋업했다. 그녀의 애절한 목소리가 눈보라치는 추운 바깥세상과 대비되는 평화롭고 따뜻한 나의 집을 감싸 안았다. 배가 고팠다. 부엌으로 가서 큰 머그잔을 가득 채울 만큼의 밀크 커피를 만들어 마셨다. 밀크 커피가 평소처럼 맛있게 느껴지지가 않았다. 내 몸이 뭔가 더 달콤하고, 향기롭고, 자극적인, 에로틱한 맛을 요구하고 있었다. 뭐가 더 필요할까? 뜨거운 밀크 커피에 꿀과 칼루아, 코냑을 탔다. 그리고 그 위에 하얀 휘핑크림을 구름처럼 올리고 구름 위로 초콜릿과 시나몬 가루를 뿌렸다.

장작이 탁탁 소리를 내며 타고 있는 거실로 돌아와 소파에 깊이 몸을 묻는다. 창밖으로 눈 쌓인 학교 정원이 보인다. 발가벗은 나무들이 하얀 옷을 입고 합창을 하고 있는 것 같다. "나는 아무것도 후회하지 않아요. 나는 아무것도 후회하지 않아요……." 감미로운 구름을 헤치고 오묘한 맛의 따뜻한 커피를 한 모금씩 들이마셨다. 이상하게 슬프고도 황홀한 맛이었다. 내 사랑의 맛 같았다. 에디트 피아프의 창법이 나를 전율시켰다. 사랑의 천국과 사랑의 지옥을 다 갔다 온 여자의 목소리. 이 사랑이라는 것이 도대체 뭐길래, 사랑에는 '프로'가 나오지 않는 걸까? 진짜 사랑은 언제나 나를 어린아이처럼 순수하게 열려 있게 만들었다. 나는 세 살짜리 아이처럼 내 애인이 하는 말들을 그대로 다 믿었었다. 어린 저능아처럼…….

세 개의 석사학위와 한 개의 철학 박사학위를 가진 여자가, 자신의 분야에서 '저격수'라는 별명까지 가진, 지독하게 토론해서 꼭 이기는 여자가 사랑하는 남자의 말을 이렇게도 잘 믿어주는 것이었다. 그러나 결국 거짓말이 탄로가 나고 거짓말이라는 것을 안 이상, 마치 그것이 거짓말이 아닌 것처럼 더 이상 그를 믿어줄 수는 없었다. 누군가 나에게 "사랑에는 면역이 없다. 예방주사도 없고, 한번 걸렸다고 내성이 생기지도 않는다. 사랑이라는 열병이 오면 그냥 앓을 수밖에 없다."라고 말해준 적이 있었다. 사랑의 백신은 영원히 개발될 수 없는 것일까?

나도 모르게 내 발이 붉은 여신방으로 향하고 있었다. 나는 여신방 벽장의 문을 열고 벽장 깊이 숨겨두었던 상자를 꺼냈다. 테이프로 꽁꽁 묶여 있는 상자였다. 다시는 안 볼 것처럼, 송장 묶듯이 꽁꽁 묶었던, 추억이 가득 담긴 오래된 상자였다. 테이프를 뜯고 상자를 열었다. 인류학자 필드 리포트처럼 열심히 써두었던 그와의 대화로 가득 찬 일기장들이 나왔다. 그리고 그에게 보낸 수많은 연애편지들의 사본들. 나는 연애편지의 사본을 만들 정도로 찬찬하고 조심성 있는 여자가 아니다. 그런데 그와 연애할 때 나에게 '글의 신'이 내렸던 것 같다. 내가 한 번도 써보지 않았던, 눈물이 날 정도로 아름다운 문장과 이미지 들이 흘러나왔다. 전혀 내 글이라고 믿어지지 않는 그 글의 아름다움 때문에 복사를 해둔 것이다. 그리고 그에게서 온 편지들이 있었다. 짧고 단순한……. 또 새벽마다 내가 써서 그에게 팩스로 보냈던 시의 원본들이 나왔다. 대부분이 13세기의 방랑하는 수피sufi: 이슬람 신비주의 시인이었던 루미Jelaluddin Rumi 의 시들이었다. 무심코 한 장을 빼내어 읽었다.

춥고 비가 오면
당신은 더욱 아름답지.
……

당신은
한 번도 태어나지 않은
그 신선함.
……

그 아름다움 외엔
아무것도 나를
구할 수 없지.
……

나는 그 웅장함 속에서

길을 잃네.

When it's cold and raining

You are more beautiful.

……

You are that freshness which

was never born.

……

Nothing can help me but that Beauty.

……

I'm lost inside the Majesty.

나를 길 잃게 했던 그의 신선함, 그의 아름다움, 그의 웅장함……. 그와 있을 때 나는 커다란 심포니 홀에 앉아 있는 느낌이 들곤 했다. 그의 영혼에서 울려나오는 음악에 내 존재가 고요해졌고, 그의 영혼의 음악 속으로 녹아 들어가곤 했다. 내 전신이 와인처럼 익어 그의 입술 속으로 흘러들어 갈 때까지…….

　상자의 밑바닥에서 여러 장의 사진들이 쏟아져 나왔다. 사진을 하나씩 집어 들었다.

　남프랑스의 한 여신의 신전. 목이 시원하게 파인 빨간색의 도발적인 미니 선드레스를 입은 한 젊은 여자가 까만 폴로셔츠에 하얀 바지를 입은 한 아름다운 남자와 서 있었다. 하얀 얼굴의 남자의 팔이 까맣게 탄 여자의 조그만 허리를 감고 있었다. 그의 온몸이 그녀의 온몸과 닿아 있다. 그들 위로 여신의 신비로운 구름이 안개처럼 내려앉고 있다.

　지중해의 코발트빛 바다. 하얀 모래 위에서 핫핑크의 토플리스를 입은 여자가 웃고 있었다. 주홍빛 장미가 꽂혀 있는 밀짚모자 아래로 그녀의 긴 머리가 바람에 흩날린다. 그녀의 온몸은 에로스로 부풀어 있고, 그녀의 '거만한' 젖꼭지가 하늘을 향하고 있었다. 그 사진 뒤로 그녀를 감상하며 그녀를 카메라에 담던 남자의 시선이 있었다. 엘리건트한 수컷의 시선.

　프렌치커피 향기로 가득한 프로방스의 아침. 쏟아지는 아침 햇살 속에서 윗도리처럼 짧은 하얀 리넨 드레스를 입은 젊은 여자가 하얀 셔츠를 입은 젊은 남자의 가슴에 얼굴을 묻고 있다. 그들의 뒤로 프로방스의 아침 시장이 시작된다. 꽃을 한 아름 든 꽃집 아저씨가 지나가고, 배가 나온 빵집 아저씨가 금방 구운 빵을 진열장에 내놓는다. 푸른 채소들에 물을 뿌리던 집시같이 생긴 채소 가게 아주머니가 "트레보, 트레보(정말 예뻐, 정말 예뻐)!" 하며 그들을 향해 웃는다.

　반 고흐의 해바라기 언덕에 노을이 지고, 르누아르의 올리브 숲 속에 밤이 온다. 마티스의 재즈가 시작되면 앙티브의 피카소 성에는 불이 켜진다. 샤갈의 신부들이 하늘을 날고, 아를의 다리 위로는 별들이 쏟아져 내린다. 그와 나는 반 고흐의 '밤의 카페'에 마주 보고 앉아 있다. 끊임없이 레드 와인을 마시며 끊임없는 프렌치 키스에 빠져 그들은 촛불 앞에서 밤을 지샌다. 여자가 취할수록 아름다워지는 그 남자에게 말을 건다.

"당신, 혹시 변태 아니야? 왜 그렇게 아무 데서나 달려드는 거야?"

"색깔 때문에…… 네가 만들어내는 그 색깔 때문이야. 현기증이 나."

침묵이 흐른다. 여자의 몸속에선 화산의 분화구에서 금방 빠져나온 빨간 용암이 흐른다. 여자의 용암은 그 남자의 잔잔한 바다를 향해 달린다.

"목말라. 너무 뜨거워. 나를 젖게 해줘. 당신의 바다 속으로 빠지게 해줘. 당신을 마시게 해줘. 당신의 시원함으로 나를 식혀줘."

그녀의 흘러내리는 뜨거운 용암은 절벽 위에서 큰 폭포 속으로 몸을 던진다. 폭포 끝에서 그의 시원한 몸과 만난다. 그리고 그와 함께 바다가 된다.

파리 비행장에서 그를 기다리다가 위아래로 까만 옷을 입고 작은 까만 가방을 들고 세관 검사를 받는 그를 투명한 유리벽을 통해 보고 있었다. 나의 온 존재가 속에서 소리쳤. '이 남자가 바로 내가 일생을 기다려왔던 남자야.' 내가 지금 살아 숨 쉬고 있는 것보다 더 분명하게 내가 몇 생을 거치며 이 남자를 기다려왔다는 확신이 들었다. 드디어 그 모든 찾아다님과 기다림과 괴로움이 이 남자와의 만남을 통해 사라질 것이라는 걸 나는 알고 있었다. 나는 오랜 항해의 닻을 그 남자의 섬에 내리고 싶었다. 그와 만날 때마다 세상의 모든 시간과 공간이 사라지고 저 세상으로의 창문이 열리곤 했다. 그 창문을 통해 훔쳐보는 신의 얼굴, 그리고 저편의 아름다움. 그와 나는 '달빛 젖은 과수원'의 기운에 싸여 몇 시간이고 침묵 속에 함께 앉아 있곤 했다. 가끔씩 그가 침묵을 깨고 이런 말을 했다.

"이런 떨림, 이런 열림, 이런 만남은 신이 허락하시지 않으면 일어날 수 없는 일이야. 우리, 이 신이 떠나지 않도록 정말 조심하고 조신하자."

우리는 사랑을 통해 신을 예배했다. 그리고 성례전 같은 섹스 속에서 신을 만났다.

그런 그가 월남전에서 사람을 많이 죽이고 영혼이 부서져 돌아온 상이군인처럼 변해 갑자기 나를 떠났다. 아무 설명도 없이, 일방적으로, 그리고 폭력적으로……. 왜 그랬을까? 물론 신파조의 삼류영화처럼 '다른 여자'가 있었다. 그러나 그건 그저 핑계였다. 그는 두려웠던 것 같다. 영혼의 마지막 옷을 벗는 것이, 사랑을 통해 죽고 다시 태어나는 것이, 그리고 신을 향해 같이 날아가는 것이. 아니, 무엇보다도 자신의 벌거벗은 진짜 모습과 대면하는 것이……. 그는 도망간 거다. 사랑으로부터, 신으로부터, 그리고 자신의 'True Self'로부터.

울면서 그를 붙잡았다. 대화를 해보려는 나에게 그는 그 남자 특유의 '엘리건트'를 다 버리고 소리를 질러댔다.

아름답던 나르시시스트. 나는 이렇게 무참히 깨진 그와의 '오래된 사랑'이 슬프고 슬퍼서 울고 또 울었다. 과수원의 그믐밤은 깜깜했고, 촛불은 꺼졌고, 와인 잔은 깨졌다. 쏟아진 모든 와인이 끝 모를 땅속으로 스며 들어갔다. 나의 가슴은 무딘 톱에 천 개의 조각으로 썰어졌고, 자궁에선 아홉 달이 다 된 아기가 낙태된 것처럼 계속 피가 흘렀다. 나는 잠을 잘 수도, 아무것도 먹을 수도 없었다. 시도 때도 없이 눈물이 흘렀다.

이러다가 죽을 것 같아서 상담치료사를 찾아갔다. 그녀는 여러 번의 상담 후 내게 이렇게 말했다. T. S. 엘리엇이 인간이 가장 무서워하는 것은 'The Real(진짜인 것)'이라고 했다고. 너는 아마 네가 찾고 있는 그러한 'True Love(진짜 사랑)'를 가부장 문화 속에서 자라난 네 세대의 남자와 결코 할 수 없을 거라고. 적어도 이생에서는. 그러니 포기하라고. 그들은 'The Real'을 가장 두려워하고 너는 너무 'real'하다고. 너의 건강함과 원초적 생명력, 그리고 정직함이 그 남자를 너로부터 도망가게 한 거라고. 너와 사랑하려면 그 남자도 너만큼 'real'해져야 하는데 그는 가진 것이 너무 많은 남자라 그것들을 잃고 싶지 않은 거라고. 그가 정말 'real'해지려고 한다면 버려야 할 것이 너무 많기 때문이라고.

내가 몇 생을 거치면서 찾아냈다고 생각했던 그 남자와 그렇게 어이없이 헤어졌다. 그러고는 다시 '정상적인' 생활을 하려고 젖 먹던 힘을 다 바쳐 노력했다. 일어나지 않는 몸을 일으켜 조깅을 했고, 눈물을 흘리며 아침을 먹었고, 이화여대의 내 학생들을 생각하며 예쁜 옷을 입었다. 페미니스트가 남자 때문에 죽으면 안 된다고, 여성의 독립적이고 풍성한 삶을 전 세계를 다니며 가르치는 내가 남자 때문에 망가지면 안 된다고, 내 학생들의 미래를 위해서도 나는 내가 가르치는 비전대로 살아가야 한다고 나를 타이르면서 그 남자를 잊으려 했다.

그리고 몇 해가 지난 후 다른 애인도 생겼다. 그러나 그 남자 이후 나는 더 이상 '신에게로 날아가는' 연애를 할 수는 없었다. 그 남자와의 이별과 함께 나는 더 이상 '여자'가 아니었다. '엄마'가 되어 있었다. 이 세상 모든 남자가 다 아들처럼 보였다. 나이에 상관없이. 그리고 이제는 어떤 남자도 신에게로 난 창문을 내게 열어주지 못했다. 이제는 세상을 바꾸려는 사람들 속에서 혁명의 열기를 목격할 때, 혹은 나 혼자 사람 없는 숲 속을 걷거나 깊은 명상과 기도 속에 들어갈 때, 신에게로 난 창문이 가끔 열리곤 한다. 남자는 그냥 돌봐줘야 하는, 가끔씩 '한 줌의 기쁨'을 내게 주는 이웃집 사촌처럼 느껴졌다.

다른 남자와 사귀면서도 다른 나라에 강연하러 가거나 공부하러 갔을 때 '그 남자'가 항상 외국에서의 첫날 밤에 나타났다. 꿈에 그가 지금 어떻게 지내고 있는지 내게 말해주곤 했다. 꿈에 나오는 그는 많이 상해 있었다. 이 빠진 호랑이 같았다. 나는 꿈에서 깨어나면서 "아, 재수 없어!" 하고 불평을 하곤 했다. 그러나 그를 보면, 그것이 꿈에서일지라도, 내 마음은 다시 열리고, 이제 사화산이 되어버린 것 같은 내 내부에서 용암이 빨갛게 꿈틀거리곤 했다. 그리고 세계의 가장 아름다운 곳에 서면 그 풍경을 그와 함께 보고 싶었다. 지금 애인이 옆에 서 있을지라도. 페루의 마추픽추 꼭대기에서, 남아프리카의 테이블 마운틴 정상에서, 짐바브웨의 빅토리아 폭포 앞에서, 카리브 해의 푸른 바다 속을 스쿠버다이빙하면서 그에게 이 눈부시게 아름다운 '신의 얼굴'을 보여주고 싶었다. 큰 국제강연을 끝내고 박수를 받고, 호텔 방에 들어와 옷을 갈아입고 발코니에 나가 혼자 앉으면, 이제는 주소도 모르는 그에게 아름다운 엽서를 보내고 싶어진다.

"당신, 아직도 온 존재가 떨리는 그 열림을 경험하세요?

Life is beautiful! Be well, my love."

그러곤 나에게 혼잣말로 중얼거린다.

"지겨운 년, 누가 너보고 조선년 아니랄까 봐, 너 떠난 남자에게 이렇게 의리를 지키니? 네가 뭐 한국 해병대냐? '한 번 해병은 영원한 해병', '한 번 애인은 영원한 애인'이야? 페미니스트 동료들이 네 속을 들여다보면 너를 얼마나 비웃겠니? 그 남자 빨리 잊어버려. 너를 버린 남자를 그리워하는 건 노예근성이야."

어느 외롭고 괴롭던 날, 미국에서 아주 크게 성공해 떵떵거리고 사는 경기여고 선배하고 술을 마신 적이 있었다. 그 선배는 정말 모든 것을 가진 '완벽한 여자'처럼 보였다. 박사학위에, 성공한 직장, 멋있는 남편, 하버드와 예일을 나온 자식들, 멋있는 집, 풍요로운 라이프 스타일, 거기다 미모까지……. 뭐 하나 부족한 것이 없어 보였다. 선배와 술에 취해 인생살이 이야기를 하다가 '그 남자' 이야기가 나왔다. 그 남자가 아마도 나의 'Love of Life'였던 것 같다고, 나의 영혼을, 나의 존재를 '감상'하며 즐거워하던, 아니, 황홀해하던 남자였다고. 그런데 아름다운 얼굴 값을 하던 플레이보이였다고. 자기는 '뮤지엄 피스'이기 때문에 한 여자가 가질 수 없다는 망언을 하던 건방진 나르시시스트였다고. 아마 언니 남편 학교 후배일 거라고……. 내가 이렇게 주정하고 있는데 언니가 큰 한숨을 내쉬며 내 말을 끊었다.

"내 영혼을 감상해줄 수 있는 남자를 내 인생에서 만났다면 나는 남편, 자식, 일 다 팽개치고 그 남자를 쫓아갔을 거야. 그리고 그 남자에게 다른 여자가 있다 해도 나는 그 남자를 잡았을 거야. 내가 갱년기를 거치면서 얼마나 긴 정신치료를 받았는지 아니? 내 성공, 내 가정, 모든 것이 나의 진짜 모습을 보지 못하게 만드는 거야. 나는 직장에서는 소위 말하는 너무도 성공한 기능인이고, 남편에게는 그저 마누라이고, 아이들에게는 그저 엄마일 뿐이야. 내 인생에서 아무도 나를 '여자'로 봐준 사람이 없었어. 그런 경험 없이 폐경기를 맞으려니까 너무 억울하고, 인생을 헛산 것 같았지. 그런 내게 나의 존재를, 나의 영혼을 '감상'해주는 남자가 나타난다면 나는 다 버리고 그 남자를 쫓아갈 거야. 패가망신 같은 건 생각도 안 하면서 말이야."

선배의 공수처럼 쏟아지는 말에 말문이 막혔다. 저렇게 완벽해 보이는 선배에게서 쏟아지는 '한'이 내 가슴에 꽂혔다. 우리는 말을 잃고 술만 마셨다.

눈이 더 내린다. 폭설이다. 학교 정원의 붉은 가로등이 눈 덮인 학교 정원을 크리스마스카드처럼 만든다.

"I wish you a merry Christmas!"

그에게 뒤늦은 크리스마스 인사를 보낸다. 거실로 나와 김건모의 〈핑계〉를 집이 떠나가라 크게 틀었다. 그리고 춤을 추기 시작했다. 그에게 소리쳤다.

"개새끼, 너는 겁쟁이였어. 거짓말쟁이고……. 핑계대지 마!"

김건모에게 안개꽃을 가득 안긴 뒤 '혼자 남는 법을 가르쳐주겠다며' 떠나가는 여자가 보였고, 설악산에서, 오대산에서, 동해 바다에서, 동숭동에서, 인사동에서, 성북동의 성각에서, 산트로페의 포도원에서, 바르셀로나의 밤거리에서, 그리고 아를의 밤의 카페에서 달려들던 그 남자가 보였다.

자신의 '다이몬daemon: 초자연적 존재로서 신과 인간의 중간에 위치'을 감추고 나를 '감상'해주던 그 남자. 그 남자의 어림을 용서하자. 그리고 그가 내게 열어주었던 '신에게로 난 창문들'에 감사하자. 나는 그 남자 때문에 '탄트릭 명상을 통한 깨달음'을 이해하기 시작했다. 그리고 내 안의 용암이 얼마나 뜨거운지, 얼마나 위험한지 경험했다. 물론 '한국 남자'가 얼마나 좋은지, 얼마나 야한지, 얼마나 아름다운지 뼛속 깊이 이해했고……. 죽기 전에 어느 날 꼭 그로부터 세 마디를 듣고 싶다.

미

안

해.

그러고는 그와 함께 별이 쏟아지는 아를의 밤의 카페에서 우리가 만날 때마다 마셨던 그 프렌치 레드 와인을 마시고 싶다. 그를 통해 알게 된 'Lover'의 황홀함과 고통을 축하하면서……. 우리는 서로의 삶에 '마음'의 선생으로 나타난 것 같다. 가구를 사고, 아이를 낳고, 집을 꾸미는 파트너가 아니라 '마음'을 초월하는 선생이 되어 서로에게 신에게로 날아가는 날개를 달아준 것 같다. '날개 속에 감춰진 비수' 때문에 무수한 피를 흘렸지만 우리는 서로를 통해 '비상'을 시작했다. 이 세상에서 찾을 수 없는 이상한 비상이었다.

집들이:
공방수, 그 축복과
저주 사이

Dreaming in the People's Republic of New York

 벌써 뉴욕에 온 지 8개월이 되었다. 수업을 시작한 지는 50일쯤 되었을까? 이제야 조금 뉴욕 생활이, 내 생활의 리듬이 잡혀가는 것 같다.
 유니언 신학교는 내가 이화여대에서 7년 동안 일한 후 안식년을 받을 해에 이곳에 와서 일을 시작해야 하는 상황을 고려해서, 반년의 안식년으로 유니언에서의 삶을 시작하게 편의를 봐주었다. 물론 내가 계약 단계에서부터 그렇게 해야 유니언으로 오겠다고 요구한 것도 있었다. 그렇지만 이곳에서는 3년에 한 번씩, 급여를 주면서 6개월 동안 쉬게 하며 연구하게 하는 것이 법률화되어 있었다. 때문에 어떻게 시작하기도 전에 6개월을 쉬느냐는 등 시비를 걸 만도 했는데 흔쾌히 나의 요구를 들어주었다. 이곳의 동료들을 보니 3년 일한 후 6개월은 월급을 받으며 쉬고, 그다음 6개월은 월급을 안 받고 쉬면서, 일 년간 어딘가에 가서 자기 연구 분야의 책 한 권을 써오는 전통을 가지고 있었다.

8월에 뉴욕에 도착해서 2월에 학교가 시작할 때까지 6개월 동안 나는 내 인생에서 처음으로 가져보는 '나의 집'을 꾸미는 데, 그리고 외국에서 시작하는 '중년의 삶'에 적응하는 데 시간을 거의 다 보내게 되었다. 처음에는 내가 쓰고자 하는 책인 '아시아 생태여성신학'에 대한 자료 조사를 하려고 계획을 멋있게 짜놓았지만, 몇 번의 국제강연을 하고, 집을 꾸미고, 뉴욕에서 살 준비를 하고, 다음 학기 수업 준비를 하다 보니 6개월이 순식간에 지나가버렸다.

돌이켜보면 내가 유니언에 오게 된 과정은 사실 그리 쉬운 과정은 아니었다. 긴 인터뷰와 강연, 이력서를 낸 세계 여러 학자들에 대한 유니언 측의 면밀한 조사, 유니언의 학풍과 잘 맞을 것인가에 관한 교수회의에서의 많은 토론, 그리고 학생들과의 대화를 거친, 일 년이 넘는 어려운 과정이었다.

많은 인사 문제 결정에서 그렇듯이 이 과정 속에서도 여러 우여곡절이 있었다. 나는 내 분야에서 소위 말하는 '문제적인 controversial' 학자였다. 나의 생각, 나의 학문 방법 등에 대해 극찬을 하며 좋아하는 사람들이 있는가 하면, 나를 이단이라고 생각하고, 나를 미워하는 사람들도 많이 있었다. 개방적인 미국 학계에서도 내놓고 해방신학, 여성신학을 하면서 전통적인 식민지적·제국주의적, 백인 남성 위주의 서구 기독교 중심 담론을 공격하는 학자는 그리 쉽게 받아들여지지 않는 경향이 있었다. 그러니 당연히 이 결정 과정이 순탄할 수가 없었다. 나중에 인사 결정이 끝난 후 학교에서 존경받는 어떤 여자 동료 교수가 내가 유니언 생활을 시작하는 데 참고가 될 거라며, 그 과정에 있었던 몇몇 에피소드들을 이야기해주었다.

이곳에 있는 백인 여교수 몇 명이 나를 임명하는 것에 대해 심하게 반대했다는데, 그 이유는 다음의 세 가지였다는 것이다. 그 자리를 차지하기엔 내가 '너무 젊고, 너무 아름답고, 너무 도도하다 too young, too beautiful and too full of herself'는 것이었다.

하기야 그 자리가 종신교수 자리니까. 그리고 내가 이 자리를 위해 인터뷰를 할 때는 서른아홉 살밖에 안 됐으니까 너무 젊다는 그들의 말은 수긍이 된다. 그리고 너무 도도하다는 말도 이해는 간다. 왜냐하면 인터뷰 과정에서도 내 입장에서 보면 당당하게, 그들의 입장에서 보면 도도하게 보이도록 행동했기 때문이다. 동양에서 말하는 불혹의 나이, 마흔이 되어 다른 나라에 일하러 가는데, 징용당해 가는 사람처럼, 노예처럼, 천대받고 눈치 보는 외국인 노동자처럼 그들의 주인 행세를 봐주며 일할 생각은 추호도 없었다. 그들이 아시아의 전통, 제3세계 여성 민중들의 삶을 찾기 위한 노력과 지혜로부터 심각하게 배울 자세가 되어 있지 않다면, 나도 그들과 일할 마음이 없었다. 그래서 나를 선보이는 강연 때, '당신들은 도대체 나에게 무엇을 줄 수 있고, 어떤 힘과 비전으로 나를 유혹할 것인가'라는 질문을 던지면서 강연을 끝냈던 것이다. 그리고 질의응답 시간에도 그들의 질문에 조금이라도 오만한 기가 보이면 농담으로 웃으면서, 그러나 그 농담 속의 칼로 그들을 찌르면서 답변했던 것이다. 이런 내 모습이 의식적으로든 무의식적으로든 오랫동안 기독교 전통의 담지자, 수호자를 자처해왔던 사람들에게는 위협적일 정도로 도도해 보였을 것이다. 사실 내가 그렇게까지 당당할 수 있었던 이유는, 이화여대 교수도 그만두고 병천으로 내려가 농촌 생활을 하면서 글을 쓰고 싶은 마음이 있었기 때문이기도 했다. 나는 우주와 내 운명에 주사위를 던지고 싶었다. "자, 이제 마음대로 하시죠."라고 말하는 사람처럼 정말 어떻게 되든 좋다는 마음이었다.

그러나 '너무 아름답다'라는 말에 관해서는 나 자신은 물론 이 말을 듣는 다른 사람들에게도 특별한 해석이 필요할 듯하다. 아마 한국에 있는 친구들은 내가 너무 아름다워서 그 자리에 맞지 않는다는 것 자체가 이슈가 되었다는 당시의 이야기를 들으면 이렇게 말할 것이다. "참, 미국 사람들은 눈이 삐었나 보다."라고 말이다.

나는 결코 전통적인 미인이 아니다. 아니, 한국에서는 항상 '못생긴 여자'로 여겨졌다. 유치원 때 백설공주 연극에서 12번째 시녀 역을 해야 했을 정도니까……. 그런데 아이러니하게 내가 25세가 되던 해, 미국에 도착한 바로 그날부터 내가 미국인을 비롯한 다른 외국인들로부터 가장 많이 들은 말이 "정말 아름답군요 How beautiful you are!"였다. 처음에는 한국에서 못생긴 여자로 여겨지다가 매일 예쁘다는 소리를 들으니 정체성의 위기를 느낄 정도였다. 내 머릿속에는 내가 '아름답다'거나 '예쁘다'는 프로그램이 들어가 있지 않았다. 그런데 유학을 온 다음부터 어디를 가든 사람들이 자주 그렇게 말하는 것이었다.

한번은 이런 일이 있었다. 내가 유니언에서 박사학위를 준비하고 있을 때, 대학 시절 좋아하고 따르던 선배 언니가 한국에서 교수가 되어 유니언에 일 년 동안 연구차 와 있던 적이 있었다. 어느 날, 언니가 나를 보더니 별 웃기는 일도 다 있다며 나를 머리끝에서 발끝까지 훑어보는 거였다. 내가 언니더러 왜 그러느냐고 물었더니, 유니언에 있는 몇몇 사람들이 자기한테 "현경처럼 생긴 사람이 한국에서 제일 예쁜 여자냐?"고 물어보았다는 것이다. 언니는 하도 말도 안 되는 질문을 받아 졸도할 뻔했다고 한다.

"야, 너 도대체 미국 사람들을 어떻게 홀렸길래 저 사람들 눈에 네가 한국에서 제일 예쁜 여자로 보이게 된 거야? 한국의 예쁜 여자들 다 죽었나 보다. 도대체 얘네들의 미적인 기준이 뭐야? 나는 걔네들 질문이 너무 터무니없어서 웃음이 나와 죽을 뻔했어. 아유, 여우 같은 년, 어떻게 요술을 부렸길래 너처럼 못생긴 여자가 한국 최고의 미인이 되었을까?"

나도 그 이유를 모른다. 그러나 어떤 기운이 돌았는지, 아니면 어떤 요술(?)이 작용했는지, 토종 몽고인처럼 생긴 내 모습이 그들의 오리엔탈리즘을 완벽하게 만족시켜주었는지, 하여간 어떤 이유였는지 한국에서는 아무도 예쁘다고 생각하지 않은 내가 미국에 온 바로 그날부터 '뷰티풀 우먼'이 되어버렸고, 그 '뷰티풀 우먼'이라는 것이 화제가 되어 나의 개인적인, 또 공적인 삶을 항상 쫓아다니게 되었다.

토종 몽고인이라는 말을 떠올리니 경기여고 시절이 기억난다. 1학년 지리 시간이었다. 지리 선생님이 어느 날 수업 시간에 들어오자마자, "너, 일어나봐." 하셨다. 갑자기 일어나라는 말씀에 쭈뼛쭈뼛 얼굴이 빨개지며 일어났더니, 선생님이 나더러 한번 교실을 죽 돌아보라고 하셨다. 그러더니 하시는 말씀이 "자, 우리 오늘 인종에 대해 배울 텐데, 이 사람처럼 생긴 사람이 전형적인 몽고인종이라고 할 수 있습니다."라는 거였다. 반의 모든 학생들이 깔깔거리기 시작했다. 나는 동물원의 원숭이나 노예시장 전시대에 서 있는 노예처럼 어쩔 줄 모르고 서 있다가 창피함과 분노로 떨리는 가슴을 진정시키지 못해 그만 주저앉아버렸다.

그러나 미국에선 달랐다. 브로드웨이를 걷다 보면 갑자기 어떤 남자가 난데없이 나타나 내 앞에 무릎을 꿇고 "아름다운 여인이여! 전 당신에게 속한 사람입니다 I belong to you, a beautiful woman!"라고 하질 않나, 또 내가 조교로 가르치던 학생들이 자기들끼리 모이면 나를 '여신 Goddess'이라고 부르며 자기들 사이에서 누가 더 여신에게 가까이 가나 경쟁을 벌인다는 소문까지 돌았다. 마지막 수업 시간에는 풍성한 꽃다발 세례까지 벌였다.

한번은 한국에서 온 남자 선배와 함께 브로드웨이의 연극을 보러 가는데 한 남자가 우리 앞을 가로막더니, 옆에 있는 선배에게 "당신, 당신 주제에 이렇게 예쁜 여자와 같이 다닐 수 있다고 생각하오? 당신이 이 여자에게 잘해주지 않으면 내가 가만두지 않겠소!" 하더니 사라져버리는 것이었다.

유니언에서 박사학위를 수여해준 총장님께서도 유니언 신학교가 배출한 가장 매력적인 박사라고 나를 사람들에게 소개하셨다.

국제강연을 하러 다닐 때도 나의 강연이 문제시되어 사람들이 찬반양론으로 갈라져 무척 감정적인 토론이 일어날 때가 많았다. 그런데 이상한 것은, 나와 비슷한 생각을 가진 다른 아시아 여성신학자가 비슷한 논지로 강연을 했을 때는 그것이 그냥 어떤 학문적인 토론으로 마무리될 뿐, 내 강연에서처럼 사람들이 핏대를 올리는 감정적인 토론으로 발전하는 경우가 없었다는 것이다. 나는 그 점을 항상 의아하게 여겼고, 그 이유를 알고 싶었다.

그래서 내 분야의 권위 있는 남녀 동료들에게 왜 나의 세미나나 강연은 편안했던 적이 없고 항상 그렇게 폭풍이 이는 질의응답, 토론 과정을 거쳐야 하는지, 그리고 나와 생각이 비슷한 아시아 여성신학자들의 예를 들며 그들에게는 이런 일이 없는데 왜 나만 유독 이렇게 에너지를 많이 쓰며 힘들게 지내야 하는지, 진지하게 물어본 적이 있었다. 그들의 대답은 정말이지 상상 외의 것이었다.

"그건 네가 아름답기 때문이야! 네가 아름다운 여자이기 때문에 청중들의 머리보다 그들의 가슴과 창자를 더 건드린다구. 이건 네 강의가 학문적이 아니라거나 다른 사람들보다 비논리적이라는 뜻이 아니야. 네가 강의할 때 보면 너는 온몸으로 강연을 해. 그건 청중의 온몸을 건드리는 거지. 아름다운 여자의 온몸이라는 것은 아주 강력한 거야. 그 힘에 사람들이 반응하는 거야. 아름다우면서 백치이든지, 똑똑하면서 못생겼든지 해야 '안전한 여자'가 돼. 그러나 아름다우며 똑똑한 여자는 너무나 위험한 여자로 받아들여지지. 너도 잘 알잖아? 가부장제, 남성 중심 문화에서 여성의 아름다움이 어떻게 받아들여지는지. '아름다움'이라는 것이 건드려지면, 받는 사람의 상태에 따라 흠모와 증오를 동시에 만들어낸다구."

그래서 나는 이렇게 내가 타고나지 않은, 한국인이 아닌 외국인들의 눈에 의해 제조된 듯한 '미모'로 인해 정말 빠른 시간 동안, 이른바 '잘나가는' 학자가 되었는지도 모르겠다. 또 숱한 증오와 질시의 대상이 되기도 하면서 말이다.

나를 미워하는 한국의 어떤 여성운동가 선배는, 여성운동가답지 않게, 내가 성공하고 출세한 이유에 대해 내가 단지 힘 있는 외국 남자들에 의해 예쁘다고 여겨지는 여자이기 때문에(이것은 공식적인 발언이었다), 그리고 사실은 그 모든 남자들과 출세를 위해 잠을 잤기 때문에(이것은 비공식적인 수다였다) 지금의 자리까지 올라왔다고 말했다는 것이다. 그때 그 자리에 있던 다른 여성운동가 선배가 그런 여성비하적 루머를 만들어낸 그 선배에게 했다는 말은 지금 생각해도 고맙고 통쾌하다.

"내가 아는 현경이는 그런 애가 아니야. 걔가 얼마나 나름대로 최선을 다해 노력하는 앤지 아니? 나는 네가 한 그런 치사한 말을 믿지도 않지만, 만약 걔가 정말 그래서 그처럼 빨리 성공했다고 한다면, 그것도 걔의 실력이라고 생각해. 왜 너는 그런 실력마저 전혀 없는 거니?"

하여간 이렇게 내 팔자에 없는, 내 유전인자에 들어 있지 않으나 가장 현실적인 문제였던 '미모'는 항상 여러 가지 양상을 보이며 개인적인 삶과 커리어를 따라다녔고, 드디어는 유니언의 종신교수를 뽑는 자리에까지 따라온 것이다. 유니언의 그 여자 동료는 나에 관해 '너무 젊고, 너무 아름답고, 너무 도도하다'는 이유로 반대했던 백인 여교수들에게 이렇게 말했다고 한다.

"그런 근거로 그 사람을 반대한다면, 그것이야말로 여성에 대한 폭력일 겁니다. 그 사람이 아시아의 여성 해방 신학자로서 자기 입장을 지키기 위해 얼마나 많은 개인적, 사회적 희생을 치른 여자인데, 그런 고생과 투쟁에도 불구하고 아직도 그녀가 그렇게 젊고, 아름답고, 당당하다면, 이건 우리 여성 모두의 승리입니다. 그 여자의 그런 모습을 싫어한다면 그것도 마찬가지로 여성폭력이겠지요."

이처럼 만장일치로 시작된 임명이 아니었기 때문에, 처음 유니언에 도착했을 때 말 그대로 '복장이 터지는' 일들이 일어나기도 했다. 나를 반대했던 교수 가운데에는 몇 달간이나 나를 계속 못 본 척하면서 인사도 없이 지나치는가 하면, 나를 무시하면서 내가 하는 일에 전혀 협조하지 않는 교수도 있었다. 그러면 나도 화가 나서 속으로 이렇게 중얼거리곤 했다.

'잘났어, 정말. 당신 같은 여자들은 조상들도 아마 노예사냥꾼 백인들이었겠지. 제 버릇 누구에게 주겠어? 두고 봅시다. 천지개벽하는 날 있을 테니까······'.

나는 그들에 의해 인종차별적으로 느껴지는 일을 당할 때마다 장희빈, 마녀, 복수의 여신, 칼리를 조합한 '악녀'로 돌변(?)하여 기죽어 사는 여자가 안 되겠다고, 동시에 서양인들을 기죽이며 사는 여자가 되겠다고 나 자신에게 다짐하곤 했다.

이렇듯 전투적인 자세로 결코 서양인들에게 기죽어 살지 않으려고 온 신경을 곤두세우고 일하던 어느 날, 항상 내 영혼의 어머니로 모시는, 이화여대를 정년퇴직하신 장원 선생님으로부터 편지가 왔다. 편지 속에 이런 구절이 있었다.

'나는 당신을 위해 밤낮으로 기도해요. 이 세상에는 당신을 오해하고 미워하는 사람보다 당신을 이해하며 사랑하는 사람들이 훨씬 많다는 걸 기억하고 항상 풍요롭고 감사한 마음으로 지내세요.'

항상 심중을 꿰뚫어 보시는 선생님께서 기도 중에 내가 힘들어하는 것을 느끼셨던 것일까.

아울러 내가 미국으로 떠나기 전에 저녁을 사주면서 격려해주시던 이화여대 철학과 소흥렬 선생님의 말씀도 생각났다.

"정말 축하해, 정 선생. 정말 결정 잘했어. 서양에 가서 살 때는 동양의 너그러움, 동양의 큰 마음을 외국인들에게 보여주고 살아야 한다는 걸 명심해."

또 항상 찰리 채플린 같은 어눌함으로, 그리고 따뜻한 마음으로 큰오빠같이 대해주시던 정대현 선생님도 떠올랐다.

"정 선생, 이제 큰물에 들어가서 정말 자유롭게 창조적으로 살아봐. 정 선생의 작품을 기대하고 있어. 정말 멋있는 글을 써봐. 정 선생은 할 수 있어."

세 선생님의 말씀들을 생각하다 보니 소수의 적대적인 교수들 때문에 이렇게 긴장하며 살고 있는 나 자신이 부끄러워졌다. 정말 유니언에는 나를 믿어주고 격려해주는 동료 교수들이 그 소수의 반대자에 비해 상대도 안 될 정도로 많이 있었다. 특히 나의 전공 분야인 신학 교수들은 '모두'

나를 믿고 지지하고 있었다. 그리고 나를 따르고, 나에게 배우려고 하는 진지한 학생들이 얼마나 많은가? 나를 못마땅하게 여기는 몇 명의 백인 여교수들 때문에 이렇게 전투적 태세로 살 필요가 없다는 깨달음이 왔다.

그리고 서양인의 기를 죽이며 살겠다는 나의 생각은, 나를 동양인이라고 무시하는 서양인의 생각만큼이나 잘못되었다는 것을 알았다. 내가 해야 할 일은 누구든, 아무리 오만한 자들이라 해도 그들의 기를 죽이며 사는 것이 아니라, 내가 가지고 있는 생명의 힘, 그 기를, 동양과 여성의 힘을 주변의 모든 이들과 함께 나누며 사는 것이라는 생각이 들었다. 어떤 상황에서도 기를 죽이는 자가 아니라 기를 나누는 자가 되리라. 그것이 내가 전념해야 할 정신적 수행이라는 것이 분명해졌다. 그리고 이제는 정대현 선생님이 신신당부하신 '멋있는 작품'을 만드는 데 힘을 모아야지, 이렇게 불필요한 데 에너지를 쓰면 안 되겠다는 마음이 들었다.

그 깨달음이 왔던 날, 나는 이 생각의 전환을 축하하고 싶었다. 그래서 가장 한국적인 풍속인 '집들이'를 하기로 마음먹었다. 어디로든 새로 이사 가면 팥떡을 해서 나누며 악귀를 물리치고, 또 새로운 이웃들에게 같이 어울려 잘 살아보자고 '신고식'을 하던 우리 조상들의 지혜를 이 삭막한 뉴욕 인민공화국의 사람들과 나눠야겠다는 생각이 든 것이다.

얼마 남아 있지 않은 돈을 다 털어 큰 잔치를 하기로 했다. 한국의 집들이와 서양의 오픈 하우스를 섞은 잔치를 하고 싶었다. 날을 잡아 유니언 신학교의 교수, 학생, 직원 들 모두에게 팥떡을 돌리고, 아침부터 밤까지

하루 종일 집을 '오픈'해서 그들 모두를 초대해 음식을 나누고 그들과 만나면서 내가 정말 좋은 이웃이 되고 싶어 한다는 의지를 보이고 싶었다.

그래서 나를 열심히 밀어주시는 두 여성 성직자들에게 전화를 했다. 한 분은 상담치료사이며 심리학 교수로 계시는 앙투아네트 무어 수녀님이고, 다른 한 분은 뉴욕 조계사 주지로 계시는 묘지 스님이었다. 두 분 모두 흔쾌히 '집들이'를 위한 가톨릭, 불교의 제의를 도맡아주시기로 했다. 묘지 스님의 도움으로 한국 교포의 방앗간에서 떡을 맞췄고, 내가 사랑하는 수피 시인 루미의 시를 넣은 초대장을 만들어 유니언 신학교의 모든 사람들에게 보냈다.

봄의 과수원으로 오세요.
꽃과 촛불과 술이 있어요.
당신이 안 오신다면,
이런 것들이 다 무슨 소용 있겠어요.
당신이 오신다면,
또한 이런 것들이 다 무슨 소용 있겠어요.

Come to the orchard in the spring.
There are flowers, candles and wine.
If you don't come,
These do not matter.

If you come,

These do not matter.

그리고 집들이 날, 오픈 하우스 전에, 집을 축복하는 이른 아침 조촐한 제례에 나와 가장 가까이 지내는 유니언의 두 교수와 가족으로 여기는 뉴욕의 몇몇 친구들, 그리고 학생 대표로 조교 데이비드를 초대했다.

집들이가 있던 날 새벽. 나는 새벽 4시에 일어나 세례를 받을 아이처럼 깨끗하게 목욕한 후 싱싱하고 아름답게 단장한 나의 집을 한 방씩 둘러보았다. 내가 태어나서 처음 가져보는 '나의 집', 나는 내 인생에서 한 번도 나의 집을, 내 맘대로, 나의 내면의 방처럼 꾸며놓고 산 적이 없었다.

우리 집이 잘살았던 어린 시절에는, 성공한 전라도 섬사람이었던 아버지가 집안의 기둥처럼 여겨졌기에 친척들이 끊임없이 들락거려 나의 공간을 갖기 어려웠다. 또 아버지의 사업이 부도가 나면서 은행 빚을 다 갚지 못해 당신이 감옥에 가셔야 했던 열 살 때부터 우리는 끊임없이 더 작은 집으로, 더 변두리로 이사를 다녀야 했다. 결혼했을 때도 유학생인 남편과 나는 빨리 공부를 끝내고 조국으로 돌아가야 한다는 일념에 그릇 하나, 가구 하나 변변한 것을 살 마음도, 경제적인 능력도 없었다.

그리고 처음 이화여대 교수가 되어 돌아왔을 때, 한국의 기형적인, 아니 악마적인 집값을 댈 능력이 없었고, 그렇다고 부모 형제로부터 도움을 받을 처지도 아니었다. 그래서 소위 남에게 부러움을 받는 이화여대 교수라는 우아한 직업을 가지고도 처음 5년간을 이화여대가 주로 외국인에게 제공하는 '인터내셔널 하우스'라는 세 평짜리 기숙사 방에서 내 부엌, 내 화장실도 없이 그렇게 살았다. 마치 타국에서 임시로 사는 외국인 노동자처럼. 나의 조국, 나의 직장 속에서, 30대 중반의, 소위 말하는 성공한 전문직 여성이 학생들과 섞여서 성인의 '보류된 사생활'을 살았다.

그곳은 기숙사 시스템으로 되어 있었기 때문에 나는 '인터내셔널 서머 스쿨'이 열리는 여름방학마다 외국에서 온 학생들에게 방을 내주고 어디론가 가야 했고, 기숙사 문이 닫히는 밤 11시의 통행금지 시간에 맞추어 고등학생처럼 돌아와야 했다. 남한의 땅을 팔면 그 돈으로 미국 땅 전체를 살 수 있다는, 추상적이고 폭력적인 한국의 '땅놀이' 경제와 정치를 '졸부들의 행진'이라고 비웃으며, 헐레벌떡 학교 운동장을 가로질러 육상선수처럼 뛰어 들어갔다. 그러나 꿈에도 그리던 조국이 독립적인 전문직 여성에게 제공하는 그나마 가능한 세 평짜리의 안전한 공간에 감사하면서.

그런 나에게 버지니아 울프가 그렇게 그리워했던 '자기만의 방', 아니, '자기만의 집'이 생긴 것이다. 1백 년이 넘는 오래된 집. 지금 맨해튼에서는 찾아보기 어려운 커다란 다섯 개의 침실이 있는, 저택에 가까운 교수 아파트가 주어졌다. 이 집은 미국에서 신학자가 모든 학자들 중에 제일 존경받고 잘나가던 시절, 유명한 학자들을 유럽과 미국 전역에서 이곳으로 데려오기 위해, 특히 미국 남부나 유럽의 큰 저택에서 살던 학자들의 까다로운 부인들을 만족시키기 위해 저택 형식으로 지은 집이라고 한다. 다섯 개의 침실 이외에도 큰 거실과 식당, 부엌이 있고, 욕조가 딸린 세 개의 큰 목욕탕이 있는 이 집은 내게 처음으로 '모든 짓(?)'을 할 수 있는 성인의 공간으로 다가왔다.

세 평 공간에 익숙해져 있던 나에게는 너무나 과분한 공간이었다. 높은 천장과 흙으로 바른 하얀 벽들, 오래된 벽난로와 티크로 꾸민 문들과 천장의 서까래, 그리고 집 전체에 깔린 윤이 반짝반짝 나는 마룻바닥, 수도원 같은 푸른 학교 정원이 내려다보이는 남쪽의 방들과 맨해튼 음악학교가 보이는 북쪽의 방들, 그리고 다른 입구와 다른 화장실과 다른 출구가 있는 비밀스러운 아래층 방, 그리고 내 힘으로는 열기가 버거운 육중한 구리문들.

이 집의 넓은 방들을 꾸미는 과정은 내 인생의 '결핍된 공간'이라는 한을 푸는 치유의 과정이었다. 나는 일을 하지 않아도 되는 처음 6개월 동안 정말 열심히 이 집을 꾸미는 데에 온 정성을 다했다. 꾸밀 땐 몰랐는데 집을 다 꾸미고 보니, 모든 방들이 나의 내면세계를 반영한 '심리적인 방 Psychic Room'인 것 같았다. 내가 가장 소중하다고 여기는, 내가 선택한 세계의 전통들, 특히 한국의 전통들이 그 집에 흐르고 있었다.

한국 여성의 원시적인 생명력을 나타내는 무속적인 모티프로 꾸민 식당과 작은 연못이 있는 실내 정원, 에코페미니즘의 모티프로 꾸민 부엌, 불교와 무속의 치유 전통을 습합한 이미지로 꾸민 거실, 한국 전통 서재와 선방을 조합해서 꾸민 명상방, 황진이를 그리워하며 꾸민 전통 안방, 세계의 여신들을 모아 신전처럼 꾸민 붉은 여신방, 편안하고 실용적으로 꾸민 가장 기독교적인 나의 공부방, 그리고 인도의 방처럼 꾸민 손님방, 도교의 모티프로 꾸민 현관, 프리다 칼로의 화장실처럼 꾸민 멕시코식의 2층 화장실, 내가 좋아하는 여자들과 자연의 사진들로 도배한 내가 쓰는 화장실. 모두 다 내가 가장 아끼는 느낌들과 이미지들의 표현이었다.

내가 한국 역사상 가장 멋있다고 생각하는 여자들은 무당과 기생과 의녀였다. 그들이야말로 가부장제 이데올로기로 여성을 옥죄던 시대 속에서 나름대로 자유로웠던, 자기가 스스로 일해서 먹고산 전문직 여성이라고 생각되었다. 그녀들이 보여준 한국 여성의 힘은 하늘과 땅을 잇는 사제의 힘, 사람들을 짓눌림에서 해방시키는 아름다운 해방자의 힘, 인생을 허허 웃어 넘길 수 있는 치유자의 힘이었다. 그들은 남성 사회가 만들어놓은 법칙을 따라 사는 여자들이 아니었다. 그래서 일반 사회로부터 배척당하면서도 비밀스러운 선망의 대상, 두려움의 대상, 매혹적인 힘의 대상이 되어왔던 것 같다.

집을 다 꾸미고 나니 그들의 모습이 집 전체에서 드러나고 있었다. 그리고 내 마음속에 있던 불꽃 같은 여신들의 모습과 나의 명상과 학문, 또 자연에 대한 사랑이 스며 나오고 있는 것 같았다. 아름답고 편안한 나의 집. 이 집은 나보고 이제는 마음껏 모험하며 날아보라고, 나의 꿈을 임신하여 내가 꼭 낳아야 할 꿈의 아이를 낳아보라고 포근히 안아주는 것 같았다.

아침 7시 반이 되자 주문한 떡이 도착했고 묘지 스님과 무어 수녀님이 오셨다. 우리는 사람들에게 제공할 음식을 함께 식탁에 차리고 거실에 제례 공간을 만들며 즐겁게 사람들이 오는 것을 기다렸다.

초대한 사람들이 다 오자, 무어 수녀님이 먼저 방 하나하나를 돌아다니면서 꽃으로 성수를 뿌리시며 방에 세례를 주었다. 무어 수녀님은 많은 가톨릭 수녀님들이 가진 특징인 찬찬함과 맑음으로 방 하나하나에 알맞은 기도문을 지어 오셨다. "깊은 안식의 잠을 주는 고마운 침실, 진리를 밝혀내는 밝은 공부방, 기도가 수납되는 맑은 명상방, 성모님의 자비로 치유가 일어나는 여신방, 생명의 양식이 만들어지고 나눠지는 부엌과 식당……." 이런 식으로 각 방에 들어가서 방에 세례를 주고, 방방마다 시를 읽어주시는 것이었다. 묘지 스님은 방방을 다니면서 목탁을 치며 염불을 해주셨고, 거실에 돌아와서는 집을 축복하는 긴 경전을 염불처럼 읽어주며 부처님께 많은 절을 올리셨다. 나도 스님과 함께 많은 절을 올렸다. 전 우주에 가득 차 있는 지혜와 자비의 힘에 감사하면서.

세례가 끝나자, 아침 9시부터 이곳에 있는 한국 학생들에 의해 떡이 학교 전체에 돌려졌고, 많은 학생, 교수, 사무직원, 용인 들이 '집들이'를 축하해주러 왔다. 거의 자정까지 사람들이 다녀갔다. 내 동료들은 이 집을 '여신의 신전 Temple of the Goddess'이라고 불렀다. 집 전체의 느낌이 신전 같다는 것이다. 그리고 많은 사람들이 한국 가구, 한국 그림, 한국 공예품 들이 이렇게 아름다운지 전혀 몰랐다며 한국의 문화적인 힘에 감탄하면서, 차려진 음식들을 먹고, 경이로운 눈으로 '공부'하고 돌아갔다.

거의 자정이 되자 문을 닫고 끝까지 남아 있던 몇몇 친구들과 집을 치우고 그들에게 남은 음식들을 다 싸서 나눠주었다. 그리고 욕조 속에 들어가 하루 종일 손님을 받느라(?) 피곤한 몸을 쉬게 한 뒤, 잠을 자기 위해 침실에 들어갔다. 성공적인 오픈 하우스였다.

타국에서 살게 된 나를 위해 신경 써주고 도와주는 많은 친지들이 고마웠다. 이제 그들이 나의 가족이 되고, 바로 여기가 내 고향이 되어야 한다는 생각이 스쳐갔다. 하늘을 보고 싶어 창문을 열었다. 수도원 같은 학교 정원엔 부드럽고 연한 가로등 불빛들이 여기저기 켜져 있었고, 그 불빛 속에서 막 피어나려는 하얀 목련꽃들이 그 가능성의 하얀 목들을 하늘을 향해 내밀고 있었다. 맨해튼의 밤 빛깔은 핑크빛 청람색이었다. 묘하게 외로운 빛깔.

갑자기 외로움이 파도처럼 밀려오면서, 한때 브로드웨이를 떠들썩하게 했던 'You can not go home again 그대 다시는 고향에 가지 못하리'라는 연극 제목이 떠올랐다.

'아, 나는 이제 정말 이 신나고, 무섭고, 황홀하고, 외로운 뉴욕에 혼자 살게 되었구나.'

나의 진정한 고향은 한국이었을까? 그렇지 않았다. 내가 8년간의 어려운 유학 생활을 마치고 꿈에도 그리던 조국으로 돌아갔을 때, 나는 내 조국이 내 고향이 아니라는 것을 깊이 깨달았다. 적어도 내가 꿈에 그리던 두고 온 고향은 아니었다. 고향은 한번 떠나면 못 돌아가는 곳인 것 같다. 왜냐하면 모든 것이 (우리 자신까지 포함해서) 무섭게 빠른 속도로 변하고 있기 때문에……. 그래서 꿈에도 그리던 고향은 항상 마음속의 고향으로 남아 있는 것인가 보다. 안타까움과 그리움으로. 한번 떠나면 다시는 돌아갈 수 없는 곳. 그래서 가슴속 깊이 묻어두는 곳. 마치 갑자기 떠나버린 첫사랑의 연인처럼…….

이렇게 조국 한국에 살면서도 고향을 잃은 '실향민'의 마음으로 세계를 돌아다니며 일을 하던 어느 날, 갑자기 내가 '거북이'가 되었다는 생각을 한 적이 있었다. 자신의 집을 자기 등에 메고 천천히 기어 다니는 동물. 실향민의 마음이 되면서부터 내가 가는 모든 곳이 내 고향이라는 생각이 들기 시작했다. 어디 있든 '지금 여기'가 내 고향이고 내가 만나는 모든 사람들이 내 가족이라는 생각이었다. 나는 거북이처럼 자신의 집을 지고 다니면서 어디서나, 누구하고나 고향과 가족을 만들고 살아야 하는 운명을 타고난 사람처럼 느껴졌다.

팔당호 물속에서 빼꼼 고개를 내밀고 나를 쳐다보던 거북이가 생각난다. 헤어진 지 30년이 지나서 찾은 나의 생모는 '공방수' 때문에 외롭게 살아야 한다는 나의 팔자를 고쳐주려고 어떤 도인 할아버지와 함께 어색해 하는 나를 끌고 거북이를 방생하러 팔당호로 가셨다.

내가 타고난 모든 공방수를 없애는, 빨간 페인트로 쓴 주문을 배에 간직한 거북이는 멀리멀리 헤엄쳐나갔다. 늦은 오후, 봄비는 부슬부슬 내리고, 어머니와 나는 울고 있었다. 어머니는 하염없이 울면서 용왕님, 천지신명님, 부처님, 예수님 등 어머니가 알고 계신 모든 신적인 존재들을 불러대셨다.

"우리 딸 외롭지 않게 해주옵소서. 내 딸 공방수를 가져가시고 좋은 배필을 주시옵소서. 더 이상 외롭게 살지 않도록 도와주소서."

어머니는 마치 신들린 무당처럼 기도를 하셨다. 학교라고는 초등학교

문 앞에도 가보지 않은 전라도 시골 여자인 어머니한테서 어떻게 그런 달변이 나오는지. 어머니는 계속해서 손을 돌리고 비비면서 기도하셨다. 그리고 정성껏 만들어 온 조밥을 호수 속에 뿌리셨다.

"고기들아, 이 조밥 먹고 우리 딸 공방수 가져가는 거북이 잘해줘라. 처음 본 길손이라고 구박하지 말고 잘해줘라."

나는 온몸에 비를 맞으며 열심히 빌고 있는 어머니의 모습에서 그분이 살아온 외롭고 힘든 삶이 빗물처럼 뚝뚝 떨어지는 것을 보았다. 어머니의 외롭던 삶의 흔적, 그리고 돈 없고 빽도 없고 공부 못한 여자들이 겪어야만 하는 그 어렵고 고된 삶의 무게가 느껴지면서, 또 나의 외로운 삶의 결이 느껴지면서 눈물이 쏟아졌다. 빗물, 강물, 눈물, 그리고 덧없이 흐르는 우리의 삶.

모든 것이 젖어서 흐르던, 비 오는 늦은 봄의 강가였다.

그러나 나는 또 혼자다. 내 '공방수'를 지고 멀리멀리 헤엄쳐나갔던 거북이는 자기의 임무를 다했을까? 우리의 정성이 부족했을까? 이렇게 크고 아름다운 집이 생긴 지금도 나는 혼자다. 하나의 빈방에서, 여러 개의 빈방이 생겼다는 차이만 있는 것일까?

이런 날 그가 나와 함께 있을 수 있다면, 그래서 모든 사람들을 보낸 이 깊은 밤, 그와 성례전 같은 섹스를 다시 할 수 있다면……. 그래, 이렇게 좋은 날에 그 님이 오신다면 얼마나 좋을까? 그의 얼굴이 떠오른다. 호수처럼 잔잔했던 그의 눈빛, 부드럽고 따뜻했던 그의 가슴, 항상 꼬집고 싶었던 그의 엉덩이, 그리고 수많은 밤을 새우면서 나누었던 그와의 대화……. 갑자기 팔이 아프다. 누군가를 두 팔로 꼭 끌어안지 않으면 낫지 않을 것 같은 그런 아픔이다. 밤하늘에 가득 찬 그의 얼굴에 대고 낮은 목소리로 말했다.

"너는 도망간 거야. 아름답던 나르시시스트.

너는 너 자신도 추할 수 있다는 것을 받아들일 수 없었어."

맨해튼의 밤하늘로 비행기가 하나 반짝거리며 지나간다.

침실에서 나와 방마다 다니면서 창문을 다 열었다. 이른 봄. 밖에는 비가 내린다. 밤공기가 차다. 시원하게 느껴진다. 방의 기운이 바뀐다. 나는 이제 보지 않아도 안다. 그녀가 집에 와 있음을. 그녀가 여신방 창문에 앉아 있다. 그녀의 반투명 가운이 뉴욕의 밤 빛깔을 받아 핑크빛 청람색으로 빛난다.

"또 울어? 너는 정말 '동백 아줌마'구나? 너처럼 잘 우는 여자, 나는 본 적이 없어."

"아줌마라고 하지 마. 어디로 봐서 내가 아줌마야?"

"그럼 아가씨야? 아가씨? 네 나이에 어울리지 않잖아? 왠지 유치하게 들리지 않니? 아가씨……? 동백 아가씨? 아니야. 역시 이제는 네게 동백 아줌마가 더 어울려."

그녀는 정말 '왕펭귄'이다. 내가 좀 무드에 젖어보려고 하면 이렇게 난데없이 와서 무드를 온통 깨버린다. 잠이 확 깰 정도로 찬물을 왕창 끼얹으면서.

"너 '공방수'가 얼마나 좋은 건 줄 아니? 이 세상에 수많은 여자들이 남편, 애들한테 짓눌려 '자기만의 방', '자기만의 방' 하고 노래를 하는데, 너는 한 공방도 아니고 여러 공방이 있는 집에서, 그것도 모든 것이 네 시간인 상황에서 사는데 뭘 더 바라? 야. 너! 다른 여자들이 요사이 '공방수' 좀 가져보려고 난리 법석인 것 몰라? '공방수'는 네가 이 세상에 태어나면서 받은 최고의 축복이야."

"그렇게 묘한 해석으로 위로하려고 왔어?"

"아니, 이건 위로가 아니고 진실이야, 진실. 오직 진실일 뿐인 진실. 왜 원주민 인디언들이 숲으로 가고, 왜 성인들이 사막으로 가고, 왜 부처가 왕궁을 떠나고, 왜 예수가 광야로 나갔는지 알아? 비어 있는 곳을 찾아간 거야. 비어 있지 않으면 신을 만날 수 없어.

너, 신에게 날아가고 싶다고 만날 노래하면서 왜 '공방수'를 고맙게 여기지 않는 거야? 머리 좀 써라, 머리. 너, 네가 꾸며놓은 이 집에 남자가 들어와서 살면 어울릴 것 같아?"

집을 둘러보았다. 아, 그녀의 말이 맞다. 이 집의 어떤 방도 남자가 들어와서 살 방은 없다. 다녀갈 방만 있을 뿐.

"너, 그 방생하면서 돈 많이 쓴 것 하나도 아까워하지 마. 그 거북이는 자기 임무를 다했어. 거북이가 너의 공방수를 저주에서 축복으로 바꿔준 거야. 너의 공방수는 항상 너와 함께 있을 거야. 그리고 그것이 너무나 즐거운 운명으로 느껴질 거야. 그 공방수 때문에 너는 온 세상으로 온 우주로 창문이 열려 있는 집에 살면서, 수많은 아름다운 이들을 이 집에 오게 하고, 그들과 가족같이 살게 될 거라구. 사실 네 영혼은 이미 이것을 알고 있어. 네 영혼의 진도에 몸과 감성의 진도를 좀 맞춰봐."

나는 그녀의 말을 들으면서도 계속 울고 있었다. 그녀의 말이 다 맞다는 걸 알면서도 계속 눈물이 흘러나왔다. 그리고 팔은 계속 아팠다. 누군가를 끌어안아야만 아픔이 사라질 팔.

"에이, 내가 너를 어떻게 말리겠니? 못 말리는 여자! 그래 실컷 울어라. 가서 차나 한잔 마셔. 수분 공급하며 울어야 하니까."

그녀가 유니언 신학교 첨탑 위로 뛰어올랐다. 그리고 마치 남사당이 줄을 타듯 지붕 가장자리를 맨발로 걸어갔다. 비 오는 뉴욕의 핑크빛 청람색 하늘을 배경으로. 그러다 나를 쳐다보았다. 그녀는 은빛 가루가 달무리처럼 퍼져나가는 손을 흔들더니, 반짝이는 은가루가 계속 쏟아져 내리는 은빛 우산을 쓰고 비 오는 하늘로 날아간다. 메리 포핀스처럼…….

나는 여신방 창문턱에 작은 새처럼 기대 앉아 그녀의 나는 모습을 하염없이 바라보았다. 그녀가 안 보일 때까지 손을 흔들었다. 이렇게 나지막이 속삭이면서.

"고마워.

당신다움이 고마워.

나를 치유해줘서 고마워.

그리고

나를 사랑해줘서 고마워……."

"Thank you!

Thank you for being you.

Thank you for healing me.

And

Thank you for loving me ……."

아름다운
남자,
그의 결혼

Dreaming in the People's Republic of New York

　데이비드와 나는 전생에 무슨 인연이 있었을까? 그는 왜 나의 친동생처럼, 제일 재미있는 남자 친구처럼, 또 어떨 땐 마치 나의 '아내'처럼, 또 가끔은 이루어질 수 없는 사랑 속의 애인처럼, 그리고 항상 너무나 유능한 나의 조교로 내 옆에 있는 것일까?

　따뜻한 봄볕이 쏟아지는 4월의 어느 날, 데이비드와 나는 컬럼비아 대학의 '진리의 여신상' 앞 광장 계단에 앉아 지나가는 학생들을 보고 있었다. 데이비드가 내게 컬럼비아 대학의 아시아 도서관에서 자료 찾는 법을 가르쳐준다고 해서 같이 이쪽으로 왔다가, 햇볕이 너무 좋아 계단에 함께 앉았던 것이다. 그의 아름다운 옆모습을 보고 있자니 그 도사님의 말이 불현듯 스쳐간다.

공방수를 없애기 위해 나를 낳아주신 어머니와 함께 팔당호에 거북이를 방생하던 날, 그 인자했던 칠순의 도사님은 이렇게 말했다.

"정 선생은 참 남자 복이 많은 사람이에요. 한 남자가 가면 더 좋은 남자가 나타나고, 그 남자가 가면 그 남자보다 더 좋은 남자가 나타나고. 나타나는 남자가 자꾸 진화되니까, 마음껏 사랑하며 자유롭게 살아보세요. 옛날 같으면 이런 팔자는 너무 센 팔자라 슬프고 고생스러운 삶을 살아야 했겠지만, 이제는 세상의 기운이 바뀌어서 여자도 아주 센 팔자를 타고나야 이 험한 세상을 이기며 당당하게 살 수 있어요. 정 선생 사주는 남자 사주예요. 용이 하늘로 치고 올라가는 사주지요. 조선시대에 태어났으면 제 명에 못 살았겠어요. 시대를 잘 만났으니 기운차게 살아보세요. 얼마나 좋아요. 그렇게 남자 복이 많으니……."

남자 복이 많은 여자? 정말 그럴까? 데이비드를 쳐다보니 그가 영화 〈에비타〉에 나온 마돈나의 상대, 체 게바라 역의 스페인계 배우 안토니오 반데라스를 닮았다는 생각이 든다. 특히 그가 유창한 스페인어로 쉴 새 없이 떠들어댈 때는 더욱 그렇게 보인다.

그래, 맞다. 내 인생에서 참 아름다운 남자들이 나를 도와주었다. 나의 우아했던 아버지로부터 나를 믿고 사랑해주었던 많은 남자 선생님들, 나의 남자 친구들, 나의 첫사랑이었던 첫 남편, 나의 동료들, 그리고 나의 애인들, 모두 참 멋있는 남자들이었다.

그러나 나는 항상 그 사랑 속에서도 혼자였고 외로웠다. 항상 '그 한 남자', '나만의 남자', '나의 참사랑 True Love', '내 솔 메이트 soul mate', '나의 영원한 동반자'를 찾고 있었다. 두 영혼이 합일되어 신에게로 함께 비상할 수 있는, 그러다 같이 신이 되는, 그런 사랑을 찾았다. 아마 5천 년 역사의 가부장제가 스러져가는 이 시대에서는 남자와 그런 사랑을 할 수 없을지도 모르겠다.

그렇다면 정말 '단 한 남자', '내 솔 메이트'의 꿈을 아예 포기하고, 이렇게 아름다운 여러 다른 양태의 남자들을 옆에 두고, 그들의 도움을 받으며, 또 그들을 도와주면서 함께 즐겁게 살아가는 것이 차선책일까? 아직도 버리지 못한 내 이상은 그러한 차선책을 받아들이고 싶지 않지만, 나의 경험적인 데이터는 후자가 더 있는 그대로의 현실이라며, 나더러 "정신 차려!" 하고 소리 지른다.

쓸쓸하다. 쓸쓸한 김에 데이비드에게 시비를 걸었다.

"데이비드, 넌 왜 게이니? 너는 나의 슬픈 운명을 다시 한 번 증명해주는 사람이야. 왜 나는 '아, 저 남자, 아름답다. 사랑하고 싶다!' 하고 마음이 동해서 쫓아가보면, 백발백중 다 게이인 걸까? 어쩌다 간혹 좀 괜찮다 싶은 이성애자 남자가 나타나면 이미 결혼했거나 아니면 신부, 승려, 도사, 뭐 이런 유의 남자이고 말이야. 또 여자하고 뭐 해볼 마음이 있어도 잘 안 되는 부류, 뭐 그런 남자에게만 걸리는 거 있지? 내가 만난 가장 아름다운 남자들은 다 게이였어. 나는 이제 너무 실망한 나머지 엠파이어스테이트빌딩에서 뛰어내리고 싶은 심정이야. 나 죽을 때 다큐멘터리 비디오 찍어줘. '가부장제 문화에서 아름다운 남성 솔 메이트를 목숨 걸고 찾던

한 이성애자 페미니스트의 최후' 뭐 이런 제목으로……."

"현경, 그렇지 않아요. 나는 '아, 저 남자, 아름답다. 사랑하고 싶다.' 하고 쫓아가보면 거의 다 이성애자였어요."

"정말?"

"그래요. 그래서 앤디를 만날 때까지, 슬픈 일들이 많았어요. 나는 그 남자가 너무 좋은데, 그 남자는 여자만 좋아하는 거 있죠? 앤디도 나 만나기 전까지는 여자하고만 데이트했대요. 저를 만나면서 앤디는 게이로 커밍아웃한 거예요."

앤디는 데이비드와 곧 결혼할 그의 애인이다.

"이거 정말, 남의 집 정원 잔디가 항상 내 정원 잔디보다 푸르게 보인다는 미국 속담이 맞나 봐. 한국에도 그런 속담이 있어. '남의 떡이 더 커 보인다.'"

"이성애자 남자 중에도 정말 아름다운 남자 많아요."

"그런데 그 남자들이 도대체 다 어디에 꼭꼭 숨어 있는 거야? 나에게 좀 찾아다줄래? 나는 이제 더 이상 아름다운 게이 남자 쳐다보면서, '그림의 떡'처럼 못 먹는 떡 바라만 보면서 배고프고 싶지 않아."

"현경, 게이 세계에는 '게이다'라는 말이 있어요. 비행기 이착륙에 쓰는 '레이다'를 흉내 내서 만든 말이에요. 누가 게이인지 헤테로^{이성애자}인지 알아내는 장치지요. 사람을 유심히 관찰하면서, 조금만 열심히 연습하고 훈련하면 거의 1백 퍼센트 정확하게 그 사람의 성적 정체성을 맞출 수 있어요. 제가 그것을 가르쳐드릴 테니까 이제 현경의 '게이다'를 잘 작동시켜서 모르고 게이 남자 쫓아가서 마음 상하는 일 없도록 하세요."

"그거 정말 좋은 생각이야. 그래, 어떻게 그 남자가 게이인지 헤테로인지 알 수 있지?"

"우선 그 사람의 게이즈$_{gaze}$, 쳐다보는 눈빛을 봐야 해요. 게이 남자가 남자 보는 눈빛과 여자 보는 눈빛은 다르거든요. 또 레즈비언들이 여자에게 말할 때와 남자에게 말할 때 그들의 눈빛이 얼마나 다른지 아세요? 이제부터 잘 관찰해보세요."

데이비드는 내게 '게이다'에 대해 장시간의 강의를 해주었다. 이론편이 끝난 후 실습편에서 그와 나는 컬럼비아 대학 광장 계단 앞을 지나가는 한 사람 한 사람을 두고 게이인지 헤테로인지 '감별'하는 순서를 가졌다.

"저 남자, 게이 맞지?"

"아니에요."

"빨간 옷 입었는데?"

"뭐, 빨간 옷 입으면 다 게이인가요? 그건 좋은 기준이 못 돼요."

"저 여자 레즈비언 맞지?"

"예스!"

"저 남자, 저 파란 옷 입은 남자, 게이 맞지?"

"예에! 와, 현경, 실력 점점 좋아지시네……."

이렇게 그와 나는 계단에 앉아 한나절을 보냈다. '성 오리엔테이션 감별법'을 연습하면서.

데이비드는 내가 뉴욕 인민공화국의 시민으로 살게 되면서 처음으로 깊이 사귀게 된 남자다. 길고 긴, 끝이 활처럼 올라간 까만 속눈썹과 촉촉이 젖은 눈빛을 가진 섹시한 젊은 남자. 그는 항상 신선한 애프터셰이브 향을 풍기며, 아름답게 잘 정돈된 옷을 입고 내 앞에 나타난다. 내 기분을 살피고, 내가 원하는 걸 해주고, 내 수업을 위한 자료 리서치를 도서관, 인터넷을 탐색하며 기가 막히게 해주고, 수업에 필요한 자질구레한 모든 문제들을 해결해준다.

내가 유니언 학생과 교수 들을 위해 한 달에 한 번씩 우리 집에서 여는 '에큐메니컬 카페' 때에는 주제를 잘 소개할 세계적인 강사를 초대하는 일에서부터 그날 잔치에 필요한 모든 음식과 꽃, 와인, 초 등 그 모든 것을 데이비드가 준비한다. 사실 데이비드는 나의 수업 '뉴욕의 살아 있는 종교적 심벌들'만 도와주면 되었다. 내가 우리 학교 학생, 교수 들과 우리 시대의 중요한 이슈들에 대해 유명한 강사들을 불러다 그들의 이야기를 듣고 편안한 분위기에서 토론하는 프로그램에 일을 해줄 의무가 있었던 것은 아니었다.

그런데도 그는 굳이 도와주겠다며 팔을 걷어붙이고 나섰다. 그래서 한 달에 하루씩 에큐메니컬 카페가 있을 때마다 그와 온종일을 같이 보냈다. 그와 나는 새벽에 27번가의 큰 꽃시장에 가서 계절에 맞는 꽃을 사고, 아주 싼 도매시장에 가서 그날 쓰일 모든 음식 재료를 산다. 그리고 와인 가게에 가서 와인을 주문한다. 데이비드는 프랑스와 스페인에 오래 살다 와서 와인에 대해 매우 잘 알고 있었다.

집에 와서는 나와 함께 그날의 카페를 준비한다. 채소와 과일을 씻고, 안주들을 하얀 식탁보가 깔린 식탁 위에 아름답게 배치하고, 집 안 이곳저곳에 꽃을 꽂고, 벽난로에 불을 붙이고, 수백 개의 초를 방방마다 배치한다. 그리고 우리 집으로 올라오는 복도와 계단에 〈잉글리시 페이션트〉의 장면처럼 초를 켜놓으면 카페 준비는 끝난다. 그와 있으면 마냥 행복해진다. 왜 그런지 모르지만, 종일 그와 농담하며 일하는 것이 그저 신나고, 그로부터 너무도 신선한 기운을 계속 전해 받는다.

카페 준비가 끝나면 앞치마를 두르고 열심히 일하던 데이비드는 화장실로 가서 예쁜 새 옷으로 갈아입고 나온다. 손님들을 맞기 위해서. 그러고는 나에게 이렇게 말한다.

"현경, 현경은 아름답게 차리고 손님들을 환영하면서 그냥 손님들과 이야기만 하세요. 손님 음식 서빙은 제가 다 알아서 할게요. 주인이 편안하고 여유 있어야 파티가 재미있어져요. 부엌일은 제가 제 친구들과 할 테니까 신경 쓰지 마세요."

데이비드는 정말 가부장제에서 우리가 '착한 아내'라고 칭송하는 그런 아내처럼 나의 일을 위해 모든 지원을 아끼지 않았다.

에큐메니컬 카페의 열띤 토론과 사귐의 시간이 끝나고 거의 자정이 넘어서 사람들이 집으로 돌아가면, 데이비드는 다시 일하는 옷으로 갈아입고 앞치마를 두르고 모든 청소와 설거지를 해준다. 나보고는 너무 피곤하고 내일 수업도 있으니까 계속 쉬라고 하면서. 그러고는 씻은 그릇을 다 말려서 찬장에 넣어주기까지 한다. 그가 일하는 걸 보면 재미있다. 스페인 노래나 카리브 해의 춤곡, 또는 브라질 재즈 음악을 틀어놓고는 노래를 따라 부르거나 가끔은 춤까지 춰가면서 일을 한다. 그러면 나도 그 옆에서 앞치마를 두르고 함께 설거지를 하며 노래를 따라 부르기도 하고, 흥이 나면 데이비드와 부엌 바닥에서 라틴 댄스를 추기도 한다. 우리는 마치 20대의 히피들처럼 건들거리며, 낄낄거리며, 설거지와 청소를 마친다.

일이 다 끝나면 거의 새벽 2시가 가까워진다. 그제야 데이비드는 "오늘 정말 즐거웠어요." 하며 집으로 간다. 나는 데이비드가 너무 고마워 항상 택시를 타고 가라는 핑계를 대면서 돈을 주고 싶어 하지만 그는 받지 않겠다고 고집할 때가 많다.

"데이비드, 난 데이비드를 착취하는 교수가 되고 싶지는 않아요."

"현경, 나는 현경의 조교지만 또 친구예요. 오늘 일은 친구로서 도와드린 거예요."

아, 아름다운 남자. 나는 현관문을 열고 나가려는 데이비드에게 셰익스피어 연극에 나오는 줄리엣의 대사를 흉내 내며 불운한 여주인공을 연기한다. 아주 비극적인 여주인공의 목소리로 연극의 한 장면을 만들어내는 것이다.

"오, 데이비드, 벌써 나이팅게일이 울었나요? 가셔야만 하나요?

오, 데이비드. 당신이 게이가 아니라면, 당신이 내 학생이 아니라면, 당신에게 결혼할 애인이 없었더라면 나는 당신과 영원한 사랑을 나눌 수 있었을 텐데…….

아, 이 운명의 독화살!"

나는 단도로 가슴을 찌르는 흉내를 내며 벽에 기대 쓰러져 죽는 시늉을 한다. 그러면 데이비드는 나와 함께 깔깔 웃다가는 한마디 한다.

"현경, 내가 게이라서, 당신 학생이라서, 애인이 있어서 당신이 그렇게 편하게 말한다는 걸 잘 알고 있어요. 조금만 기다리세요. 제가 멋있는 남자 찾아드릴게요."

"데이비드, 남자 안 찾아줘도 돼요. 이제 남자는 좀 졸업한 것 같아요. 데이비드 때문에 내가 남자들로부터 받은 수많은 상처가 치유되는 것 같아요. 나도 데이비드의 박사논문 리서치하는 것, 쓰는 것 열심히 도울 테니까 언제든지 도움이 필요하면 말해요. 그리고 학업 외에 다른 일이라도 내가 도울 수 있는 일이 있으면 부탁하세요. 나는 데이비드에게 너무 많이 받으면서 주는 게 없는 것 같아 미안해요."

그러면 그가 따뜻하게 허그를 하고, 유럽식으로 나의 양 볼에 가벼운 키스를 하며 "감사합니다, 현경. 잘 주무세요." 하면서 우리 집 문을 나선다. 데이비드를 보내고, 깨끗이 치워진 텅 빈 내 집을 보면 "남자 복?" 하는 질문이 허탈한 웃음과 함께 절로 나온다. 공방수를 타고난 여자의 '남자 복'은 아마 이런 건가 보다.

데이비드의 결혼식이 있는 날. 내가 결혼하는 것도 아닌데 아침부터 마음이 설레었다. 내가 아끼고 좋아하는 나의 '유능한 조교'가 결혼한다는 것도 기분 들뜨게 하는 일이지만, 그것보다 내 생애 처음으로 보는 남자와 남자의 결혼식이라는 것이 더 마음을 설레게 했다. 그것도 교회에서 레즈비언 여자 목사님 주례로, 두 남자가 양가 부모님과 친척들, 그리고 수많은 동료와 친구 들을 모아놓고 성대한 결혼식을 올리는 것이다.

청첩장에 선물과 꽃은 사양한다는 말을 명시하면서, 대신 두세 사람과 나눌 수 있는 자기 나라 전통 음식을 가져오면 좋겠다고 부탁을 해서 나는 한국 음식들을 좀 준비했다. 마침 내가 이대에서 가르쳤던 제자 지혜가 글을 쓰러 와 있었기 때문에 지혜를 내 파트너로 삼아 혼인 잔치에 갈 예정이었다. 지혜는 그동안 한국에서 레즈비언으로 커밍아웃해서 열심히 레즈비언 여성 해방 운동을 하고 있었다. 그녀와 이 잔치에 가는 것이 여러 가지로 의미 있을 것 같았다. 오늘 아주 멋있는 게이와 레즈비언 들이 많이 참석할 것이기에 지혜에게는 좋은 경험이 될 것 같았다.

나는 아침부터 이 옷 저 옷 입어보며 지혜에게 무슨 옷을 입어야 할지 코멘트 좀 하라면서 수선을 떨고 있었다.

"지혜야, 나 오늘 정말 기가 막히게 멋있게 하고 데이비드 결혼식에 가고 싶어. 너 내가 데이비드 얼마나 아끼는지 알지? 네가 오늘 내 패션 코디네이터 좀 해라."

"선생님, 뭐 선생님 결혼식이에요? 왜 아침부터 이 옷 저 옷 입어보면서 난리세요? 참, 우리 선생님, 남자에게 정성 바치는 건 못 말린다니까……."

그러면서 지혜는 그 특유의 연극쟁이 모드로 또 나를 놀려댔다.

"에이그, 에이그, 우리 마님, 좋아하는 남자마다 게이니 원…… 쯧쯧쯧. 이 언년이는 그저 슬플 따름입니다요. 에이그, 우리 마님도 그 일본에 있다는 게이 좋아하는 헤테로 여자 클럽에 들어가셔야겠구먼요……."

"야, 내가 게이 좋아하는 건 당연한 가부장제 문화 몰락의 말기 증상이야! 너 게이들이 대부분 얼터너티브 뉴 맨인 거 몰라?"

"마님! 뭐 모든 게이가 다 그런감요? 솔직히 말하세요. 데이비드가 예쁜 남자라서 좋아하지요? 우리 마님은 정말 좋아하는 남자 유형이 있다니까요."

"언년이, 너는 나한테 너무 편견을 가지고 있는 것 같아. 너 아직도 내가 구제불능인 비전향 장기수 이성애자라고 생각하지?"

"그럼 아니에요? 아닌 척하지 마세요. 선생님 세포 하나하나가 남자 좋아한다고 말하고 있어요. 선생님은 남자를 끌어당기는 선천적, 후천적 모든 자질을 완벽하게 발전시킨 사람이에요."

"흥! 그래서 이렇게 남자 없이 혼자 살고 있구나?"

"그거야, 선생님이 타협을 안 하는 페미니스트니까 그렇지요."

"헤이, 미즈, 성性 전문가. 우리 성담론은 좀 나중에 토론하고 지금은 결혼식에 입고 갈 의상이나 토론하자."

지혜는 많은 옷들 중에서 연보라색 실크 드레스를 골라주었다. 거기다 연보라색 꽃들이 달린 모자를 쓰고, 베이지색 구두를 신었다. 나는 남자처럼 멋진 줄이 쳐진 회색 양복정장을 한 지혜와 함께 결혼식장으로 향했다.

맨해튼의 이스트사이드에 있는 데이비드와 앤디의 교회는 장로교회였다. 이곳에는 활달한 백인 여목사님이 당회장이고, 젊은 남자 부목사가 그분을 도와 교회 일을 꾸려가고 있었다. 뉴욕의 집 없는 사람들을 위한 쉼터도 운영하는 이 교회는 사회정의 문제에 열심히 참여하는 교회로 정평이 나 있었다. 교회당에는 이미 수백 명의 사람들이 와 있었다. 결혼식장엔 이미 먹을 것을 차려놓은 식탁 여러 개가 재미있게 배치되어 있었고, 주위에는 사람들이 앉아 있었다. 그 중간의 빈 동그란 공간에서 결혼식이 이루어질 예정이었다.

데이비드가 앤디와 함께 우아한 양복을 입고, 묘하게 빛나는 비단 넥타이에 꽃을 달고, 사람들의 환영을 받고 있었다. 나는 데이비드에게 다가가 축하의 허그를 했다.

"결혼을 진심으로 축하해요, 데이비드."

"감사합니다, 현경. 오늘 너무 아름다우신데요. 이 연보라색 드레스, 모자, 화창한 봄날 같아요. 제 결혼식이 현경 덕분에 많이 빛나겠어요."

앤디가 다가온다. 가난한 슬럼 지역의 가톨릭 고등학교에서 사회과목 상담교사로 일하는 앤디는 데이비드보다 훨씬 크고 남성적으로 생긴 백인 남자였다.

"정 교수님, 저희 결혼식에 와주셔서 너무나 감사합니다. 데이비드에게 말씀 많이 들었어요. 정 교수님이 유니언에 오신 후 데이비드가 너무나 즐거워해요. 그리고 데이비드는 정 교수님 집이 뉴욕에서 가장 아름다운 집이라고 저더러 꼭 봐야 한다고 했어요. 결혼식 후 제 부모님 모시고 한번 들러도 될까요?"

"물론이지요. 꼭 모시고 오세요."

그들이 너무나 행복해 보였다. 아주 어울리는 커플이었다. 앤디는 영화 〈보디가드〉의 주인공으로 나왔던 케빈 코스트너처럼 생겼다. 안토니오 반데라스와 케빈 코스트너의 결혼. 환상적인 커플이다.

나와 지혜는 데이비드가 대학 시절부터 친하게 지내는 화가 여교수와 데이비드가 대학 가서 처음으로 연애했던 여자 친구 사이에 자리했다. 바로 이 친구가 데이비드에게 "데이비드, 넌 게이임에 틀림없어." 하고 선언했던 여자 친구이다. 데이비드를 커밍아웃하게 만든 대학 시절의 첫 여자 애인. 마침내 게이가 된 데이비드의 결혼식장에 그녀가 와서 앉아 있다. 사람의 삶은 참 재미있다는 생각이 들었다.

작은 키의 당찬 여자 목사님이 몸에 딱 달라붙는 까만 드레스에 빨간 스파크가 반짝이는 스톨_{목사님들이 성례전을 집행할 때 목에 거는 긴 제례용품}을 하고 나와 결혼식 시작을 선언했다.

"기뻐하십시오, 여러분. 오늘 이 자리에 두 남자가 서로를 사랑해서 남편과 남편이 되려고 나왔습니다."

하객들이 '남편과 남편'이란 부분에서 "와!" 하고 웃는다. 목사님이 위트 있게 사람들의 웃음에 즉각 반응했다.

"여러분이 아직은 '남편과 남편'이라는 말에 좀 어색하겠지만 앞으로 이런 커플이 많아질 테니까 곧 익숙해질 겁니다. 뭐든지 처음에는 다 어색하지요."

이렇게 한바탕 웃은 뒤 결혼식이 거행됐다. 데이비드와 앤디의 친구들이 성경을 읽고, 시도 읊고, 노래도 하고, 드디어 결혼식의 절정인 혼인 서약에 이르렀다. 데이비드와 앤디는 각자 써온 혼인 서약서를 서로에게 읽어주었다. 먼저 앤디가 데이비드에게 서약했다.

"데이비드……."

앤디는 데이비드의 이름을 부르고는 울기 시작했다. 너무나 가슴이 벅차 혼인 서약서를 읽어 내려가지도 못하는 것 같았다. 앤디는 밖으로는 데이비드보다 훨씬 남성적으로 보이는데 마음은 너무도 여린 것 같았다. 앤디가 계속 말을 못 하고 우는 바람에 장내가 숙연해졌다. 데이비드가 앤디를 껴안는다. 그리고 그를 쓰다듬었다. 데이비드의 품에 안겨 한참 흐느끼던 앤디가 드디어 감정을 추스르면서 서약서를 읽기 시작했다.

"데이비드, 나는 그대의 사랑이 있기에 제가 될 수 있는 최선의 인간이 되고 싶습니다. 그래서……."

앤디는 또 울기 시작했다. 데이비드가 앤디의 손을 꼭 잡았다.

"그래서……. 우리의 이 변치 않는 사랑으로 온 세상을 사랑하며 살고 싶습니다……."

눈물로 범벅이었던 앤디의 서약이 끝나자, 너무도 차분하게 데이비드가 앤디의 손을 잡고 서약했다.

"앤디, 나도 그대의 사랑이 있기에, 그 사랑 때문에 제가 될 수 있는 최선의 인간이 될 것을 믿습니다. 나는 내 일생 동안 당신을 사랑하며, 당신을 도우며, 당신이 최선의 인간으로 태어나는 그 과정에 함께 있겠습니다. 제가 다 못 하는 그 사랑이 있다면 하느님과 여기 모인 이웃들이 우리의

사랑을 지켜주시기를 기도하겠습니다…….″

　이렇게 순수한 사랑의 고백을 하는 두 남자를 보며 눈물이 흐르기 시작했다. 아, 나도 저런 순수한 마음으로 손을 잡고 많은 이웃들 앞에서 혼인 서약을 한 적이 있었지. 그때 첫사랑의 남자가 나의 마지막 사랑이 될 거라고 확신했지. 내 결혼식 장면이 떠올랐다. 16년 전의 일이었던가? 마치 오래된 사진첩의 빛바랜 흑백사진처럼, 전생의 장면처럼 이제는 희미했다. 내 사랑은 영원하지 않았다. 너무나도 마음속 깊이 영원하기를 바랐지만 당시 어린 내가 할 수 있었던 최선의 노력에도 불구하고 그 사랑은 지속되지 못했다. 나는 이제 뼛속 깊이 알고 있다. 남녀의 사랑은 영원하지 않다는 것을……. 그러나 나는 오늘 이 아름다운 두 남자의 결혼식에 앉아 내 경험에 반하는 기도를 올리고 있다.

　″주님, 저 두 젊은이의 사랑을 보호해주시옵소서……. 가능하다면 저 사랑이 영원할 수 있도록 저 두 젊은이를 도와주소서.″

　눈물을 흘리다 옆을 보니 화가인 여교수도, 데이비드의 첫 애인도 울고 있었다. 내 옆에 앉아 있는 지혜만 고전적인 조각처럼 부동의 자세로 앉아서 성 문제 전문가처럼 상황을 열심히 관찰하고 있었다. 나와 눈이 마주치자 곁눈으로 흘기며 씩 웃었다. 나는 속으로 말했다.

　'지혜, 너는 신세대라 이해 못 할 거야. 왜 우리가 사랑에 가서는 이렇게 신파조가 되는지…….'

　그녀는 집에 가면 또 나를 놀리려 들 것이다. '에이그, 에이그, 춘향 아씨, 아씨는 이루어질 수 없는 사랑의 화신입니다요. 이 향단이는 아씨 눈물 흘리시는 걸 뵈옵고 간장이 끊어졌습니다요.' 하면서.

지혜가 연극을 해댈 걸 생각하니 웃음이 나왔다. 나는 미친 여자처럼 눈물을 마구 흘려대며 킥킥 웃었다.

서로를
선택한
뉴욕의 새 가족

Dreaming in the People's Republic of New York

유니언 신학대학원이 있는 뉴욕으로 떠날 준비가 끝날 즈음, 내가 당시 같은 집에서 모시고 살던 장원 선생님께서 뉴욕에 가면 인사드려야 할 분들의 이름을 적어주셨다. 선생님의 절친한 친구분이신 김마태 의사 선생님과 전재금 선생님 부부, 임순만 목사님, 장혜원 교수님 부부, 남옥희 언니 가족, 아동문학가 황영애 언니의 딸들인 애린과 서린, 그리고 김혜숙 언니와 딸 실라가 그들이었다.

선생님은 내게 이렇게 말씀하셨다.

"피를 나눈 가족만이 가족이 아니에요. 하느님을 믿는 신앙 속에서 만난 가족은 피를 나눈 가족보다 더 가까울 수 있어요. 가서 이분들과 한 가족이라고 생각하고 잘 지내세요."

그래서 뉴욕에 오자마자 장원 선생님께서 적어주신 여러 분들께 전화를 드리고 장원 선생님의 안부를 전했다. 신앙으로 묶인 '장원 대가족'의 일원이 돼야겠다고 생각하면서.

그런데 새롭게 나의 가장 친밀한 소가족이 된 사람들은 전혀 엉뚱한 '농담' 같은 사건들을 통해 만나게 되었다. 장난기 많은 나의 여신이 뉴욕에서의 삶을 즐겁게 만들어주기 위해 또 마술을 건 것임에 틀림없었다.

나의 다정한 언니가 되어준 '타라'를 만난 과정은 이러하다. 나는 어느 날 유엔에서 열린 '여성과 환경'에 대한 국제회의에 참석하고자 유엔 빌딩에 갔다. 그날 우리는 여성의 여러 가지 다양한 삶의 환경에 대해 밀도 있는 세미나를 가졌다. 오후 세션에 여성과 가족에 대한 토론이 있었는데 한 인도 여자가 일어나 서양의 허물어져가는 가족제도를 비판하면서, 이혼을 거의 하지 않는 인도의 가족제도가 가지고 있는 지혜에 대해 한참을 자랑했다. 그러자 한쪽 구석에 앉아 있던 다른 인도 여자가 일어나더니 금방 말을 마친 여자의 말을 반박했다.

"인도의 결혼제도는 노예제도예요. 인도의 결혼이 유지되는 근거에는 여성에 대한 억압과 여성 자신의 희생이 깔려 있지요."

그녀의 이 말로 장내가 찬물을 끼얹은 듯 조용해졌다. 그녀는 정말 '왕펭귄'이었다. 어쩌면 저렇게도 잘난 브라만 출신 여자의 말을 민망하게 만들며 찬물을 쫙쫙 뿌리는 걸까? 나는 지루해가던 오후 세션에 졸고 있다가 그녀의 발언에 깜짝 놀라 잠이 깼다. 그녀를 열심히 관찰했다. 진주처럼 반짝이는 아름다운 피부, 까만 단발머리, 테 없는 안경 뒤로 빛나는 눈, 인도 여자답지 않게 사리를 입지 않고 미니멀한 까만 바지와 윗도리 차림의 그녀. 느낌이 신선했다. 나는 세션이 끝나자마자 그녀에게 다가갔다. 그러고는 말을 걸었다.

"내 영혼이 너를 알고 있어."

"정말? 그러면 나는 누구야?"

"너는 저격수지."

"저격수?"

그녀가 깔깔거리고 웃었다.

"그걸 어떻게 알았어?"

"저격수는 저격수를 알아보는 거야."

그녀가 장난기로 가득 찬 눈빛으로 나를 바라보았다.

나는 그녀와의 처음 만남에서 우리가 일생의 친구가 될 것을 예감했다. 그런데 그녀와의 첫 만남에서 또 알게 된 놀라운 사실은 그녀가 한국의 농민항쟁을 연구한 문화인류학 박사라는 것이었다. 타라는 내가 영어를 하는 것보다 더 한국말을 잘하는 것 같았다. 인도 여자가 한국말을 저렇게 잘한다는 것이, 게다가 한국의 농민항쟁을 연구했다는 것이 믿어지지가 않았다.

타라는 인도의 높은 카스트 출신의 여자였다. 영국에서 옥스퍼드 대학을 졸업하자마자 미국에 와서 대학원을 다녔고, 그 후 이집트 출신인 예일대학 교수와 결혼해서 묘하게 예쁜 딸아이 '하나'를 낳았다. 인도에 있는 그녀의 가족들이 기를 쓰고 반대했지만 그 남자와 열렬한 사랑에 빠져 결혼했다고 한다.

몇 년의 결혼 생활 끝에 깊은 문화적 차이로 고민하다가 결국은 이혼했지만 옛 남편과 좋은 친구로 지내면서 하나를 잘 키우고 있다고 했다. 타라는 나보다 여덟 살 위였다. 나는 웬만해서는 일을 통해 만난 다른 여성을 '언니'라고 부르지 않는데 타라에게는 언니라고 부르고 싶었다. 왠지 그녀와는 모든 말을 나눌 수 있을 것 같았고, 우리의 만남은 마치 몇백만 년 전부터 예비되어왔다는 느낌이 있었기 때문이다. 타라 언니는 뉴욕의 한 대학에서 인류학 교수를 하고 있었고 집도 우리 집에서 가까운 센트럴 파크 근처였다. 서로에 대한 좋은 느낌과 가까운 거리 때문에 자주 만나서 산책도 하고, 근처의 레스토랑에서 밥도 먹게 되었다. 타라 언니와 점점 친해지자, 어느 날 언니를 우리 집에 초대했다. 집을 죽 둘러보더니 언니가 신나는 얼굴로 이렇게 말했다.

"현경, 보자기 가득 한국을 싸와서 뉴욕에다 한국을 차렸구나! 현경이 사는 걸 보니 내가 미국 생활 하며 느꼈던 모든 억울함이 다 씻겨 내려가는 것 같다. 이건 정말 최상의 복수야!"

타라 언니는 뉴욕에서 거의 25년을 살았기 때문에 뉴욕의 구석구석을 잘 알고 있었다. 뭐든지 필요하면 언니에게 전화해서 정보를 받았다. 나는 언니의 예쁜 딸과 가까워지기 위해 집을 꾸밀 때 하나를 데려와 아르바이트를 시키며 그 아이와 대화의 문을 열려고 노력했다.

서로의 기운이 잘 맞았는지, 타라 언니와 나는 거의 매일 전화로 하루에 있었던 희로애락을 나누는 가까운 사이가 되었다. 좋은 일이 있거나 궂은 일이 있을 때 항상 전화해서 같이 의논했다.

타라 언니는 내가 외국에 강연을 가면 내가 없는 동안 우리 집 나무들과 화초들을 돌봐주었고, 또 내가 해외 강연에서 지쳐 돌아오면, 아름다운 꽃들을 한 아름 사다가 내 식탁에 꽂아놓고, 내가 좋아하는 맛있는 한국 음식과 국까지 끓여놓고 반겨주었다. 언니도 무척 바쁘게 사는데 이렇게까지 마음 써주는 것이 너무나 고마웠다. 내게 남편이나 애인이 있다고 해도 그 어떤 남편도, 그 어떤 애인도 나에게 이렇게까지 신경 써주지 못할 거라는 생각이 들었다.

타라 언니와 나는 둘 다 페미니즘을 학문적으로 공부했고, 또 페미니스트 성향으로 태어난 여자들이었기 때문에, 그리고 둘 다 여러 가지 다양한 예술 형태, 그중에서도 특히 그림을 좋아했기 때문에 뉴욕의 많은 전시장으로, 박물관으로, 극장으로 좋은 작품들을 보거나 좋은 강연을 듣기 위해 즐겁게 같이 돌아다녔다. 언니는 사리판단이 정확하고, 맺고 끊는 것이 분명했다. 나는 자연스럽게 내가 가지고 있는 고민들을 언니와 의논하게 되었고, 언니는 진지하게 내 이야기들을 들어주며 명확한 조언들을 많이 해주었다. 나는 내가 갖고 있지 못한 언니의 그 '세련된 냉정함'이 좋았다. 언니는 어디에 감정을 써야 하고 어디엔 감정을 낭비할 필요가 없는지 잘 조절하는 사람처럼 보였다.

그 당시 나는 존경하던 한 스승과의 사이에서 일어난 사건 때문에 많이 괴로워하고 있었다. 예전에 아버지처럼 믿고 따르던 분이 있었는데 내가 유니언에 오는 것을 계기로 그분과의 관계가 부서져버렸다. 유니언에 오기 위해 추천서가 필요해서 그분께 추천서를 부탁했다. 그런데 나중에 알고 보니, 그분이 쓰신 추천서를 읽으면 웬만한 사람은 그 대상이 되는 사람을 받지 않을 부정적인 추천서를 쓰신 것이었다. 특히 유니언이 그분에게 추천서를 보내달라고 부탁했을 때는 모든 경쟁자들이 예선에서 탈락되고 나 혼자 단독후보로 남아 있을 때였기 때문에, 그 추천서가 갖는 비중은 아주 큰 것이었다.

나는 이 사건에 대해 알고는 마치 아버지로부터 뒤에서 칼로 등을 찔린 딸처럼 슬퍼하며 그분을 찾아갔다. 그분께 여쭤보고 싶었다. 내가 그토록 섭섭하고 노엽게 만든 어떤 행동을 했느냐고. 만약 그런 행동을 나 자신도 모르는 사이에 저질렀다면 정중하게 사과드리고 용서받고 싶었다. 20년도 넘게 공들여 쌓아온 그분과의 관계가 이렇게 깨져서는 안 된다는 생각이 들었다. 그동안 그분께 받은 극진한 사랑과 도움 때문에 나는 오늘날 독립적이고 창조적인 여성학자로 성장할 수 있었고, 유니언 신학대학원의 종신교수 자리에 원서라도 낼 수 있는 사람이 됐던 것이다. 그분의 심리적인, 또 학문적인 격려가 없었다면 나는 옛날에 학문에의 길을 포기했을지도 모른다. 나는 그분의 연구실에 죄인처럼 쪼그리고 앉아 왜 그런 추천서를 쓰셨느냐고 물어보았다. 그분은 마음을 열어 대화하려 하지 않으셨다. 자신은 자신의 감정에 충실할 권리가 있다고 화난 목소리로 말씀하셨다. 도대체 무엇이 이분을 이렇게도 화가 나게 만든 것일까? 평소의

자상함과 너그러움을 다 버리고 이렇게 행동하실 정도로 이분을 내면에서 고통스럽게 만드는 그것의 정체는 무엇일까? 안타까운 마음으로 잠시 멍하게 앉아 있다가, "제가 선생님의 도움이 꼭 필요할 때 선생님께서 진심으로 도와주실 줄 알았어요."라는 말을 남기고 연구실을 나왔다. 그렇게 나오는 내 등 뒤로 선생님의 비아냥거림이 들렸다. 그것도 영어로.

"Aren't you a strong woman? Why do you need my help?"

(너 강한 여자 아니야? 왜 내 도움이 필요하지?)

찢어질 것 같은 가슴 때문에 걸음이 떨어지지 않았다. 그래도 그렇게 우습게 주저앉을 수는 없었다. 나는 사태 수습을 위해서 나와는 신학적 입장이 거의 상반되지만 평소 내게 잘해주시던 한 여자 선생님께 추천서를 부탁드려 그날로 유니언에 팩스를 부쳤다. 그분의 추천서가 비록 부정적인 것이었다고 해도 또 다른 선생님의 격려하는 추천서가 있으면 적어도 토론의 여지가 생기리라 믿었기 때문이다.

나는 아직도 모르겠다. 아니, 모르고 싶다. 아니 그보다도 정확히 말하자면 '모른다'고 생각하고 싶다. 왜 그분이 내게 이런 행동을 하셨는지. 그동안 아름답게 꽃피워온 서로 간의 믿음, 사랑, 의리가 와르르 무너지는 사건이었다. 또 뭔가 잔뜩 화가 나는 사건으로 서로에게 상처를 주었다 해도 그 후에 사과를 하거나 해명할 기회가 주어졌다면 넘어갈 수 있었을지 모른다. 그러나 그분은 내게 그러한 기회를 허락하지 않으셨다.

그 일이 있은 후 나는 스승과 제자 사이의 믿음, 인간과 인간 사이의 믿음에 대해 많이 생각하게 되었다. 그렇게 오랜 세월을 사랑하고 믿어오던 관계가 이런 인사 문제 하나로 이토록 쉽게 깨어질 수 있는 것인지. 그분도 역시 페미니즘을 옹호한다는 자신의 학문적 이상과는 달리 심정적으로는 가부장적 남자일 수밖에 없었던 것인지. 이 사건은 내가 여성신학자로서 별로 믿고 싶어 하지 않았던 원죄론에 대해 다시 한 번 더 깊게 생각하게 한 계기가 되었다. '모든 인간은 자기중심적이고, 자기 욕심 때문에 하느님과 인간과 자연과의 관계를 얼마든지 파괴시킬 수 있다'는.

그분의 나에 대한, 그 설명이 잘 안 되는 '분노'와 '미움'은 몇 년 동안이나 계속되었다. 유니언에 온 이후에도 그분이 나에 대해 어떻게 말씀하고 다니시는지 여러 통로의 루머 망을 통해 계속 들려왔다.

하여간 나는 그분과의 사이에서 일어난 이 불행한 사건으로 인해 많이 괴로워했다. 가끔은 참을 수 없는 분노와 억울함, 그리고 배신감을 느끼면서, 또 어떤 때는 잃어버린 신뢰에 대한 슬픔과, 인간의 얄팍함에 대한 실망과, '뭐, 인간이 다 그렇지' 혹은 '그분도 역시 가부장적 남자야' 하는 냉소주의에 빠지면서. 또 어떤 때는 그동안의 존경과 사랑, 그리고 그분의 내면의 고통에 대한 연민이 겹쳐지면서 눈물을 흘릴 때도 있었다.

그러던 어느 날, 갑자기 20년이나 계속되었던 그 선생님과의 아름다운 사제 관계가 생각나면서, 그분이 베풀어주셨던 모든 은혜에 감사한 마음과 함께 걷잡을 수 없는 슬픔이 몰려왔다. 이 깨어진 관계를 생각하며 하루 종일 울었다. 일생의 스승으로 모시고 싶은 분이었다. 돌아가시는 그날까지. 아니, 돌아가신 후에도……. 그런데 이렇게 어이없는 일이 벌어져 버리고 말았다. 이런 상처를 극복하려면 쌍방이 정직하게 일어난 사건에 대해 마음을 열고 대화할 기회가 주어져야 하는데 그 선생님과 나 사이에 선 그런 기회가 허락되질 않았다.

울다가 페미니스트 심리상담자에게 전화를 해서 상담 날짜를 잡았다. 이러한 감정을 극복하기 위해선 전문가의 도움이 필요할 것 같았다. 그러고는 이 모든 덧없음에 대해 새겨보고 마음을 가라앉히려고 명상방에 앉았다. 그러나 역시 나의 수행의 수준이 모자란지 명상은 안 되고 억울하고 슬픈 생각만 더 심해졌다. 타라 언니에게 전화했다. 그리고 언니에게 저녁을 먹자고 제안했다. 의논할 일이 있다고…….

처음으로 언니에게 그 스승과 있었던 모든 사건을 털어놓았다. 그리고 이럴 때 어떻게 하면 좋겠느냐고 의논했다. 뿐만 아니라 그동안 내가 한국 사회에서 학계, 교계 남자들에게 당했던 모든 부당한 대우들에 대해 봇물 터진 것처럼 떠들어댔다.

내 이야기를 열심히 경청하던 타라 언니는 안경 뒤로 눈을 반짝거리며 짧고 단호하게 한마디를 했다. 언니다운, 스타일 있는 최선의 조언이었다.

"Small Dicks*!

Drop them.

And

Travel light!"

*미국에서 속 좁은 작은 소인배 남자들을 향해 쓰는 비속어.

(밴댕이 소가지들!

떨어뜨려버려.

그리고

가볍게 여행해!)

언니의 말에 속이 후련해지면서 웃음이 터져 나왔다. 또 언니는 "가볍게 여행하라고 그랬잖아. 그런 남자들 때문에 눈물 흘리기엔 우리 인생이 너무 짧아." 하고 덧붙였다.

나는 타라 언니의 이런 자르는 말들을 좋아했다. 언니는 말로만 자르는 것이 아니라 행동으로도 감정으로도 자를 것을 잘 자르고, 아주 미니멀하게 가볍게 인생을 여행하는 방법을 터득한 사람으로 보인다. 이런 '세련된' 타라 언니도 춥고 바람 부는 가을이 오면 익명의 '그 남자'를 그리워한다.

어느 날 언니는 내게 이렇게 전화했다.

"현경, 가을바람이 부니까 갑자기 아름다운 남자의 목소리가 듣고 싶어져."

나는 타라 언니를 당장 오라고 해서 한국 차를 끓이고 김민기의 노래를 들려주었다. 〈친구〉, 〈봉우리〉, 〈가을엔 편지를 하겠어요〉…….

정말 언니의 말이 맞다. 찬바람이 불고 낙엽이 떨어지는 뉴욕의 가을이 오면, 나도 막연히 익명의 한국 남자가 그리워진다. 남편과 이혼한 후 내 아이를 낳아 가족을 만들고 싶어서 '완벽한 남편'을 찾아 전 세계를 헤맸

다. 그리고 정말 멋있는 외국 남자 애인도 있었다. 그러나 나이가 들수록 분명해지는 것은, 멋있고 완벽해 보이는 외국 남자가 있어도 그 남자보다 좀 모자란 듯한 한국 남자가 더 예쁘고, 편하고, 따뜻하게 느껴진다는 사실이었다. 막상 한국 남자와 만나면 '밴댕이 소가지들'과 있었던 에피소드들이 계속 일어날지도 모르겠지만 말이다.

이때쯤 어떤 한국 남자가 내 앞에 나타났다. 그는 뉴욕의 한 대학병원에서 일하고 있는 저명한 의사였다. 뉴욕에 온 후 여러 가지 일로 신경을 쓰고 적응하려고 애써서 그런지 몸이 자꾸 피곤하고, 졸리고, 기운이 떨어지는 것 같아 그분께 진찰을 받으러 갔다. 그분은 여러 가지 정밀검사와 피검사를 하고 엑스레이까지 찍어보더니, 의사답지 않게 약 처방을 해주지 않고, 또 약을 먹지 말라고까지 하면서 건강에 대한 조언을 해주셨다.

"정 교수님, 건강은 화초처럼 자신이 키우는 겁니다. 마음을 편하게 먹고, 매일 운동을 하세요. 그리고 이것저것 가리지 말고 잘 드시고요. 너무 채식주의만 고집하시지도 말고요."

그리고 그분은 수납계에 말해 계속 치료비를 탕감해주셨다.

"저는 사람들 관상을 봅니다. 선생님처럼 세상을 위해 일하는 사람에게는 돈을 받을 수 없습니다. 언제 제게 신학 강의나 한번 해주시지요."

그다음에 다시 다리를 심하게 다쳐 찾아갔을 때도 그는 치료비를 받지 않았다. 여러 번 치료가 필요했는데도 말이다.

그렇게 치료받는 동안 그분에 대해 많은 걸 알게 되었다. 50대 초반인데도 독신이라는 것, 세계 여러 곳을 안 가본 데가 없다는 것, 그리고 '무당기'가 많은 사람이라는 것. 그분이 티베트에 갔을 때 갑자기 오래된 골목길과 가게들이 눈에 보였다 한다. 그래서 길가에 있던 나이 많은 가게 주인에게 자기가 본 것을 이야기했더니, 그 골목길은 중국이 티베트를 침략해서 라싸를 중국식으로 바꿔버리기 전에 있었던 골목길이라며 의아한 눈빛으로 어떻게 그 길을 아느냐고 오히려 물어 왔다는 것이다. 또 아프리카 나미비아 사막에서 캠핑을 할 때도 영의 소리가 들려 괴로웠다 한다.

이런 일이 있을 때마다 그분은 그런 영의 세계에 깊이 들어가고 싶지 않기 때문에 가능한 한 빠지지 않으려고 노력한다 했다. 그러나 그 영적인 힘은 여전해서 사람을 보면 대충 그 사람이 어떤 사람인지 파악이 된다는 것이다.

자주 뵙다 보니 자상하고, 섬세하고, 건강하고, 또 예술적인 사람이라는 것이 점점 분명해졌다. 거기다 얼굴도 미남이었다. 미국의 유명한 남성 패션 잡지의 모델을 할 정도로……. 갑자기 이분과 타라 언니가 잘 맞을 것 같다는 생각이 들었다. 그렇게 아름다운 남자를 그리워하는 언니에게, 이 가을에 소개시켜주기에 가장 적당한 남자로 보였다. 그래서 언니가 마침 감기에 걸렸다 하기에 그분께 가보라고 막 졸라댔다. 그리고 예쁘게 하고 가라고 당부했다. 언니가 병원에 다녀오자 마음에 드는지 물어보았다. 언니는 괜찮은 것 같다고 했다. 나는 중매쟁이로 나서기로 결심을 하고, 그분께 전화를 했다.

"선생님, 그동안 선생님께서 제게 무료 진료를 많이 해주셨는데 빚을 갚아야겠어요. 제가 저녁을 한번 사도 되겠어요?"

"아, 영광입니다. 제가 뭐 해드린 것도 없는데요. 저녁은 제가 살 테니 나오십시오. 저도 명상에 대해서, 신학에 대해서 선생님께 여쭤보고 싶은 것이 많았습니다."

이렇게 해서 맨해튼의 한 우아한 식당에 그분과 마주 앉게 되었다. 나는 언제 기회를 포착해서 중매를 설까 눈치를 보고 있었다. 이 얘기 저 얘기를 하고 있는데 갑자기 그분이 심각하게 나의 눈을 쳐다보며 말씀을 시작하셨다.

"정 교수님, 사실은 저, 정 교수님께 고백할 것이 있습니다."

갑자기 불안해지기 시작했다. '혹시 이 사람이 내가 타라 언니를 소개시켜주려고 하는데, 내게 관심 있다고 말하려는 게 아닐까? 그러면 어떡하지? 나는 '연하의 남성', 적어도 나보다 일고여덟 살은 젊은 남자가 좋은데' 하는 생각이 스쳐 지나갔다.

"제가 이런 말, 아직 어떤 한국 사람에게도 한 적이 없습니다."

가슴이 더 불안하게 뛰기 시작했다. '그러면 그렇지. 이 세상에 공짜가 없다고 했어. 어쩐지 저 남자가 자꾸 공짜로 치료해주는 게 이상했어. 정말 엉큼하네. 선심 쓰는 척하면서 결국 나를 꼬시려고 했구나. 우리 엄마가 남자는 다 도둑놈이라고 하더니……. 역시 그렇구나. 치료비 몇 푼에 치사하게 여자 마음을 사려고 해? 아, 저 사람이 사랑의 고백을 하면 어떡하지? 나는 젊고 싱싱한 남자가 좋단 말이야. 아주 우아하고 단호하게 끊어야지. 우리 타라 언니처럼…….' 나는 결심을 단단히 하면서 마음의 무장을 강화했다. 그가 입을 열었다.

"놀라시지 말고 그냥 편하게 들으십시오."

'놀라긴 뭘 놀라? 뻔한 얘긴데……. 반했습니다, 좋아합니다, 그런 거겠지. 아, 뜸들이지 말고 빨리빨리 말하지, 왜 저렇게 긴 전주를 하는 걸까?'

"Prof. Chung, I love men."

너무도 의외였다. 그가 남자를 사랑한다니…….

그는 전혀 게이처럼 보이지 않는 남자였다. 데이비드가 가르쳐준 '게이다'에 전혀 걸리지 않는 남자였다. 나는 한편으로는 안도의 숨을 몰아쉬며 짧은 순간 말을 잃었다. 그러다 이렇게 대답했다.

"저도요. 우리에게는 공통점이 있네요."

웃음이 나왔다. 나의 상상이 완전히 빗나간 것이었다.

"선생님께서 선생님 선배분과 저를 중매하시려는 것을 눈치챘습니다. 두 분 다 좋으신 분들 같고, 믿을 수 있는 분들 같은데, 제가 두 분들을 속이면서 감정적 유희를 해선 안 되겠다는 생각이 들었습니다. 그래서 제가 한국 사회에서는 전혀 커밍아웃하지 않았는데 선생님께는 말해도 될 것 같아서 고백을 한 겁니다."

그러면서 그분은 게이이기 때문에 한국에서 받았던 수모에 대해 쭉 말씀하셨다. 자신이 한국에 있을 때만 해도 게이라면 감옥에 가는 때였다고 한다. 한국만 생각하면 그 억압 때문에 치가 떨린다고 했다. 다시는 돌아가고 싶지 않은 곳이라고……. 미국 애인을 따라 미국 공항에 내리자마자 처음으로 가슴을 펴고 숨을 크게 들이쉰 것 같다고 말했다. 그리고 한국에서는 남자와 연애를 하고 싶어도 마음에 드는 사람이 없었기 때문에 자기의 애인들은 다 미국 남자였다 한다. 그 말을 들으면서 나는 동성애자 해방 운동을 하는 레즈비언 제자들의 게이 친구들 모습이 떠올랐다. 그래서 그에게 과거에 비해 변화한 한국인의 인식에 대해 말해주었다.

"아니, 이제 한국도 많이 변했어요. 대학생들 사이에서도 동성애자 그룹이 여러 개 생겼고, 동성애 억압의 문제에 대해 문화 비판적으로 이론을 제공하기도 하지요. 이제 한국에 가보시면 달라진 모습을 보실 수 있을 거예요. 정말 여러 종류의 게이들이 있으니까 옛날의 경험으로 판단해버리진 마세요."

그분은 미국 남성인 애인과 벌써 10년도 넘게 같이 살고 있었다. 둘이 같이 집을 사고, 별장도 사고, 세계를 같이 여행한다 했다. 그의 애인 제임스는 고아였는데 아기일 때 보잉 비행기 사업을 시작한 부유한 집에 입양되어 독자로 자라났다. 고등학교 시절 제임스의 어머니는 그를 불러놓고 이렇게 말씀하셨다.

"네가 게이라는 걸 나는 이미 알고 있다. 그러니 자유롭게 남자와 사귀어라. 그렇지만 일본 남자는 안 돼."

아마 2차 세계대전 후에 팽배한 미국인의 반일 감정 때문에 그랬던 것 같다. 그러나 그는 청개구리처럼 UCLA에서 일본어를 전공하고 일본에 가서 살다가 지금은 미국에 돌아와 사업가가 되었다. 제임스의 어머니는 그가 일본 사람이 아닌 한국 사람과 정착해서 사는 걸 무척 기뻐하고 있고 이 한국인 의사를 마치 자신의 친아들처럼 챙겨주신다. 그분의 생일날과 미국 명절 때면 빠지지 않고 계속 손수 과자들을 구워 소포로 보낼 정도로. 그분과 제임스 커플은 다른 사람들에 비해 훨씬 수입이 좋은 분들이기 때문에 자신들의 수입 중 상당히 큰 부분을 에이즈 연구비, 게이 인권운동, 게이 예술가를 후원하는 그룹에 희사하고 있다. 또 세계의 어려운 나라에 가서 자원봉사도 하고 있다.

그날 집에 돌아오자마자 타라 언니와 통화를 했다.

"언니, 미안해. 역시 내 팔자는 어쩔 수 없나 봐. '아, 괜찮은 남자다' 하고 따라갔더니 또 게이잖아? 내 '게이다'가 아직은 성능이 좋지 않나 봐."

타라 언니도 내게 그 남자가 다른 '한국 남자답지 않게' 너무나 부드럽고, 섬세하고, 진심으로 여성을 배려하는 게 이상하게 느껴졌다고 했다. 일이 이렇게 된 이상, 서로 마음에 들었던 사람이니 '가족'처럼 지내자고 내가 제안했다. 언니는 내 제안을 흔쾌히 받아들였고, 언니와 나는 이제 그분을 '오라버니'라고 부르기로 결정했다. 좀 촌스럽고 구닥다리처럼 들리긴 하지만 이 나이에 '오빠'라고 부르는 것은 너무 유치한 듯이 느껴졌기 때문이다.

우리는 '가족'처럼 자주 만났다. '이상한 가족'이었다. 게이였기 때문에 한국 사회에서 배척당했던 오라버니와 외국인과 결혼해서 다인종 아이를 낳았기 때문에 인도의 상류 사회에서 배척당했던 타라 언니, 그리고 신학자이면서 이혼을 했고, 기독교인이면서 지독한 페미니스트였기 때문에 한국 사회에서 배척당한 동생. 이렇게 우리는 각자의 조국에서 버려졌지만 성경에서 나오듯이 서로 의지하는 주춧돌이 되어 '새로운 가족'이라는 우리의 새 집을 뉴욕 인민공화국에 지은 것이다. 전혀 피가 섞이지 않은 사람들, 그러나 서로의 깊은 아픔들을 이해하는 사람들. 우리는 성인으로서 스스로의 자유의사에 의해 선택한 가족이었다.

셋이 모이니 즐거웠다. 한 남자에 두 여자. 서로에 대해 전혀 성적인 긴장이 없는 세 사람. 우리는 어려운 일이 있을 때마다 서로 돕고, 또 즐거운 일이 생기면 같이 나가 신나게 축하 파티를 벌였다. 우리처럼 남자 없이 오래 살았던 여자들에게는 이렇게 든든한 '오라버니', 그것도 순 한국 토종 '호동왕자'처럼 생긴 오라버니가 생겼다는 건 큰 축복이었다. 오라버니는 우리에게 아주 한국적인 넉넉한 오라버니 역할을 잘해주었다. 우리가 적응이 안 될 정도로······.

어느 봄날, 오라버니로부터 전화가 왔다. 봄이 왔으니 동생들에게 예쁜 봄 구두를 사주겠다는 것이었다. 타라 언니와 나는 황당해했다.

"아니, 이거 뻐꾹뻐꾹 뻐꾹새 스토리 아니야? 비단구두 사 가지고 오신다는 오라버니."

우리는 태어나서 어떤 남자에게도 구두를 받아보지 못한 여자들이었다. 어릴 땐 어머니가 데리고 다니며 신발을 사주셨고, 커서는 애인이나 남편이 신발을 사주면 그 신발을 신고 어디론가 내뺀다는 믿지 못할 미신에 감염되어 옷은 주고받아도 신발은 서로 사주거나 받은 적이 없었다. 타라 언니와 나는 서로 쳐다보며, "이래도 되는 거야?" 하고 눈을 깜빡거렸다. 어색해하는 우리를 매디슨 애비뉴에 있는 고급 제화점으로 안내하면서, 오라버니는 마음을 편히 가지라고 했다.

"내가 이렇게 독립적이고 똑똑한 여동생들한테 해줄 수 있는 게 뭐 있어. 구두나 사주고, 맛있는 것 먹이고, 좋은 구경이나 시켜주는 것……. 뭐, 그 정도나 할 수 있을까? 그래야 나도 오라버니라는 생색이 좀 나니까 맘 편하게 갖고 제일 맘에 드는 걸로 골라."

그래서 언니와 나는, "에라, 모르겠다." 하며 첫 데이트를 나가는 소녀들처럼 이 구두 저 구두를 신어보고 제일 마음에 드는 것을 골랐다. 오라버니도 자기 구두를 골랐다. 나는 아주 단순한 까만 여름 샌들, 타라 언니는 빤짝이는 주홍빛의 높은 비단 샌들, 오라버니는 세련된 까만 단화. 돈을 계산할 때 보니까 미안해서 물리고 싶었다. 아무리 세일 기간이라고 해도 그렇게 비싼 구두를 얻어 신는 게 영 불편했다.

내가 너무 쭈뼛거리니까 오라버니가 말했다.

"오빠가 사줄 때 비싼 것 한번 신어봐. 해마다 사주는 것 아니니까 기회 놓치지 말고……."

이렇게 우리는 새 신을 사서 어깨에 상자를 하나씩 메고, 오라버니가 사준 맛있는 음식을 먹고, 셋이서 팔짱을 끼고 맨해튼의 거리를 쏘다녔다. "새 신을 신고 뛰어보자 팔짝" 하는 어린애들처럼, 혜성처럼 나타난 멋있는 오라버니를 보며, "웬 떡이냐?"를 연발하며…….

그런데 재미있는 일은 멋있는 남자가 지나치면 셋이 일제히 그 남자를 쳐다본다는 거다. 타라 언니와 나는 남자를 사랑하는 이성애자이고, 오라버니는 남자를 사랑하는 동성애자이니까. 한번은 지나가는 멋진 남자를 일제히 쳐다보다가 서로 눈이 마주치자 막 웃기 시작했다. 게이 남자와 다

닌다는 건 또 다른 이성애자 여자 친구와 다니는 것과 같았다.

맨해튼의 카페에 셋이서 앉아 지나가는 남자들에 대해 품평회를 하기도 했다. 의외로 언니와 오라버니가 좋아하는 남자 유형이 서로 비슷했고, 내가 좋아하는 남자를 언니와 오라버니는 별로라고 생각했다. 언니와 오라버니가 말하길, 나는 실속 없이 '멋있는 남자'를 좋아하고, 자기들은 실속 있게 '맛있는 남자'를 좋아한다고 했다. 같이 연극이나 무용을 보러 가서도 마찬가지였다. 특히 스페인에서 온 젊은 남자 무희들이 플라멩코와 현대무용을 즉흥적으로 조합하는 공연을 보고 있노라면 타라 언니와 오라버니는 동시에 마치 10대들처럼 자리에서 일어나 소리를 지르고 손을 흔들며 난리를 친다. 그러면 나는 옆에 앉아, "아이, 노인네들. 고정들 좀 하시지요. 우리 품위를 지킵시다." 하고 놀린다.

타라 언니는 오라버니와 사귀면서 게이 남자의 아름다움, 성을 정말 이해하기 시작했다 한다. 딸아이를 혼자 키우며 외롭게 살아온 언니가 이렇게 아이처럼 뛰놀며, 남자를 보고(게이 댄서일지라도) 자기 마음껏 리비도를 표현하는 걸 보니 나도 기분이 좋아진다. 아름다운 우리 언니, 왜 남자들은 언니를 몰라볼까? 언니를 위해 「뉴욕 타임스」에 전면 광고를 내고 싶다. '데미 무어 같은 미모를 가진, 사회정의를 위해 몸 바칠 수 있는 정열적인 페미니스트와 연애할 자신 있는 남자를 찾습니다' 이런 제목으로.

우리가 이렇게 몰려다니자 사람들이 의아해하기 시작했다. 셋이 정말 친한데 누가 저 의사의 진짜 애인일까 하고……. 구둣방 주인은 내가 겁도 없이 그 집에서 가장 비싼 구두를 고르는 걸 보고 내가 오라버니의 애인일 것이 틀림없다고 했고(남자와 잠을 잔 여자만이 간 크게 그런 비싼 신발을 고를 수 있다는 이상한 구둣방 철학을 대며), 미장원 주인은 타라 언니가 오라버 니의 머리카락까지 만지면서 훨씬 더 많이 속삭이는 것을 보고 언니가 그의 애인일 거라고 했다.

  독신남 의사인 오라버니가 곧 결혼할지 모른다는 소문도 돌았다. 그러자 그동안 오라버니를 흠모하며 반찬이랑 선물이랑 가져다주던 많은 한국 여성들이 총비상이 걸렸다 한다. 그 맛있는 반찬들이 다 언니와 나의 집으로 배달되었는지도 모르고 오라버니에게 계속 가져다 바치던 그 여성들에게 미안하다. 여자끼리의 의리상 나는 정말 그들에게 이야기해주고 싶었지만 오라버니가 한국 사회에서 커밍아웃을 안 했으니까 말을 할 수가 없었다.

  하여간 이 외국땅에 와서 의사인 오라버니를 두었다는 건 우리에겐 큰 의료보험이었다. 내가 심한 독감에 걸려 꼼짝도 못 하고 누워 있던 날, 오라버니는 죽 끓일 모든 재료를 사 가지고 우리 집에 왔다. 나는 파김치가 되어 며칠째 세수도 안 한 얼굴에 잠옷 바람으로 오라버니를 맞았다. 오라버니는 한국 궁중에서 임금님께 끓여 바치던 죽 만드는 비법을 한의사 친구에게 배웠다면서, 오자마자 앞치마를 두르고 부엌에 들어가 죽을 끓이기 시작한다. "감기엔 약이 없는 거야." 이렇게 말하면서 거의 한 시간 동안이나 서서 낮은 불을 뭉근히 때면서 죽을 젓고 있다. 운동을 많이 해 탄탄한 오라버니의 넓은 어깨가 보인다. 고마운 남자. 내가 남편이 있었다면 그 남자가 이렇게 한 시간씩 서서 죽을 끓여줬을까? 아닐 것 같다. 아마 어디서 사다주었겠지. 그것도 자기가 직접 안 가고 전화해서 배달시켰을 거야. 정말 이게 웬 떡일까? 그냥 우연히 만나게 된 한국 남자. 그가 이렇게 나의 다정한 오빠가 되어준 것이다.

나는 죽어가는 소리로 오라버니를 불렀다.

"오라버니!"

오라버니가 죽을 젓다가 돌아본다.

"왜?"

"너무 고마워요."

"뭐가?"

"이렇게 잘해주시니까……."

"오라버니라는 존칭을 들으면서 이 정도는 해야 하는 것 아니야?"

"나는 정말 복이 많은 여자인가 봐요."

"무슨 복?"

"남자 복."

"남자 복이 많긴, 네가 무슨 남자 복이 많니? 남편도 없으면서……."

"도사님이 그랬어요. 나는 억세게 남자 복 많은 여자라고……."

"그래도 여자는 남편이 벌어다주는 돈으로 편하게 먹고사는 게 최고야."

오라버니는 잘나가다 항상 이렇게 삼천포로 빠진다. 남녀 문제에 있어선 조선시대 서당 선생처럼 되는 것이다. 아픈 몸에도 불구하고 한마디 톡 쏜다.

"결혼제도와 노예제도는 비슷한 이유로 생겨난 거예요."

"니가 그러니까 시집을 못 가지."

"못 간 게 아니라 안 가는 거예요. 내가 '비혼'이라고 그랬잖아요. 결혼과 무관한 여자."

오라버니가 반응이 없다.

"그런데 오라버니, 남편이 없으니까 세상 모든 남자가 다 내 남자 같아요."

"그런 착각을 일찌감치 버리세요, 교수님. 이 죽 드시고 정신 차리시고요……."

오라버니가 상을 차리려고 가져온 동치미를 풀면서 나를 비꼰다. 그러면서 신나는 얼굴로 내게 말한다.

"내가 정 교수를 위해서 지금 좋은 남자 하나 찾아놨어. 하버드에 있는 젊은 한국 남잔데, 정 교수가 좋아하는 김건모처럼 생겼어."

"그 남자가 어디 연상의 페미니스트를 좋아하겠어요?"

"내가 사람 관상 잘 보잖아. 둘이 잘 맞을 것 같아."

"그 사람 죽 끓일 수 있느냐고 물어보세요."

오라버니가 죽을 가지러 부엌으로 가다가는 예상외라는 표정으로 돌아본다.

"겨우 그게 기준이야?"

"네. 이제 기준이 낮아졌어요."

결혼한 사람이 안돼 보이는 세계에서 유일한 나라, 뉴욕 인민공화국. 싱

글이 아니면 뭔가 잘못된 것처럼 보이는, 뉴욕 인민공화국. 여기서 우리 '이상한 가족'은 이렇게 우리 세 가족의 이야기를 만들어간다. 자신들이 '성인'으로서 선택한 삶을 마음껏 살아가면서…….

Dreaming in the People's Republic of New York

뉴욕에서의 나의 일

수업 준비를 하느라 책을 뒤적이고 있는데 한국에서 전화가 왔다. 기독교 여성운동을 함께 하던 친구였다.

"슬픈 소식이 있어. 선순화 목사가 갔어."

"언제?"

"어제. 계속 돌봐주시던 그 여자 전도사님 품에 안겨서 돌아가셨대."

눈앞이 아득해졌다. 이제 겨우 40대 중반인데 그렇게 돌아가시다니 도저히 믿어지지 않았다.

"유언은?"

"'열심히 놀아라'야. 순화 언니는 죽을 때도 우리를 웃기면서 죽는단 말이야."

선순화 목사다운 유언이다. 전화를 끊고 멍하게 창밖을 내다보았다. 비가 내리기 시작했다. 공부하던 책들을 뒤로하고 집을 나섰다. 리버사이드 공원은 비가 오는 오후라서 그런지 사람의 흔적이 보이지 않았다. 숲길로 들어서서 허드슨 강을 보며 걷는다. 내가 한국 여성신학자들 중에 제일 좋아했던 선순화 박사가 이렇게 훌쩍 떠나버린 것이다. 유방암과 자궁암 수술을 받고, 방사능 항암제 치료를 거부하면서 생명을 다시 일으키는 자연요법을 철저하게 추구해나갔던 사람이었다. 수술 후에 그녀는 몸도 마음도 좋아졌다고 했다. 무공해 곡식과 채소를 먹었고, 산에 자주 갔다.

웬만한 것은 다 우습게 보면서 웃어넘기던 모습이 눈에 선하다. 고정희를 잃고 그녀의 장례식을 끝내고 오면서 굳은 결심을 하던 일이 엊그제 같은데 좋은 친구이자 동료를 하나 더 잃은 것이다. 사람과 자연을 죽이려고 마음먹은 세기말적 자본주의 폭력 속에서 아름다운 영혼들이 먼저 이 혼탁한 세상을 떠나가나 보다.

고정희 시인이 죽었을 때 나는 결심한 것이 있었다. 또 그녀의 장례식 집전을 하면서 시인의 영혼과 약속한 것이 있었다. 비가 오나 눈이 오나, 전날 술을 진탕 먹고 새벽 3시에 돌아왔거나, 아니면 애인이 옆에 누워 있거나 애인이 떠났거나, 혹은 몸이 아프거나 마음이 슬프다 하더라도 새벽 5시면 일어나 책상 앞에 앉겠다는. 그리고 죽이 되든 밥이 되든 글을 쓰겠다는 것이었다. 그렇게 했기 때문에 고정희는 내 나이에 세상을 떠났으면서도 열 권이 넘는 시집을 우리에게 남길 수 있었다.

고정희는 내가 살던 그 좁은 이대 기숙사 방에 찾아와 같이 자면서 우리가 쓸 책들에 대해 밤늦도록 이야기했다. 아시아 여성의 해방을 위한 시와 여신에 대한 명상, 그리고 그것을 표현할 아름다운 그림을 넣은, 예쁘고 작은 책을 만들어 아시아 전역에 뿌리자고. 그래서 문화혁명 때 중국인들이 지니고 다녔던 마오쩌둥의 'Red Book'처럼 이 다가오는 더 큰 문화혁명기에 아시아 여성들의 주머니에 항상 들어 있는 책을 만들자고. 여성들이 억울하거나 화가 날 때, 또는 자기 내면에서 쏟아져 나오는 힘을 느낄 때나 세상을 바꿔야겠다고 느낄 때 꺼내서 읽고 싶은 책을 만들자고 우리는 약속을 했다. 새로운 세상을 여는 글, 억압과 부정의를 시퍼런 칼로 자르는 글, 진실을 폭로하는 글, 거짓을 태워버리는 글, 무엇보다 아시아 여성들이 자신을 다시 사랑하고 자신의 힘을 믿게 하는 글을 쓰자고 했다. 그런데 그렇게 의기투합했던 고정희는 깊고 깊은 지리산 숲 속에서 내게 커다란 숙제를 남기고 혼자 가버렸다.

그가 간 지 벌써 몇 년이 지났는데도 나는 그 숙제를 시작할 엄두조차 내지 못하고 있었다. 너무 외로웠고, 너무 괴로웠고, 너무 슬펐다. 나는 고정희와 굳게 약속을 하고도 비가 오면 비가 와서 외로워서 글을 못 썼고, 눈이 오면 눈을 맞으며 걷고 싶어서 글을 못 썼다. 사랑하는 사람이 옆에 누워 있으면 그의 심장의 온기에서 떨어져 나가기 싫어서, 그가 떠났을 땐 실성한 여자처럼 밤새워 우느라고 글을 쓰지 못했다. 나를 모함하던 사람들이 나타났을 때는 어떻게 그들에게 내 상상 속에서나마 통쾌하게 복수해줄까를 고민하면서 글을 쓰지 못했다.

하지만 진짜 이유는 다른 곳에 있었다. 나는 '그 얼굴'을 찾아 이 지구를, 오대양 육대주를 헤매고 다녔기 때문이다. 나는 항상 '그 얼굴'을 찾고 있었다. 모든 것을 환하게 꿰뚫어 보는 그 맑은 눈, 밝은 얼굴, 텅 빈 웃음, 그리고 소풍 가는 아이 같은 경쾌한 발걸음, 주위에 퍼지는 생명의 향기…….

나는 그 얼굴을 찾아야만 확신을 가지고 내가 약속했던 책을 쓸 수 있을 것 같았다. 적어도 이 지구상의 한 사람은 그런 모습을 체화하고 있어야 한다고 믿었다. '계시'처럼 말이다. 그래야 내가 쓰는 글이 멋진 환상이 아니라 미래에 대한 징후이고, '미래에서 온 편지'라는 소신을 가지고 세상에 내놓을 수 있을 것 같았다. 그래서 내 나이보다 더 많은 수의 나라들을 눈에 불을 켜고 돌아다녔다. 바로 '그 얼굴'을 만나기 위해서.

혼잡한 서울 거리, 아프리카 사막, 멕시코 게릴라 진지, 유럽의 수도원, 쿠바의 카페, 캐나다 인디언 해방 운동의 집회, 그리고 인도의 언터처블들이 사는 난민촌, 호주 원주민들의 록 콘서트장 등이 그런 곳이었다. 그리고 베이징의 여성대회와 스스로를 마녀라고 부르는 여자들이 숲을 지키는 운동 현장, 브라질의 정글, 라틴아메리카의 설산 등지에서 나는 '그 얼굴'을 찾아다녔다. 어쩌다 그 얼굴일 성싶은 얼굴이 스쳐 가면 무조건 쫓아가서 말을 걸었다.

"저…… 안녕하세요? 저…… 정말…… 결국엔 사랑이 승리할까요? ……그리고 결국엔 그 아름다움이 우리 모두를 구원할까요?"

하지만 결국 나는 고정희와의 약속을 여전히 지키지 못한 채 10년을 보냈던 것이다.

안개 낀 비 오는 공원을 한 젊은 여자가 자전거를 타고 지나갔다. 한 손으로는 핸들을 조정하고 다른 한 손은 빨간 우산을 들고 있었다. 그림 속을, 엽서 속의 나라를, 아니, 저승의 나라를 걷고 있는 듯한 착각이 든다.

그 10년간 많은 일들이 있었다. 나는 지구를 몇 바퀴 돌면서 가슴이 수없이 깨지는 것을 느꼈고, 한없이 눈물을 흘렸다. 그러나 또 선순화 목사와 같이 의기투합하는 여성신학자와 여성운동가 들을 만났고, 숲과 지구를 사랑하는 많은 사람들을 지구의 구석구석에서 만났다. 나는 더 이상 핑계를 댈 수 없다. 나도 곧 내가 이 세상에 온 이유, 그 숙제를 마치고 이 지구라는 학교를 졸업해야 할 것 같다. 나는 젊지도 늙지도 않은 내 나이를 생각하며 더 이상 미룰 수는 없다고 생각했다. 내가 본 '신神'의 얼굴들, 죽이려는 세력을 뚫고 생명을 탄생시키고자 하는 '그 얼굴'들에 대해 나의 동시대인들과 다음 세대에게 알려주어야만 적어도 '밥값'은 하고 가는 거라는 생각이 들었다.

그 10년 중 어느 날, 경기고등학교와 육군사관학교를 나오고, 청와대에서 일하다 무당이 되었다는 박수무당을 만난 적이 있었다. 그는 내게 이렇게 말했다.

"아니, 요절할 여자가 무슨 망설임과 괴로움이 그렇게 많아? 이 세상에 올 필요도 없었는데 말씀이야. 당신은 눈이 네 개야. 전생의 눈 두 개와 이생의 눈 두 개. 그 밝은 전생의 눈으로 세상을 잘 보라구. 그러고는 이 세상에 온 이유를 기억하고 그대로 하란 말이야. 시간이 많은 사람이 아니야. '신의 얼굴'을 보여주기 위해 이 세상에 온 거라면 그 일을 해야지. 아직도 이생에 무슨 미련이 남아서 시간을 낭비하고 있어?"

그러면서 그는 이상한 제안을 했다. 내가 하버드에 교수로 있을 때 나를 도와주던 에콰도르 출신의 어린 친구 이반과 결혼을 하라는 것이었다. 그래야 이반의 생명이 유지될 수 있다고. 친구의 생명을 구하는 것보다 더 큰 보시는 없다고.

나는 그때 라틴아메리카 출신의 국제 인권변호사와 열애를 하고 있었다. 라틴아메리카의 역사, 라틴 음악, 라틴 댄스, 그리고 라틴 섹스를 그로부터 배우면서. 나는 결혼을 한다면 그 사람과 해야 한다고 생각했다. 어린 이반과 결혼한다면 마치 막내 남동생과 결혼하는 듯한, 일종의 근친상간 같은 느낌이 들었던 것이다.

나는 솔직히 말해서 성직자나 무당, 점성술사나 신비가 들의 이야기들을 액면 그대로 믿지 않았다. 그들이 하는 이야기를 나의 명상을 돕는 만다라처럼 바라볼 뿐이었다. 상징으로 가득한 신화적 이야기를 듣는 정도로 생각했다.

그런데 그가 내게 그런 제안을 한 후 일 년도 안 되어 에콰도르에 있는 이반의 어머니에게서 편지가 왔다. 이반이 크리스마스 휴일을 보내러 왔다가 갑자기 길에서 쓰러져 죽었다는 것이다. 뇌출혈로. 그때 나는 마치 나 때문에 이반이 죽은 것 같아 많이 괴로워했다. 그 무당의 이야기가 그냥 해보는 이야기가 아니었다는 것을 알았다. 그리고 그의 말대로 나 역시 시간이 별로 없다는 것을 알았다.

　이제는 '신의 얼굴'을 보여주는 그 일을 해야만 한다는 절박함이 밀려들었다. '그녀'가 내게 나타난 이유나 그녀가 내게 '배부른 돼지'라고 부르며 한국을 떠나게 한 이유를 밝혀야 했다. 내가 다른 곳에 마음을 쓰며 내 일을 하지 않을 때 그녀는 '왕펭귄'처럼 나타나 찬물을 쫙쫙 뿌리며 나를 꿈에서 깨어나게 해주었다. 그녀가 원하는 것은 바로 내가 이 일을 하는 것이 아니었을까? 신의 얼굴을 보여주는 일.

　나는 어렸을 적에 학교가 너무나도 싫었다. 비원으로, 경복궁으로, 여기저기를 헤매고 돌아다녔다. 그러다가 70년대 중반에 한국의 학생운동을 접하며 이 세상에 팽배한 부정의와 맞닥뜨리게 되었다. 이렇게 반쯤 부서진 세상에서 내가 어떻게 살아야 사람 구실을 하는 건지 고민에 고민을 거듭했다. 그때 신학이라는 학문이 내게 생명수처럼 다가왔던 것이다. 그때는 나의 고민에 대한 모든 해답과 세상을 바꿀 수 있는 힘이 그 안에 들어 있는 것처럼 느껴졌다.

　神學. theology. 하느님, 신에 대한 학문.

　'theology'라는 신학을 가리키는 영어는 'theos'[신]와 'logos'[말, 이성, 또는 학문]라는 두 희랍어가 합성하여 만들어진 말이다. 그래서 기독교가 한참 권세를 누리던 시절에는 theos와 logos를 연결하는 조사가 '의'가 되어 theology는 주로 '하느님의 말'로 여겨졌고, 세속화의 바람이 불면서 기독교가 힘을 잃은 시대에는 그 연결조사가 '에 관한'으로 바뀌어 신학은 주로 '하느님에 관한 말 또는 학문'으로 해석되었다.

나는 이 하느님에 관한 말, 또는 학문을 20년 넘게 공부한 셈이다. 전통 서구신학에서부터 과정신학, 해방신학, 민중신학, 아시아신학, 흑인신학, 여성신학, 그리고 생태신학까지. 이 지구상에 나왔다는 모든 신학의 표본들을 다 읽지는 못했다 해도 한 번씩은 훑어본 것 같다.

그런데 언제부턴가 나는 현존하는 신학에서 죽음의 냄새를 맡기 시작했다. 특히 내가 서양에서 보아온 기독교회와 신학은 타이타닉호처럼 서서히 침몰하고 있었다. 그 안에는 화려한 실내장식과 좋은 음악을 연주하는 악사와 멋있는 옷을 입은 성직자, 그리고 신도 들이 있었지만 그 배는 이제 건지기 어려울 정도로 가라앉고 있었다. 결국 나는 서양에서 오래 공부하면서 서구신학의 죽음을 보았던 것이다. 그들은 막다른 골목까지 가서 출구가 없어 고민한 끝에 동양의 종교와 기독교 이전의 원시종교, 혹은 기독교 이후의 문화와 영성으로부터 돌파구를 얻으려고 몸부림치는 것 같았다.

역시 한국의 신학에서도 죽음의 냄새를 맡았다. 70, 80년대 양심 있는 기독교인들이 독재정권에 대항해서 목숨을 걸고 사회정의를 위해 싸울 때 나왔던 '민중신학' 외에는 많은 이름의 신학들이 그저 '좋은 생각'에 그친 것 같다. 문화신학이니, 생명신학, 여성신학이니 하는 식의 여러 이름으로 신학을 내세웠지만 모두 '좋은 말'에 머무른 느낌이다. 그 신학들이 우리 골수를 쪼개며 병든 우리 교회와 사회를 고칠 힘을 가질 수는 없었던 것 같다. 많은 교회들이 하느님을 믿어 이생에서나 저생에서나 힘을 더 많이 가지겠다는 기복, 성장 위주의 욕심을 드러내었다.

많은 교회들이 서서히 욕심에 찬 인간집단으로 변해갔다. 많은 신학교들은 교단과의 세력 다툼, 학내 권력 다툼으로 영적인 기운을 잃고 있었다. 이런 상황에서 모세나 아모스 같은, 교회와 신학계와 세상을 바꿀 수 있는 힘을 가진 예언자는 점점 나오지 않게 되었다. 몇몇 남은 자들이 외로운 함성을 질렀지만 그들의 외침에 반응은 잘 돌아오지도 않았다.

나는 왜 우리 사회에서 '하느님의 말', 아니면 '하느님에 관한 말'이 이렇게까지 힘을 잃었나 하는 고민에 빠졌다. 아마 이런 게 아닐까 싶었다.

첫째, 20세기 후반에 세상에 불어닥친 커다란 바람이다. 그것은 '지구화 Globalization'라는 과정으로 이름 붙여졌다. 사회주의권이 붕괴하고 초국적 자본주의와 정보산업이 발전하면서 이 세상이 하나의 문화권으로 점점 좁아졌다. 이것은 거의 '종교적'으로 보이는 과정이었다. 사람들은 이 지구화를 만들어낸 神, 바로 '돈'을 숭배했고, 견제 세력이 없는 자본주의 시장은 그들의 교회였다. 자본주의는 그들의 종교였으며 자본가들은 그들의 사도였다. 이들은 휴대폰과 노트북 컴퓨터를 들고 전 세계를 도는 전도 여행에 나섰다. 이 '돈교'의 복음은 '돈이 너희를 자유롭게 하리라'였다. 지구의 많은 가난한 나라들이 이 과정에서 부서져 나갔다. 그리고 지구는 이 욕망의 정점인 '돈교'의 노폐물을 견디지 못하고 점점 병들어갔다.

우리나라는 이 과정에서 그 종교를 절대적으로 숭배한 나라 중 하나로 보였다. 그래서 우리도 GNP가 연간 1만 달러 이상인 선진국 계열에 들어간 나라로 여겨졌다. 사람들은 이것을 '한강의 기적'에 이은 '또 하나의 기적'이라고들 했다. 그런데 종교사회학에서는 GNP가 1만 달러 이상 넘게 되면 그 나라의 종교는 쓰러지기 시작한다는 이론이 있다. 이런 나라의 사람들, 특히 젊은이들은 대부분 이제 일요일이면 교회에 가지 않고 레저를 즐기러 나선다는 것이다. 종교는, 특히 기독교는 가난하고 억눌린 자와 함께할 때 그 순수성을 유지할 수 있는 것 같다. 서양 기독교가 로마 제국의 권력과 결탁하면서부터 진정한 힘을 서서히 잃어버렸듯이 우리 기독교도 지구화 과정에서 밀려온 '돈을 숭배하는 종교'와 결탁했을 때 힘을 잃을 수밖에 없는 것 같다. 예수가 말했듯 "하느님과 맘몬재물의 신을 함께 섬길 수 없다."는 예수의 말처럼, 부티가 나면 영티가 사라진다는 어느 목사님의 말처럼. 그러나 지금도 '돈교'에 빠져 타락하지 않은 많은 기독교회들이 군데군데 시퍼렇게 살아 있다. 비록 그들이 소수이기는 하지만 나는 그들의 존재에 감사한다. 그리고 그들이 있기에 나는 기독교회에 대해 포기하지 않는다.

둘째, 한국의 기독교는 지금 세계가 앓고 있는 지구화나 지구 훼손, 혹은 다름의 용납에 대한 목마름과 아픔들에 대해, 혹은 그런 상황에서 나오는 문명 전환에 대해 받아들일 준비가, 그리고 대안을 제공할 준비가 잘되어 있지 않다. 선교사들에 의해 한국에 들어온 기독교는 불행하게도 많은 경우 문자주의와 근본주의 기독교였다. 이렇게 해석의 유동성이 적은, 딱딱하고 가부장적인 기독교가 한국의 유교와 만날 때 그것이 21세기 문명 전환을 위한 활력으로 작용하기에는 당연히 역부족일 수밖에 없다. 그렇게 서로의 다름을 포용하거나 인정할 수 없는 과거의 감성으로는 개방적이거나 투명한, 그리고 다양하고 생태학적인 문명 전환에 대해서 도덕적, 종교적 영감을 줄 수 있는 힘을 만들어낼 수 없다. 아니, 영감을 주기는커녕 새 문명이 오는 데 방해자가 되어 길을 막고 서 있는 경우가 더 많은 것이다.

나는 이제 '여자들이여, 교회에서 잠잠하라' 하고 가르치며 여성에게 안수를 주지 않는 기독교회와는 싸우고 싶지도 않다. 그 전근대성에 어이없는 웃음이 나오면서 저러다간 스스로 '도태'되겠지 하는 생각이 들 뿐이다. 특히 에이즈가 판치는 세상에서, 혹은 에이즈 환자가 30~50퍼센트는 되는 나라에서 가톨릭 신자들에게 "진정한 가톨릭 신자는 콘돔을 쓰면 안 된다"는 가르침을 전파하는 교황청의 의식을 보면서 '노망들었나?' 하는 의문이 들기도 했다. 에이즈가 판을 치는 제3세계의 가난한 사람들에게 콘돔을 쓰지 말라는 것은 죽으라는 말이나 다름없다.

많은 기독교회는 잠자고 있다. 아니면 자신이 하느님 말씀의 유일한 담지자라는 나르시시즘에 빠져 많은 것을 놓치고 있다. 내 학생들은 이것을 일명 '왕자병' 혹은 '왕자암' 말기라고 한다. 세상이 어떻게 돌아가는지, 지구가 어떻게 죽어가는지, 혹은 이 시대에 예수의 사랑과 자유에 대한 비전이 어떻게 새롭게 펼쳐져야 하는지에 대해 시원한 대답을 못 하고 있는 것 같다. 극소수의 선지자만이 교회의 주변에서 외롭게 외치고 있을 뿐이다.

셋째, 교회와 교단, 그리고 신학교 들의 권력 투쟁과 분쟁이다. 이러한 권력 다툼을 잘 들여다보면 우리가 군사독재 아래서 살면서 밖으로 향했던 분노들이 이제는 자기 안으로 스며들고 있다는 생각이 든다. 완벽하지는 않지만 민주화 과정을 거치면서 시민의 정부가 들어섰다. 물론 이 모든 것은 많은 사람들이 희생된 결과 가능했다.

그런데 한국의 민주화는 감성이나 생활양태, 일상적인 관계 양식을 민주적으로 바꾼 것은 아니었다. 밖에 적이 있다고 믿으면서 '그건 너!'라고 하며 독재자를 욕하고 끌어내리느라 에너지를 쓰는 동안 우리 역시 그들을 닮아가게 된 것 같다. 그 독재자들이 사라진 후에도 우리의 삶의 감성과 양식은 '그건 너'로 굳어져 있고, 뚜렷한 적이 사라지자 그 공격적 에너지가 안으로 향하면서 내부 분쟁이라는 양상으로 나타나는 것이다.

불의에 대해 '그건 너!' 하는 것은 위대한 용기이다. 그러나 자신 속에 내재하는 부정의와 억압적 습성에 대해 '역시 나도' 하는 반성이 없다면 한국의 민주화는 체화되지 않은 구호에 그치고 말 것이다. 이렇게 교회가 교단 정치에 에너지를 뺏길 때, 또 신학교들이 교단 속의 억압자들에게 맞서 싸우기보다는 그들과 타협할 때, 좋은 신학과 영성이 발전되기는 어려울 것이다.

이런 상황 속에서 많은 교회들은 예수를 따르는 게 아니라 "예수님 우리를 따라오시지요." 하고 조직 유지와 확대에 거의 모든 에너지를 쓰고 있는 듯하다. 소수의 사람들이 예수운동을 쫓아가기 위해 민중교회, 여성교회 등을 세우면서 노력하고 있지만 거의 다 재정난에 처해서 줄어드는 신도들을 보며 고민하고 있다.

사회 전체와 기독교계 전체의 분위기가 이러한데 이러한 급류를 거슬러 올라간다는 것은 어려운 일일 것이다. 교회가 살아 있지 않을 때 신학이 살아 있기 힘들고, 신학이 예언자적 힘을 잃을 때 교회가 고쳐지기는 힘든 법이다. 도대체 이런 상황에서 신학, '하느님의 말', '하느님에 관한 말'을 한다는 것은 어떤 의미이며, 또 어떻게 하면 다시 초기 예수운동이나 초대 교회처럼 하느님의 말을 다시 살아나게 할 수 있는 것일까? 예수가 목숨을 바쳤던 하느님 나라의 비전을 이 시대에 다시 살려내어 그 생명의 말을 전파하기 위해선 도대체 어떤 신학적 방법이 필요한 걸까? 이것은 신학자의 소명을 받아들인 내게는 사느냐 죽느냐의 절박한 질문이었다.

이런 고민 끝에 나는 신학자로서 이 시대 속에서 나의 소명을 지켜나가기 위해서 나 자신에게 몇 가지 다짐을 하지 않을 수 없었다. 그건 더 이상 현존하는 가부장적이며 권위주의적인 많은 교회 중심 신학자들처럼 되지 않겠다는 것이었다. 나는 타이타닉호처럼 침몰해가는 기존 교회를 위해 신학을 하기보다는 세상과 지구를 위한 신학자가 되기로 했다.

나는 이 짧은 인생을 더 이상 고칠 가능성이 희박한 곳에 쓰기보다는 새로운 대안을 만드는 데 쓰고 싶은 것이다. 또한 나는 상아탑 안에서만 아등바등하는 신학을 하고 싶지 않은 것이다. 나는 더 이상 신을 '설명explain' 하는 신학을 하고 싶지 않다. 이제는 신을 '표현express'하는 신학을 하고 싶은 것이다. 참으로 대중적인 신학을 하고 싶다. 신을 갈망하는 모든 사람들에게 생명의 힘, 진리의 빛이 전달될 수 있는 그런 신학을 하고 싶은 것이다. 또한 '신학', '신학자'라는 이름에 얽매이지 않기로 결심했다. 그 이름을 넘어서서 경계 없는 신의 힘을 그냥 표현하고 싶다. 학문적 분석, 사회운동, 영적인 수련과 예술적 표현이 분리되지 않는 神표현, 神낳음, 神남(신남). 그 神이 태어날 정도로 신나는 기운으로, 통합하고, 변화하고, 초월하는 힘으로 지금 죽어가는 모든 생명들을 살려내고 싶은 것이다.

그러면 이렇게 새로운 소명을 달성하기 위해 노력하는 나의 새 이름은 무엇일까 하고 생각해보았다. 내가 꿈꾸는 새 정체성은 경계를 넘나드는 자Boundary Crosser, 다리를 놓는 자Bridge Builder, 문화 통역사Cultural Translator 등이다.

지구를 몇 바퀴 돌면서 수없이 가슴이 깨지는 동안 무수한 눈물을 흘리면서 나는 내가 교육받아온 세계, 이분법적으로 갈라져 잘 정리된 세계사가 얼마나 많은 거짓말에 물들어 있는가를 두 눈으로 보아버렸다. 나는 이제 이러한 이분법적 도식을 믿지 않는다. 그것은 거의 새빨간 거짓말이다. 살아 있는 어떤 것도 그런 식으로 잘 나누어진 상자 속에 머물러 있고 싶어 하지 않는다.

여자와 남자
동과 서
남과 북

늙음과 젊음

억눌린 자와 억압하는 자

이 세계와 저 세계

흑과 백

인간과 자연

신과 인간

영혼과 육체

에너지와 물질

동성애와 이성애

성holiness과 성sexuality

이런 식으로 잘 정리되고 구분되어 서로 섞이지 않는 세상은 우리 머릿속에만 있다. 진짜 세상 속에서 이것들은 서로가 서로를 그리워하며 이미 서로가 서로의 안에 있었다. 생명체는 양쪽 모두에 해당되기도 했고 또한 그렇지 않기도 했다.

나는 그 생명체들이 태어나는 소리를 듣고 그 소리를 대중들에게 전달하고 싶었다. 신학 강연처럼이 아니라 대중적인 음악회처럼, 록 콘서트처럼, 시골 마을의 축제처럼, 즐겁지만 경건한 제의처럼 그렇게 전달하고 싶었다.

그래서 이런 퍼포먼스 형식의 제의 같기도 하고 축제 같기도 한 표현들을 빌려 영성이나 신학, 에코페미니즘, 그리고 새로운 문명에 대한 메시지를 전달하면서 세계 여러 공동체들과 실험을 해보기도 했다. 이럴 때 일어나는 현상은 강연자와 관객이라는 거리감이 사라진다는 것이었다. 우리는 우리가 만들어갈 세계에 대한 말 없는 토론을 시작했다. 그리고 서로가 가슴을 열고 만나게 된다. 아시아, 아프리카, 라틴아메리카, 유럽, 그리고 북미 등에서 이런 신학적 공연을 가졌다. 뜻이 맞는 무용가, 음악가, 연극인, 화가 등과 함께 만들어갔다.

이런 일을 시작하면서 나는 외국의 여러 기관에서 주는 상을 받았다. 내가 유학했던 외국의 학교들로부터는 '학교를 가장 빛낸 졸업생'으로, 명망 있는 잡지사로부터는 '우리 시대의 가장 창조적인 신학자'라는 과분한 상들을 받았다.

그러나 나의 모교에서만은 달랐다. 외국에서 상을 받은 적이 있는 똑같은 작업의 내용을 이화여대 교수 평가위원회에 제출했다가 빵점을 받았다. 무슨 신학 논문 내용이 이렇게 짧으냐고, 왜 연구한 업적이 드러나는 긴 각주들이 붙어 있지 않느냐고, 신학자가 신학 논문을 써야지 자신이 무슨 연극영화과 교수인 줄 아느냐고 하면서 연극영화과 교수라면 이런 비디오 필름, 시나리오 작업에 점수를 줄 수도 있겠지만 기독교학과 교수는 '깊이 있는', '학문적인', '주가 많이 달린' 논문들을 써야지, 이렇게 '얄팍하고', '비학문적이고', '각주도 없는' 이상한 작업들을 하면 점수를 줄 수 없다며, 앞으로는 '신중한', '진짜 학문적 업적'을 내기 위해 노력하라고 야단을 맞았다.

한번은 이런 몰이해가 너무나도 답답해서 학교의 어른을 찾아가 의논 드린 적이 있었다. 그분은 이렇게 조언을 해주셨다.

"정 선생이 한국에 살고 싶고 여기 교수로 있고 싶다면 여기 기준에 맞출 수밖에 없지 않겠어? 정 선생이 아직은 이곳에서 결정을 할 자리에 있지 않잖아. 그렇게 창조적인 일은 나중에 그런 자리에 올라가거든 해. 아직 정 선생이 그런 평가위원회의 위원장도 아니고, 학교 총장도 아닌데 별수 있겠어? 여기서 살아남으려면 한 10년 동안은 이곳에서 원하는 기준에 맞춰 작업을 해."

역시 예상했던 조언이었다. 사실 이러한 나의 새로운 작업을 수용하고 이해해주지 못하는 것은 이화여대의 학풍 차원의 문제가 아니었다. 그래도 한국에서는 이곳이 나의 학문적 실험들에 대해서 가장 개방적이고 협조적이었다. 그러나 이대 역시 한국 사회 전반에 만연돼 있는 '튀는 다름'을 인정할 수 없는 문화적 기제 속에서 살아남아야 했던 것이다.

나는 이렇게 혼신의 힘을 다한 작업들이 빵점 평가를 받으면서 다름을 수용하지 못하는 한국의 학계를 떠날 생각을 하기 시작했던 것 같다. 앞으로 10년쯤을 나의 내면의 소리에 귀 기울이거나 표현하지 않고 학교의 기준 또 한국 문화의 기준에 맞춰 살고 싶지는 않았기 때문이다. 그렇게 살다 보면 10년 안에 내 안의 신을 장례 치러야 할 때가 올 것 같았다. 그런 식으로 안전하고 적응이 잘된 10년을 보낸다면 나는 내 음악을 연주하는 법을 잊어버리게 될 것 같았다. 독재정권 시절 소설가 이청준이 쓴 『조율

사』라는 장편소설이 있다. 독재자에 의해 연주를 금지당한 오케스트라의 음악가들이 10년을 조율만 하다가 독재자가 사라진 10년 후 연주의 자유가 왔음에도 더 이상 연주할 수 없었다는 이야기다. 그들은 조율만 할 수 있을 뿐이지 연주하는 법을 잊어버린 것이다.

  모교에 있던 창조적인 다른 젊은 교수들(거의 남자들)은 특출한 실력이 있어서인지, 아니면 무슨 도움을 받아서인지, 자기 분야에서 '인정받는' 작업 성과들을 가지고 있었다. 그런데 나의 전공인 '신학'이라는 분야 자체가 가진 보수성 때문인지, 아니면 정말 역량 부족이었는지, 아니면 이 시대에 한국에서 여성으로 태어났다는 거의 '선험적'으로 보이는 핸디캡 때문이었는지, 나 자신의 최선을 보여줄 수 있는 상황은 오지 않았다.

  온 세상이 동양으로, 여성으로, 에코로 눈을 돌리고 있었다. 동양의 깊은 영성과 문화, 그리고 여성들의 살림의 지혜로부터, 또한 생태학적 감수성과 미감으로부터 이 세상을 구할 힘을 찾고 있었던 것이다. 나는 내 존재의 뿌리로부터 올라오는 그 강렬한 힘과 느낌과 예감을 내가 사랑하는 조국에서 마음껏 펼칠 수도 없었고, 격려를 받을 수도 없었다. 그런 나를 격려해주는 존재들은 오히려 밖에 있었다. 그곳에 있는 사람들은 서양의 이성 중심주의와 물질 중심주의, 가부장제 같은 것에 신물이 난 사람들이었다. 서양의 이상의 끝까지 갔다가 부서지면서 다른 대안을 찾는 서양인들은 나의 작업을 이해하고 고마워했다.

  그러나 지금껏 서양의 이성주의, 물질주의를 따라잡기에 분주한 나의 조국은 여전히 '고추들의 행진', 아니, '작은 고추들의 행진'이 정치, 경제,

문화의 대부분을 지배하고 있는 '고추 제국주의'의 식민지였다. 이러한 나의 조국은 '미래에서 온 편지'를 받아서 읽어볼 준비가 되어 있지 않은 것 같다. 그래서 나는 나의 작업을 격려해줄 수 있는 공동체를 찾아 나의 조국을 떠날 수밖에 없었던 것 같다.

공원을 빠져나와 브로드웨이 길로 접어들었다. 비가 심하게 와서 그런지 많은 사람들이 길가의 카페로 들어가거나 아니면 카페의 처마 밑에서 비가 그치기를 기다리고 있었다. 카페에서 스며 나오는 막 갈아서 끓인 신선한 커피 냄새가 비 오는 거리를 따뜻하게, 덜 외롭게 만든다.

이 이상한 뉴욕 인민공화국. 인구의 40퍼센트 정도가 외국 출신인 곳. 사실 미국이라는 나라는 애초부터 생기지 말았어야 하는 나라였다. 유럽 사람들이 들어와 인디언들을 대량학살하고, 감히 '신대륙을 발견했다'라고 선포하면서 생긴 나라가 아닌가? 이 나라는 죄의 씨앗에서 자란 나라이다. 오래전부터 있어왔던 대륙을 신대륙이라고 하면서, 그곳에서 오랫동안 정착해 살아왔던 사람들을 죽이고, '개척자 정신'을 내세워 서부로 서부로 총을 가지고 진출하면서 금만 그으면 자신들의 땅이 되었던 인간들의 나라. 그 후로도 이 큰 땅에 산업을 일으키기 위해 아프리카 흑인들을 잡아다 노예로 쓰면서 2백 년이 넘는 기간 동안 임금 한 푼 없이 일을 시키고 자본을 축적한 나라. 그러고도 모자라 값싼 외국인 노동자들을 데려와 위험한 일을 시키며 세계 제1위의 강국으로 상승한 나라.

이 나라는 오래되고 전통 있는 문화에서 오는 따뜻함이 없다. 또한 오래된 나라에서 알게 모르게 지켜지는 복잡한 법칙도 없다. 아주 단순하고 계산적인 몇 개의 룰이 있을 뿐이다. 그러나 한국 서당 유학자님이 보시면 '쌍놈 문화'라고 할, 이 '룰 적음' 자체가 이곳에 오는 이민자들에게는 커다란 가능성이 되는 것 같다. 즉, 이민자들은 이 나라를 자기 인생의 실험실로 만들 수 있었던 것이다. 물론 많은 사람들이 실험의 실패자로 힘든 삶을 살아가고 있기는 하지만 '무엇이든 할 수 있다!'는 꿈이라도 꿀 수 있게 하는 그 떨림이 내게는 고맙게 느껴지기도 했다.

나 역시 목숨을 건 실험을 해보려고 뉴욕 인민공화국에 왔다. 어떻게 하면 '다름'들이 분쟁과 증오의 대상으로 추락하는 것이 아니라, 관계성의 거름으로 쓰일 수 있나 실험해보고 싶었다. 그래서 그 다름들을 이으면서 태어나는 신의 얼굴을 어떻게 하면 가장 감동적으로 보여줄 수 있는지 알아내고 싶었다.

뿌연 뉴욕의 안개비 속, 저쪽에서 춤추는 사람들이 나타났다. 비 오는 거리에서 이상하게 타오르는 모닥불이 보이고, 만 년은 더 되어 보이는 얼굴들이 춤을 추고 있었다.

최초의 신학자들은
들을 수 있는 자,
볼 수 있는 자,
춤출 수 있는 자였다.

그들은 하늘과 땅을 잇는 사람이었고
이승과 저승을 잇는 사람이었고
삶과 죽음을 잇는 사람이었고
神을 낳는(신나는) 사람이었다.
사람들은 그들을 샤먼 shaman 이라고도 불렀다.

샤먼들은 미세한 세포의 진동에서부터 거대한 우주의 진동까지
다 들을 수 있었다.
우리 귀에 들리지 않는 속삭임, 아우성, 먼 곳에서 오는 파동도
모두 감지할 수 있었다.

그들은 또 모든 것을 볼 수 있었다.
과거와 현재와 미래
기억할 수 없는 태초의 사건과
상상할 수 없는 미래의 시간들을
우주 끝까지 날아가 내려다볼 수 있었다.

그들은 이 엄청난 앎들을
주파수가 맞지 않는 다른 사람들에게 가르쳐줄 수 없었다.
그 앎은 설명할 수 있는 것이 아니었다.
오직 경험할 수밖에 없는 것이었다.

그래서 그들은 그들의 앎의 경험을 그냥 표현했다.
그래서 그들은 그냥 있는 그대로 노래하고 춤을 추었다.

그러면서 그들은 '거미 여인'처럼
자기 온몸에서 짜낸 앎으로 세상의 '다름'을 이어갔다.
하늘과 땅을
이승과 저승을
삶과 죽음을
인간과 신을
인간과 자연을
인간과 인간을
우리는 그들의 작업을 '거미 여인의 키스 Kiss of the Spider Woman'라 부른다.

이 작업은 키스하는 마음으로 하지 않으면 이루어질 수 없다.
그 '다름'이 연결될 수 없다.
키스처럼 경계가 허물어질 때,
'Boundary Crossing'이 가능해질 때,
에고 ego 가 사라질 때,
그 순수함 속에서 끊어졌던 것이 이어지는 것이다.
'Bridge Building'이 되는 것이다.
이때 神이 탄생한다.

거미 여인은 神을 낳는 사람이다.
神나는 사람들이다.
이런 사람들이 삶이라는 날카로운 작두 위에서
神나게 춤출 수 있는 사람들이다.

순수하지 않으면 베인다.
비어 있지 않으면 베인다.
깨어 있지 않으면 베인다
神이 내리지 않으면 베인다.
神을 낳지 않으면 베인다.
神나지 않으면 베인다.

神나지 않을 때, 모든 것이 다시 끊어진다.
발과 다리가
다리와 몸통이
몸통과 팔이
목과 몸통이
그리고
하늘과 땅
이승과 저승
삶과 죽음

인간과 神

인간과 자연

자연과 神

인간과 인간

인간, 지구, 우주, 神

모두 다시 끓어진다.

그래서 우리 시대 신학의 메타포는
'거미 여인의 키스'이다.
'작두 위에서의 춤'이다.

벌써 두 시간을 걸었나? 어느새 수도원 같은 학교 건물이 보였다. 분주한 브로드웨이를 뒤로하고 1백 년이 넘는 돌집 속으로 들어갔다. 녹음이 우거진 건물 속 정원의 푸른 잔디가 비를 맞아 더 푸르게 보였다. 우산을 접고 중세 수도원 같은 긴 복도를 걸어 나의 집에 도착했다. 시간이 정지된 나의 집, '여신의 신전'. 여신방에 들어가 선순화 목사를 위해 촛불과 향을 켰다. 발리 섬의 시골 골동품 상점을 뒤져 찾아온 지혜와 학문, 예술의 여신인 '사라스바티'가 오늘 따라 더 크게 보였다. 한참 그녀의 깊고 깊은 눈을 들여다보았다. 미국의 유명한 생태학적 여성신학자 샐리 맥페이그Sallie McFague는 굳이 신학의 장르를 말한다면 '픽션'에 가깝다고 했다. 그리고 유니언 신학교에 있는 나의 동료이자 세계에서 가장 존경받는 페미니스트 구약학자인 필리스 트리블은 성경과 신학은 인간이 하느님을 향해 쓴 '러브 레터'라고 했다.

이렇게 비 오는 날은, 이렇게 친구를 잃고 눈물을 흘리는 날은 그러한 러브 레터를 쓰기에 제일 적당한 날이다. 나는 여신방에 깔린, 아프가니스탄의 가난한 여성들이 짠 빨간 카펫 위에 앉아 러브 레터를 쓰기 시작했다.

헌시

순화
처음 보았을 때
'저렇게 못생긴 여자도 있구나' 생각했다.

두 번째 보았을 때
'얼굴은 못생겨도 생각은 멋있구나' 생각했다.

세 번째 보았을 때
'참 예술적으로 생긴 속 깊은 여자구나' 생각했다.

네 번째 보았을 때
'아, 좋은 여자. 껴안아주고 싶다' 생각했다.

다섯 번째 보았을 때

은근히 손을 잡았다.

그때 그녀가 하는 말

"내가 그 마음 알지."

여섯 번째 보았을 때

와락 껴안았다.

그때 그녀의 말

"나도 네가 좋다."

일곱 번째 보았을 때

병원 하얀 시트 속에 누워 있던 그녀.

그래도 웃으면서 내게 말했다.

"나 빈궁마마야, 이제.

쓰지도 않는 거, 잘 처리했지?"

여덟 번째 보았을 때

건들건들 춤추던 그녀.

신명이 나야 병이 낫는다고

건들건들 걷던 그녀 따라

나도 건들건들 출렁출렁 춤추고 다녔다.

아홉 번째 보았을 때
빛나던 그녀.
생명신학 쓰면서 산을 올랐다.
옛날, 나무 키우던 임학도 실력으로
신학나무, 꿈나무를 심고 있었다.

열 번째 보았을 때
스러져가던 그녀.
먼 곳 바라보며
우리 껍질 부수던 그녀의 한마디 말,
"열심히 놀아라."

열한 번째 보았을 때
숲 속을 날던 그녀.
"놀랐지?" 하며
내게 날개를 달아주었다.

열두 번째 보았을 때
생명나무 심던 그녀.
"야, 너는 이제 실컷 놀았잖아.
이젠, 시시한 신학책 쓰느라고

나무 자르지 말고

나무 생명 아깝지 않은

그런 책이나 좀 써봐라

네 온몸으로……."

내 자궁 속에서 자라나는

생명나무

마고할미가

몰고 오는 시원한 소낙비

촉촉이 젖어드는

우리의

푸

른

몸.

거실에 나가 밥 말리의 《레전드Legend》 CD를 틀었다. 밥 말리, 내 힘든 20대, 30대를 지켜준 남자. 그의 노래들은 내게 노래가 아니라 '공수'이다. 모두 〈No Woman No Cry 여자여, 울지 마오〉이다. 볼륨을 있는 대로 높였다. 그의 신들린 목소리가 온 집 안을 가득 채운다.

   No, woman, no cry…….

No, woman, no cry·······.

나는 그의 노래를 있는 대로 큰 소리를 내어 따라 부르며 온몸을 흔들면서 춤을 추었다.

그녀가 들으라고······.

그녀가 느끼라고······.

그녀가 춤추라고······.

눈물이 흐른다.

Yes, yes, oh, yeeeeees.

No, woman, no cry.

Oh, oh, oh, no, woman, no cry·······.

Goodbye, my dear friend.

I will see you soon!

뉴욕의
새 친구들

Dreaming in the People's Republic of New York

뉴욕을 잠깐 방문하는 사람들은 말한다.
"아니, 이렇게 요란하고 위험하고 삭막한 곳에서 어떻게 살아?"
외지인들은 이렇게 불평을 늘어놓는 반면, 이곳에 사는 뉴요커들은 이곳에 산다는 것을 무슨 특권처럼 여기는 것 같다. 그들은 이곳에 사는 것을 전쟁터에서 승리한 사람이 갖는 특별한 권한처럼 느끼는 것이었다. 뉴요커들은 자주 이렇게 말한다.
"뉴욕에서 찾을 수 없다면 이 세상 어디에도 없다."
무엇이든 세계 1위라고 생각해온 이곳 사람들은 아무리 심한 스트레스라도 견딜 수 있는 특수한 종자들로 변종되어온 것 같다.
뉴욕에서 받는 수많은 스트레스 중에서도 특히 내성을 강하게 키워야만 이겨낼 수 있는 것이 바로 '외로움'이다. 뉴욕의 이혼율은 거의 70퍼센트에 달한다고 한다. 아마 이 정도의 이혼율을 가진 나라는 쿠바 외에는 찾기 힘들 것 같다. 직업, 교육, 의식주와 같은 문제를 여성 스스로 해결할 수 있는 곳, 쿠바. 사회주의 국가 쿠바에서는 남자에게 의존할 이유가 없다. 유니언 학생들과 쿠바에 갔을 때 왜 그렇게 이혼율이 높은지 물어보았다. 그들은 그 이유를 '정열'이라고 답했다. 정열이 없어지면 더 이상 같이 있을 이유가 없다는 것이다.

많은 면에서 뉴욕은 미래 사회가 실험되는 곳이다. 세계의 수많은 인종과 서로 다른 문화 속에 있는 사람들이 이곳에 와 살면서 많은 실험이 이루어진다. 그리고 뉴욕은 서로 다르면서 어떻게 같이 잘 살 수 있을까 하는 실험의 결과가 어떤 식으로 나타날 수 있는지를 보여주는 표본인 셈이다.

그중에서도 가장 눈에 띄게 나타난 결과는 전통적인 가정의 붕괴였다. 많은 뉴욕의 유치원과 초등학교에서는 더 이상 예전의 정상적인 가족을 '정상'으로 가르치지 않는다. 엄마 아빠가 다 있고, 그들이 아이를 함께 키우는 가정은 거의 없다. 그들은 대체로 편모 편부의 품에서 자라났고, 부모의 재혼으로 인해 새엄마와 새아빠를 둔 경우가 많았다. 뿐만 아니라 근래에는 레즈비언이나 게이 가정에서 자라는 아이들은 엄마 아빠 대신 엄미 엄미, 아빠 아빠기 자신들의 '자연스러운' 가정이라 생각하고 자라난다. 요사이는 이혼한 아빠들이 아이를 반반씩 키우자고 하면서 엄마와 법정 투쟁을 벌이는 경우도 많다. 하지만 여성 법률가들은 가족 개념이 원시시대처럼 엄마와 아이들 단위로 재조정되어야 한다는 새로운 가족법 이론을 펴기도 한다. 왜냐하면 아직도 아이를 엄마에게 맡기고, 아버지의 의

무로부터 도망가버리는 남자들이 더 많기 때문이다.

  이런 분위기 때문인지 뉴욕은 싱글로 사는 것이 더 어울리는 곳이다. "초라한 더블보다는 화려한 싱글이 되라"는 말이 정말 잘 먹히는 곳이다. 그래서 그런지 많은 사람들이 혼자서 산다. 새천년을 맞이하던 시기에 한 방송국에서 미국 사회에 대한 평가가 어떻게 바뀌고 있는지에 대해 이렇게 말했다. 그전에는 미국 사회를 '멜팅 폿Melting Pot', 즉 함께 서로 다름을 녹여가며 섞여 사는 사회의 상징이라고 보았다. 그다음으로는 '샐러드바Salad Bar', 샐러드 뷔페처럼 서로 비슷해지지는 않지만 서로의 다름을 인정하면서 사는 사회라는 것이다. 하지만 밀레니엄을 맞이하며 본 미국 사회는 그런 이상적인 사회가 아니라 했다. 그저 '홈 얼론Home Alone', 혼자 집 보는 아이를 그린 영화의 제목처럼 단지 극도의 개인주의에 빠져 혼자 사는 사회일 뿐이라는 것이다. 혼자 텔레비전 앞에 인스턴트 음식을 놓고 앉아 1백 개도 넘는 텔레비전 채널들을 리모컨으로 바꾸고 있는 모습. 그것이야말로 20세기 말 미국 사회의 전형이라는 것이다. 설득력 있는 말이다. 뉴욕이라는 곳은 혼자 사는 외로움을 어떤 식으로든 잘 견뎌내지 않으면 생존 자체가 어려운 곳이다.

  이러한 뉴욕 사회에서 진정한 친구란 마치 생명줄 같은 것이다. 미국 속담에 "친구는 네가 선택한 가족이다Friends are family you choose"라는 말이 있다. 모든 것이 빨리 피었다가 빨리 시들어버리는 이 도시의 속도와 허무함 속에서 믿을 수 있는 친구가 있다는 것은 사막에서 오아시스를 만난 것 같은 든든함이다.

처음 혼자서 뉴욕에 왔을 때 나는 매일 세 끼를 혼자 먹고, 혼자 박물관에 가고, 혼자 공연을 보러 다니는 것에 쉽사리 익숙해지지 않았다. 어느 날, 어린 시절 소꿉장난하던 때처럼 이 방 저 방 혼자 다니면서 그림 속에 있는 여신들과 중얼거리면서 대화하는 나를 발견했다. 나는 내 정신이 이상해지고 있다고 느꼈다. 그때 이곳에서 '객지 사람'처럼 혼자 외롭게 지내는 것을 그만하고 뉴욕 '현지인'으로 즐겁게 살아야겠다는 생각이 들었다. 나는 친구를 만들기로 결심했다. 이제는 외로움을 달래기 위해 시간을 보내는 그런 친구에게는 관심이 가지 않았다. 내가 꿈꾸는, 생명을 키우는 사회운동과 학문, 예술과 영성을 나눌 수 있는 친구. 이런 친구들을 찾고 싶다고 기도했다.

내가 만났던 진정한 친구들은 모두 내 인생의 진로에 변화를 주었던 사람들이다. 그들은 마치 내가 올 때를 기다렸다는 듯이 적재적소에서 내 앞에 나타났다. 뉴욕에 온 후 내게 가장 많은 위로와 격려를 해준 친구는 글로리아 스타이넘이었다. 그녀는 나에게 꿈을 심어주는 멘토르_{오디세우스가 자기 아들의 교육을 맡겼던 좋은 벗}처럼 나타나서 세계의 여성운동과 나를 연결시켜주는 후원자가 되었다.

내가 글로리아를 처음 본 것은 거의 13년 전이다. 그 당시 뉴욕에서 같이 유학 생활을 하고 있던 류숙렬 씨가 글로리아 스타이넘이라는 페미니스트의 강연을 보러 가자고 나를 초대했다. 항상 신문과 잡지를 통해서만 보던 그녀를 실제로 보니 매스컴에서 볼 때와는 또 다른 모습이었다. 그녀는 그날이 자신의 쉰 번째 생일이라고 소개했다. 관중들은 환호하며 박수를 쳤다. 아무리 봐도 서른다섯 정도로밖에 보이지 않는 젊은 아름다움이 그녀에게 있었다. 모델처럼 날씬한 몸매에 까만 미니 원피스를 입고 까만 부츠를 신고 미국 인디언들이 만든 큰 은색 벨트를 허리 밑에 걸친 긴 금발 머리의 미녀. 아무리 봐도 쉰 번째 생일을 맞은 여성으로는 보이지 않았다. 사람들의 열광적인 환호에 그녀는 "이런 모습이 여성운동가가 쉰 살 생일을 맞은 모습이지요."라고 답변했다. 그녀는 매일매일이 여성에게는 혁명적인 순간이며 여성들은 순간순간 가부장적 지배와 종속의 질서를 평등과 나눔의 질서로 바꿔가는 혁명적인 작업들을 해야 한다고 역설했다. 그날의 그녀 모습이 내게 강하게 각인되었다.

그러다 몇 년 후 이화여대 교수로 재직하고 있을 때 미국에 있는 여성 영화감독으로부터 초청을 받았다. 세계 여러 나라의 페미니스트 15명을 시카고에 있는 여성박물관으로 초청해서 다음 세대 여성들을 위한 영화를 만들자는 것이었다. 15명의 페미니스트들이 둥근 식탁에 앉아 21세기를 살아갈 딸들에게 남기고 싶은 말을 나누는 다큐멘터리였다. 영화의 제목은 '딸들에게 주는 편지'였다. 그곳에는 오직 내가 책으로만 접했던 세계적인 여성운동가들이 와 있었다.

그중에 인도의 여성운동가로 나의 멘토르이자 친구인 데바키 자인Devaki Jain도 있었다. 그녀는 'DAWN'이라는 제3세계 여성들을 위한 대안적 경제 단체를 만든 장본인이다. 글로리아 역시 그녀와 절친한 친구 사이였다. 글로리아가 스미스 여대 재학 시 교환 학생으로 인도에 갔을 때 만난 친구가 데바키였다. 그 후 몇십 년 동안 이들은 절친한 페미니스트 운동가로 함께 우정을 나누어왔다. 나와 글로리아는 데바키와의 관계 때문에 금방 친구가 되어 편하게 이야기할 수 있었다. 영화 촬영이 끝나고 데바키와 내가 호텔 침대에 누워 이야기를 하고 있는데 글로리아가 찾아왔다. 데바키는 나와 글로리아를 서로에게 정식으로 소개시켜주었고, 그날 우리는 함께 여러 이야기를 나누었다.

당시 나는 라틴아메리카 출신의 국제 인권변호사와 결혼을 할까 말까 망설이고 있을 때였고, 결혼에 관계없이 빨리 아이를 낳을 것인지, 아니면 이 관계를 더 두고 볼 것인지를 놓고 고민하고 있었다. 나는 연애와 결혼, 아이 낳는 문제에 대해서 이 두 '왕언니들'에게 상담했다. 데바키는 부모님이 강력하게 반대했지만 다른 카스트의 남자와 결혼을 하고 아이를 낳았다고 했다. 그녀는 지금의 남편을 만나 아이를 낳았다는 것이 자신의 일생에서 가장 좋은 결정 중 하나라고 말했다. 한편 글로리아는 자신이 지금까지 결혼을 안 하고 아이를 낳지 않은 것이 제일 좋은 결정이었다고 말했다.

나는 두 선배의 말을 들으며 결혼과 출산이라는 것이 인생에 있어서 필수과목이 아니라 선택과목이라는 생각을 하게 되었다. 결혼과 출산은 개인적 선택일 뿐이다. 어쨌든 예순이 다 된 두 여성운동가들의 모습은 각각 나름대로 충만하고 아름다워 보였다. 그날 밤 우리는 남자와 섹스, 결혼, 아이, 우리의 일에 대한 많은 이야기를 나누었다. 글로리아는 뉴욕에 오면 반드시 자기 집에 머무르라고 친절하게 초대했다.

얼마 후 나는 스티븐 스필버그의 〈쉰들러 리스트〉를 보게 되었다. 그 영화처럼 우리나라의 종군위안부 문제 역시 극영화로 만들어 전 세계에 알려야 한다는 생각이 들었다. 그렇게 해서 세계의 여론을 일으킨 후, 일본이 종군위안부 할머니들과 우리나라에 정중히 사과하게 만들어야겠다는 생각을 갖게 되었다. 그런 국제적 압력 없이는 일본이 공식 사과, 왜곡 교과서 정정 등을 할 것 같지 않다. 나는 이 영화를 만들기 위해 스필버그를 직접 만나고 싶었다. 그러나 길이 없었다.

글로리아의 제일 친한 친구 중 앨리스 워커라는 사람이 있는데 그녀는 영화 〈컬러 퍼플〉의 원작자이다. 〈컬러 퍼플〉이 스필버그에 의해 영화로 만들어지는 동안 글로리아와 스필버그 역시 잘 아는 사이가 되었다 한다. 그녀는 나를 위해 스필버그에게 직접 전화를 해주고, 스필버그에게 그녀가 친필로 쓴 팩스 편지도 보내주고, 나를 드림웍스 팀과 만나게 도와주었다. 그러나 드림웍스는 종군위안부 이야기에 미국 주인공이 들어갈 여지가 없어서 흥행성이 없다는 이유로 나의 제안을 받아들이지 않았다. 그 후로도 글로리아는 그 영화를 만들기 위해 내게 제안을 많이 해주었다.

글로리아는 최선을 다해 나와 미국의 여러 세계를 이어주었다. 내가 유니언에 올 적에도 그녀는 나를 위해 열심히 로비를 해주었고, 많은 여성 집회에 나를 여사제로 초청해주기도 했다. 글로리아의 파트너로 파티와 집회에 가는 것이 내게는 너무나도 즐거운 '외유'였다. 항상 심각한 이야기만 하는 신학자들과만 있다가 글로리아가 사는 '동네'에 가서 놀다 보면 마치 가장무도회에 온 것만 같이 느껴졌기 때문이다.

하루는 CNN 사장 테드 터너의 생일 파티에 글로리아가 초청되었는데 그녀는 나와 파트너로 함께 가고 싶다고 했다. 그런 큰 파티에 글로리아의 파트너가 되어 분장하고 가는 것은 어떤 것일지, 미국 사람들은 어떻게 노는지를 보고 싶었다. 그러나 더 큰 호기심을 동하게 한 것은 CNN 사장과 결혼한 여배우 제인 폰다를 보고 싶은 마음이었다. 나는 제인 폰다를 영화배우로 좋아했다. 글로리아는 까만 턱시도를 입기로 했고, 나는 베이징 뒷골목 골동품 상점을 뒤져서 산 빨간색의 오래된 비단옷을 입기로 했다. 골동품집 아저씨는 이 옷이 중국의 마지막 여왕이 입던 옷이라고 새빨간 거짓말을 했지만, 어쨌든 나는 '귀신 붙은 옷' 같은 그 앤틱 드레스가 좋았다. 나는 〈패왕별희〉의 경극배우 같은 기분으로 글로리아와 같이 각본을 짠 가장무도회 연극에 즐겁게 참여했다.

리무진을 타고 약속 장소에 내리자마자 글로리아와 나는 팔짱을 끼고 다정하게 파티장을 향해 걸어갔다. 우리를 보자 파파라치들이 사진을 찍어대며 어떤 관계인지 질문을 퍼붓기 시작했다. 그리고 나보고 중국에서 온 여배우냐고 물었다. 나는 웃음을 겨우 참으며 "배우는 배우인데 금성에서 온 배우지요."라고 대답했다.

파티는 미국의 유엔 대사가 그의 친구 테드 터너를 위해 연 것이었다. 그가 나와서 파티의 참석자들에게 환영 인사를 했다. 그러면서 왜 자신이 테드 터너의 생일 파티를 열어주고 싶었는지 그 사연을 이야기했다.

어느 날, 오랜 친구인 테드 터너와 점심을 먹는 중에 테드 터너가 자기에게 요사이 유엔 일이 어떠냐고 물었다는 것이다. 유엔에 빚이 많아 고민이라고 하자, 얼마나 있길래 그러느냐고 테드 터너가 물었다 한다. 그가 "10억 달러."라고 하자 테드 터너가 "걱정 마. 그 정도는 내가 해결해줄 수 있어." 하면서 그 돈을 그에게 마련해주었고, 그게 너무나도 고마워서 이런 자리를 만들었다는 것이다. 나는 그 이야기를 들으면서 그 돈이면 제3세계에 있는 모든 여성기관을 도와주고도 남겠다는 생각이 들었다. 그 많은 돈을 세상을 바꾸는 데 큰 영향을 못 미치는 지금의 유엔에 준 것이 '낭비'라고 여겨졌다. 글로리아도 나의 생각에 동의했다.

그날 나는 신문과 텔레비전에서만 보던 많은 사람들을 만났다. 글렌 클로스, 주디 콜린스, 수전 서랜던 등……. 그리고 글로리아와 함께 즐거운 시간을 보냈다. 제인 폰다가 나와서 감사 인사를 했는데 그녀는 더 이상 반전운동과 여성운동을 하며 강력한 힘을 뿜어대던 예전의 그녀가 아니었다. 그녀는 뭔가 불안해 보였고, 그 야성적인 힘은 다 없어진 것만 같았다. 너무 강력한 남자와 결혼해서 그렇게 된 것은 아닐까 하는 생각이 들었다. 마치 여신들이 어떤 남신의 파트너가 되는 그때부터 신체 사이즈가 작아지고, 얼굴도 그저 '아름다운' 얼굴로 변하는 것처럼. 글로리아에게 그 이야기를 했더니 그녀 역시 같은 생각이라고 했다. 글로리아는 자연식과 운동을 강조하며 엑서사이즈 미디어 왕국을 만든 제인 폰다가 테드 터너와 결혼한 후 주름살을 없애는 성형을 할 정도로 많이 변한 것이 가슴 아프다고 했다.

글로리아는 나의 삭막한 뉴욕 생활을 따뜻하고 즐거운 생활로 바꿔주었다. 그리고 페미니스트가 어떻게 하면 우아하고 즐겁게, 그리고 세상에 공헌하면서 신나게 늙어갈 수 있는지를 온몸으로 보여주는 나의 친구이자 멘토르가 되었다. 나는 무슨 일이 있든지 그녀와 의논하게 되었고, 좋은 일이 있으면 그녀와 기쁨을 나누었다.

　글로리아는 여러 면에서 나를 계속 놀라게 했다. 유명한 페미니스트 잡지 『미즈』와 미즈 재단을 운영해나가면서도 계속 책을 써냈고, 미국 사회와 세계의 위기들에 대해 여성주의자로서 의견을 내놓았다. 뿐만 아니라 즐거운 일을 끊임없이 만들어냈다. 자신의 생일 파티에 과거 자신이 사귀었던 세 명의 남자 애인들을 한꺼번에 초대하기도 하고, 미국 대통령의 섹스 사건에 대해 어떻게 생각하느냐는 기자의 말에 대해 "빌은 자기 소신대로 사는 거예요. 60년대 그 남자가 대학 다닐 때 모토가 '전쟁을 만들지 말고 사랑을 하자make love, not war'였잖아요? 그러니까 자신의 모토에 충실한 거지요. 그래도 로마 교황처럼 섹스를 안 하는 남자보다는 섹스를 많이 하는 남자가 대통령을 하는 사회가 더 안전한 사회라고 생각해요."라는 식으로 위트 있고 위험한 대답을 했다. 또 내가 아이를 낳고 싶다고 노래하는 날이면 "빨리 정자 은행에 가서 남자 번호 175번하고 애를 만들어. 네가 애를 낳으면 내가 키워줄게." 하면서 항상 놀랍고 즐거운 언니로, 동료로, 멘토르이자 친구로 나의 옆에 있어주었다. 글로리아의 이런 점 때문에 사람들이 그녀를 좋아하는 것 같다. 많은 사람들이 글로리아를 '삭막한 뉴욕을 작은 마을의 사랑방처럼 느껴지게 만드는 사람'이라고 평가한다.

　글로리아가 내게 미국과 세계의 여러 사회운동의 창문을 열어주는 뉴욕의 새 친구라면, 영성과 글쓰기 세계의 창문을 열어주는 친구는 앤드루

하비이다. 그는 40대 중반에 벌써 30권이 넘는 책을 써낸 베스트셀러 작가이다. 그는 나를 영성과 예술의 세계로 초대했다. 인도인 아버지와 영국인 어머니를 둔 앤드루는 인도에서 태어나 11세까지 인도 남부에서 살다가 후에는 영국의 런던에서 자랐다. 옥스퍼드 대학을 졸업하고, 20대 초반에 옥스퍼드 스칼러로 초대된 앤드루는 기막힌 성공에도 불구하고 모든 것이 덧없이 여겨져 인도로 순례여행을 떠났다. 그리고 몇 년 후 유럽으로 다시 돌아와 파리에 살면서 작가로 활동하다가 지금은 미국 서부의 사막에서 글을 쓰며 살고 있다.

사실 나는 한국에 있을 때부터 앤드루 하비에 대한 이야기를 들어왔다. 그가 쓴 책도 읽었고, 그가 강연한 육성 테이프도 사서 들었다. 그러다 뉴욕에 온 후 '신화전문박물관' 관계 일로 그와 우연히 만나게 되었다. 신화전문박물관은 뉴욕에서 세 번째로 큰 박물관이 될 예정이었다. 이 박물관은 2차 세계대전 중에 나치의 유대인 학살 현장에서 생존한 폴란드계 유대인의 아들에 의해 세워지는 개인 박물관이다.

이 박물관의 주인인 도널드 루빈은 어린 나이에 홀로코스트의 아픈 기억을 가슴에 안고 돈 한 푼 없이 미국으로 건너와 잡부로 일하기 시작했다. 그러다 의료기구 파는 일과 보험 일을 하게 되었고, 그 일들이 성공에 성공을 거듭해 거부가 되었다. 그는 1959년 중국에 의해 티베트가 잔인하게 파괴당해 많은 티베트 사람들이 티베트를 떠날 때부터 그의 부인 셀리와 함께 티베트의 종교적인 그림과 다른 예술 작품들을 모아들였다. 처음에는 인간의 모든 아름다움과 추함을 숨기지 않고 그대로 보여주는 티베트 작품들이 그냥 너무 좋아 하나둘씩 사들였다 한다. 그러다 중국 문화대혁명 때 티베트의 사원들과 종교적 작품들이 홍위대에 의해 무참히 파괴당하기 시작하자 인류 문화 보전이란 사명을 가지고 티베트의 국보급 작품들을 사들이기 시작했다. 이들 부부의 소장품은 1천5백 점가량이 된다. 도널드와 셸리는 이 작품들을 자신의 집들과 회사에 걸어놓고 보다가 더 많은 사람들과 공유해야겠다는 생각을 하게 되었다. 그들은 '도널드와 셸리 루빈 재단'을 만들어 박물관 건립을 시작했다.

이 박물관은 소호의 얄팍한 상업예술에 싫증을 낸 많은 첨단 예술가들과 전시장이 군집한 첼시 가街에 자리 잡고 있다. 셸리와 도널드는 16가에 있던 '바니스Barneys'라는 7층짜리 백화점을 사들여 그 건물을 완전히 새롭게 수리해 신화 관련 세계 유물들을 일별할 수 있는 신화박물관을 만들고 있었다.

그들은 신화박물관의 전망과 콘셉트를 정하는 모임에 세계 각국의 유명한 박물관장과 예술감독, 건축가와 화가, 조각가, 심리학자, 영화인, 작가, 교육가 등 20여 명 정도의 사람들을 초청했다. 나는 세계에서 제일 큰 성공회 성당인 세인트 존 더 디바인St. John the Divine의 짐 모튼 신부님 추천에 의해 여성신학자이자 종교학자로서 이 작업에 참여하게 되었다. 사흘간의 워크숍은 내가 참석했던 그 어떤 세미나보다 참신하고, 비전 있고, 가슴 뛰게 하는 모임이었다. 내가 워낙 티베트의 종교 문화를 좋아해서도 그렇지만, 여러 분야에서 세계적인 전문가들과 세계 최초로 만들어지는 새로운 신화박물관의 방향을 정해나가는 작업이 내게는 가슴 두근거리는 일이었던 것이다. 마치 문명 전환의 비전을 보는 것 같은 종교적인 경험이었다.

그들과 대화하면서 나는 21세기의 문화적이며 영적인 사도들은 그 누구보다도 바로 여기 모인 예술가들이 아닐까 하는 생각이 들었다. 특정 종교의 교리를 설파하거나 개종을 설득하는 것이 아니라, 교리의 이름을 넘어서서 가장 성스러운 인간의 근원과 아름다움을 통해 진리를 개인적이고도 직접적으로 경험하게 하는 것, 그것이 21세기의 대안적인 종교 같았다. 박물관의 콘셉트를 정함에 있어 중요한 것은 단순히 '보는 박물관'이 아니라 '경험하는 박물관'을 만들겠다는 신념이었다. 신화적이거나 영적인 주제를 가장 직접적으로 '경험'하는 장소와 기회들을 만들자는 것이 이 박물관의 목표였다.

내가 이 과정에서 공헌한 것이 있다면 그들이 카페로 쓰려고 했던 지하실을 신적인 여성성이 드러나는 영구 전시장으로 만든 것이었다. 그 박물관의 지하실에는 인도 힌두교의 요니yoni 모양을 한 분수가 있었는데, 이탈리아의 건축가와 파리의 건축가가 그것을 부수고 더 큰 공간을 만들자고 제안했다. 나는 그 제안에 반대하면서 세계 종교의 기본 상징인 자궁의 중요성을 강조했다. 21세기 문명 전환의 핵심이라고 생각하는 신적인 여성성의 부활과 여성적인 부드러운 변화의 상징인 물, 그리고 창조의 힘인 자궁을 상징하는 요니를 없애면 안 된다고 강력하게 주장했다. 다시 말해 여성적인 상징의 힘이 이 신화박물관의 기본이 되어야 한다고, 신학적인 근거를 대며 참가자들을 설득시켰던 것이다.

그때 나를 도와준 사람이 바로 앤드루 하비였다. 내 맞은편에 앉아 있던 남자. 그는 까만 양복에 까만 와이셔츠, 프렌치레드의 빨간 넥타이를 단정히 매고, 베토벤 같은 머리 모양을 한 아름다운 젊은 남자였다. 그는 내가 무슨 이야기를 하든 환하게 웃으면서 열심히 고개를 끄덕였다. 그리고 그가 입을 열어 이야기할 때 나는 바로 저 이야기를 듣고 싶었다고 생각했다. 마치 내 영혼의 가장 깊은 곳에서 나오는 이야기 같았다. 그것은 마치 내가 그의 입을 빌려 이야기하는 것 같은 경험이었다. 그의 말 속에 들어가 있는 단어 하나하나가 바로 내가 늘 고르던 단어들이었다. 나는 마치 나의 쌍둥이 남매를 만난 기분이었다. 앤드루와 나는 우리 삶에서 어둡고, 젖어 있고, 따뜻한 그곳, 자궁에서 모든 생명이 일어나는 그 이치에 대해 설명했다. 자궁은 에너지의 근원이며 새 문명이 만들어지는 곳이라는 것을 앤드루와 나는 마치 연극의 파트너처럼 말을 주고받으며 모든 참여자들에게 설명해나갔다. 박물관 건립자인 도널드와 융 학파 심리학자들이 우리 주장에 동의하기 시작했고, 나머지 사람들도 결국은 우리에게 설득당한 듯했다.

우리는 지하층을 '탄생'이라는 이름으로 개관하여 그곳에서 영구히 신적인 여성성을 주제로 한 전시회를 갖기로 결정했다. 앤드루와 나는 여러 가지를 제안했다. 박물관에 명상실을 마련할 것, 장애인들과 가난한 사람들을 위한 프로그램을 만들 것, 진정한 신화적 체험을 위한 다양한 장치들을 마련할 것을 제안했다.

그날 밤 도널드와 셸리의 저택에서 디너파티가 있었다. 앤드루와 개인적으로 대화할 기회가 생겼다. 앤드루는 내게 먼저 다가와서 디저트를 가져다주어도 되겠느냐고 물었다. 내가 고맙다고 하자 그는 여러 가지 디저트를 이것저것 골라 담아 왔다. 나는 그가 담아 온 디저트를 보면서 그가 분명 게이일 거라고 생각했다. 이성애자 남자라면 이렇게 디저트를 예쁘고 섬세하게 차려서 가져올 리가 없을 거라 생각한 것이다. 더구나 그는 내 마음을 사로잡는 아름다운 남자였다. 내 경험에 의하면 이런 남자는 십중팔구 게이였다.

그와 디저트를 먹으며 나는 회의 중에 그가 이야기할 때 느꼈던 이상한 경험에 대해서 말하지 않을 수 없었다. 그가 입을 열 때마다 마치 내 입으로 말하는 것 같은 이상한 '신화적' 경험을 했노라고, 나는 이야기했다. 앤드루는 나의 말에 눈을 동그랗게 뜨고 환하게 웃으며 대답했다. 자기도 똑같은 경험을 했다고. 그 역시 내가 입을 열 때마다 자신이 말하는 것 같았고, 자기도 내가 혹시 전생의 쌍둥이 여동생이 아니었을까 하고 생각했다고 했다. 내가 말할 때 자신도 그다음엔 내가 또 무슨 말을 할까 너무 궁금했고, 그러다 내가 다시 입을 열면 자기가 하고 싶은 말을 단어까지 그대로 말해서 놀라웠다고 했다.

우리는 헤어졌던 이산가족을 만난 것처럼 밤늦도록 우리의 삶에 대해 이야기했다. 그렇게 열심히 떠들고 있는데 한 노부부가 우리 쪽으로 걸어오더니 "아들아, 집에 가자!"라고 소리쳤다. 나는 깜짝 놀라 부모님이시냐고 물어보았다. 그들은 그의 대부, 대모로서, 이름을 들어 잘 알고 있는 헨리 루스 3세와 레일러 루스였다. 헨리 루스 3세의 아버지인 헨리 루스는 『타임』지를 만든 사람인데 그는 자신의 재산을 다 털어 헨리 루스 재단을 만들어 아시아의 많은 사회기관과 교육기관을 도와주었다. 그의 아들인 헨리 루스 3세가 재단을 물려받았는데 그 재단은 유니언 신학교에 제3세계 학자 한 명을 초청해 일 년 동안 강의와 연구를 하게 하는 프로그램에도 돈을 대고 있었다.

나는 루스 부부에게 아시아와 우리 학교를 도와주어 고맙다고 인사했다. 앤드루는 나를 자신이 찾아낸 전생의 쌍둥이 여동생이라고 소개했다. 앤드루는 뉴욕에 올 때마다 루스 부부의 집에 머물면서 작업을 한다고 했다. 특히 레일러 루스는 자기에게는 너무나 다정한 후원자이자 어머니라고 했다. 자신이 히말라야의 감춰진 왕국 '무스탕'에 가까운 티베트 지역에 가서 글을 쓰려 할 때 중국 정부의 반대가 심했는데 그때 레일러가 재단의 힘으로 앤드루가 그곳에 머물 수 있도록 여건을 마련해주었다고 한다. 앤드루는 노부부를 모시고 나가면서 박물관 준비 모임이 끝나는 대로 같이 저녁 식사를 하자고 제안했고, 나는 그의 제안을 흔쾌히 받아들였다.

꿈같이 즐거웠고, 높은 에너지와 발상들로 가득 찼던 공식 모임이 끝난 뒤 앤드루와 깊은 이야기를 할 기회가 생겼다. 나는 앤드루에게 뉴욕의 화려한 레스토랑에서 저녁을 보내지 말고 우리 집에 가서 간단한 한국 음식을 먹고 편안히 이야기하자고 했다.

앤드루는 나의 집을 너무나 좋아했다. 정말 '여신의 신전' 같다며 내가 음식을 준비하는 동안 방을 다니면서 그림들을 감상했다. 안숙선과 미국의 재즈 음악가들의 음악을 혼합한《웨스트 엔드West End》CD를 틀어주자 앤드루는 벽난로에서 타는 장작을 보며 깊은 명상에 잠겼다. 나는 음식을 다 준비한 후 앤드루를 불렀다. 앤드루는 안숙선의 창이 마치 창자를 끊어내는 느낌이 들었다며 한국 문화에 대해 궁금해했다. 한국의 창이 마치 유럽 집시들의 애절한 노래와 흡사한 느낌을 준다면서 창의 기원과 종류에 대해 물어보기도 했다. 그는 인도에서 자랐기 때문에 매운 한국 음식을 좋아했다.

저녁을 다 먹은 후에 우리는 거실에 앉아 서로의 삶에 대해 이야기하기 시작했다. 앤드루는 영국과 인도 두 문화권의 부모 사이에서 태어나서 그랬는지 몰라도 어렸을 때부터 자기가 누구인가에 대한 근원적 질문을 가지고 자라났다고 했다. 그 질문을 풀기 위해 옥스퍼드 대학에서 열심히 공부했지만 학문에서는 그 대답을 찾을 수 없었다고 했다. 그는 명상과 여러 곳으로의 성지순례를 통해 자신의 생존 의미와 삶의 목적을 찾아냈다고 했다. 그러한 긴 순례여행 후 그는 파리에 정착해 작가로서의 삶을 시작했다. 파리에서 외롭게 살던 어느 날, 길을 가다 너무나 수려한 젊은 남자가 지나가는 것을 보고 자기도 모르게 그를 따라가 말을 걸었다. 그가 나중에 앤드루와 결혼하여 부부가 된 에릭이다.

그때 에릭은 파리에서 현대무용가로 일하는 20대 초반의 방황하는 예술가였다. 수없이 자살을 시도하고 마약과 술에 중독되어 있던 에릭은 불가리아의 마지막 공주의 아들이라고 했다. 불가리아가 공산화되면서 그의 부모는 베를린으로 급히 망명길에 올랐다. 그때 다섯 살밖에 되지 않았던 에릭은 베를린에서 자신의 부모가 교통사고를 당해 즉사하는 것을 목격했다. 사고 당시 그의 어머니는 유리창에 목이 잘려 나갔다고 한다. 그 후 파리에 살던 이모에 의해 키워졌는데 어린 날의 비극적인 경험 때문에 계속 방황하며 파리에서 우울하게 살아가던 중 에릭은 전설적인 독일 배우 마를레네 디트리히와 연결된다. 그때 이미 마를레네는 은퇴한 노인이었지만 펜팔을 통해 그에게 많은 사랑과 격려, 또 선배 예술인으로서의 조언을 아끼지 않았다고 한다. 그러면서 그는 서서히 죽음 같은 우울증에서, 그리고 자살 시도와 마약, 알코올 중독으로부터 벗어나게 되었다고 한다. 그리고 우연히 파리의 한 골목에서 앤드루를 만났던 것이다.

지금 에릭은 사진작가가 되어 앤드루와 함께 라스베이거스 근처의 미국 서부의 사막에서 살고 있다. 앤드루의 에릭에 대한 사랑은 너무도 지극해서 그의 구루guru: 영적인 스승였던 인도의 여자 도사의 동성애에 대한 절대적인 만류와 저주에도 불구하고 에릭과 결혼했다. 앤드루는 그 구루의 온갖 저주 속에서 자신들의 사랑을 지켜냈던 어려운 과정에 대해 자세히 말해주었다.

나도 앤드루에게 내 삶의 여정을 짧게 이야기해주었다. 나의 이상한 출생에서부터 바다를 사랑했던 아버지의 나에 대한 지극히 헌신적인 사랑, 한국의 학생운동, 여성운동, 가부장적 종교에서 해답을 찾지 못하던 나의 영적인 방황. 그리고 나의 아름답고 힘들었던 연애, 결혼, 이혼 이야기. 또 이성애자 남자를 사랑하지만 이성애자 남자와는 사랑이 잘 이루어지지 않는 나의 운명 등에 대해서. 그리고 나의 일, 나의 세계 변혁의 비전 등에 대해서 밤늦도록 그와 함께 이야기했다. 우리는 자정이 넘었는데도 시간 가는 줄 모르고 계속 이야기꽃을 피웠다.

앤드루는 대모 레일러가 걱정할 거라면서 아쉽게 일어섰고, 우리는 곧 다시 만날 것을 약속했다. 앤드루는 나를 자신의 집이 있는 사막으로 초대했다. 가능한 한 빨리 오라고, 에릭을 보여주고 싶다고, 에릭도 나를 좋아할 거라고 했다.

다음 날 앤드루는 라스베이거스 근처의 자기 집으로 돌아갔고, 거의 매일 내게 전화를 했다. 아침에 일찍 전화벨이 울리면 영락없이 앤드루였다. 그는 새벽에 일어나 글을 쓰기 때문에 나의 아침은 이미 그의 한나절이었다.

전화를 들면 이미 저쪽에서,

"Good morning, princess! My beautiful Miss Korea sister."

(좋은 아침입니다. 공주님! 나의 미스코리아 여동생.)

하고 말한다. 그러면 나는 앤드루에게,

"안녕, 앤드루! 나는 당신을 좋아하지만 공주니, 미스코리아니 하는 말은 닭살 돋아."

하고 대답한다. 앤드루는 나의 저항에 막 웃어대면서,

"현경, 왜 현경이 공주를 싫어하는지, 미스코리아를 싫어하는지 이해해. 하지만 현경은 나의 공주이고 또 내가 아는 유일한 한국 여성이니까 내게는 미스코리아야."

하고 대답했다. 나는 많은 여성들을 억압하는 가부장제 사회의 조작극인 공주병과 여성을 미적으로 상품화하는 미인대회에 반대하지만 아침 일찍 앤드루가 전화로 연극 대사같이 말하는 "Good morning, princess! My beautiful Miss Korea sister."에 하루하루 익숙해져갔다. 이렇게 아름다운 남자에게 거의 매일 이런 동화 같은 인사를 받는다는 것이 특권처럼 여겨졌다.

어느 날 앤드루가 그답지 않게 밤에 전화해서 나에게 할 말이 있다고 했다. 그가 나의 애인 될 남자에 대해 생각해보았다고, 그런데 이런 이미지가 떠올랐다고 했다.

"현경, 현경의 애인이 될 수 있는 남자는 삶의 모든 것이 한 번 완전히 타버린 남자, 그래서 백골만 남은 남자, 그 백골이 비와 바람에 씻겨 눈처럼 하얘지고, 그 백골 속에서 백만 송이 붉은 장미를 피워내는 남자, 그런 남자일 거야. 내가 음악을 들려줄게. 집시 킹이 부르는 집시들의 사랑 노래야. 이렇게 다 타버린 목소리로 이런 노래를 부를 수 있는 남자가 현경의 애인이 될 거야."

그러면서 앤드루는 볼륨을 크게 높여 전화기를 통해 그 노래를 내게 들려주었다. 노래를 다 들은 후 나는 앤드루에게 말했다.

"앤드루, 앤드루가 말하는 남자의 이미지, 생각만 해도 소름이 끼칠 정도로 매력적이야. 하지만 그런 남자, 이 지구상에는 없어. 특히 이성애자 중에는 없을 거야."

나는 길게 한숨을 쉬었다. 앤드루가 열정적으로 나를 설득한다.

"현경, 걱정 마. 내가 전 세계를 찾아다니며 백만 송이 붉은 장미를 백 골에서 피워내는 남자를 찾아줄게. 현경, 오빠라는 것은 예부터 여동생을 위한 '우주적 기둥서방cosmic pimp'이라는 거 몰라? 내가 현경을 위해 '우주적 기둥서방' 역할을 할게."

"고마워. 나의 '우주적 기둥서방' 오빠. 그 정성에 감동해서 눈물이 날 정도네."

앤드루와 나는 많은 시간을 전화로 대화하며 보냈다.

그러던 어느 날 내가 석사학위를 받은 로스앤젤레스에 있는 클레어몬트 신학교에서 아시아 여성신학을 강연해달라고 나를 초청했다. 나는 강연을 마친 후 차를 빌려 앤드루와 에릭의 집을 향해 사막 길을 전속력으로 달렸다. 세 시간 반 만에 라스베이거스에 도착했고, 나는 그곳에서 앤드루와 에릭에게 줄 하얀 오키드를 사서 그들이 살고 있는 사막에 있는 집을 찾아 나섰다.

앤드루와 에릭의 집은 모든 것이 흰빛인 카사블랑카였다. 안도 밖도 가구도 카펫도 모두 하얀색으로 장식되어 있었다. 앤드루와 나는 서로 소리를 지르며 반갑게 서로를 껴안았다. 우리 뒤에서 에릭이 따뜻하게 웃으며 서 있었다. 에릭을 보는 순간 숨이 멎을 것 같았다. 그는 이 세상 사람 같지 않게 아름다웠다. 현대무용가답게 완벽하게 균형 잡힌 몸매, 동화에 나오는 왕자나 귀공자 같은 수려한 얼굴, 그림 같은 파란 눈과 금발 머리, 매력적인 미소, 완벽한 매너. 나는 저절로 신음이 나왔다.

"에릭, 당신은 정말 아름답군요. 저는 쓰러질 것 같아요."

앤드루와 에릭이 쓰러지는 시늉을 하는 나를 함께 껴안으며 말했다.

"당신 역시 매우 아름다워요!"

나는 에릭에게 하얀 오키드 화분을 주고 앤드루의 손에 이끌려 내가 묵을 2층 방에 올라갔다. 내가 묵을 방의 침대 위에는 앤드루가 쓴 수십 권의 책이 침대 위에 커버처럼 쌓여 있었다. 모든 책에 앤드루가 나에게 준다는 서명과 축복의 말들이 적혀 있었다. 'My dear Korean princess'라는 호칭과 함께. 나는 놀라고 감격해서 아무 말도 못 하고 앤드루를 포옹했다. 그러자 그가 내게 다정하게 말했다.

"현경, 요사이 내 꿈이 뭔지 알아? 너와 함께 책을 쓰는 거야. 우리가 함께 책을 쓰면 정말 기가 막힐 거야."

나는 갑자기 혜성처럼 나타난 나의 쌍둥이 솔 메이트 같은 앤드루가 너무나 고마워 눈물이 나기 시작했다.

그날 저녁 나는 에릭이 정성껏 준비한 연어 요리를 먹고, 에릭이 찍은 많은 사진 작품들을 보고, 앤드루와 에릭이 함께 만든 작은 골방 여신의 신전에 들어가 같이 기도를 올리고, 그들의 침대에 나란히 누워 브라질 리우데자네이루에서 있었던 티나 터너의 콘서트를 보았다. 티나 터너가 〈What's Love Got To Do With It〉을 부를 때 그녀는 더 이상 인간이 아니었다. 그녀는 자신의 노래 속에서 세상 모든 것을 감싸 안으며 세상을 초월해 여신이 되어 있었다. 우리 셋은 침대 위에서 같이 흥분해서 티나의 음악에 맞추어 춤을 추다가 온 집 안을 돌아다니며 춤을 추었다. 마치 티나 터너 교의 광신자들처럼 "티나, 여신!"을 외치며 온몸을 뒤틀면서 이리저리 뛰어다니며 티나 터너의 콘서트에 정신을 놓고 참여했다.

콘서트가 끝나자 모두 기진맥진해서 침대에 누운 채 우리 모두가 얼마나 티나 터너를 사랑하는지에 대해 말했다. 매 맞는 아내에서, 들러리 코러스걸, 끝내 디바가 되기까지 그녀의 삶의 여정에 대해 깊이 감격하며 티나 터너 찬양대회를 열었다. 같이 열심히 이야기하다 갑자기 남의 부부의 침실에 누워 있다는 게 미안해져서 졸리다고 핑계를 대며 그들의 침실에서 빠져나와 내가 묵을 방으로 갔다. 그러고는 아주 편안하고 달콤한 잠에 빠져들었다.

이튿날 아침.

일어나니 앤드루와 에릭이 이미 부엌에서 아침을 만들고 있었다. 내가 식당으로 내려가자 앤드루가 또다시 그 특유의 연극 톤으로, "Good morning, princess! My beautiful Miss Korea sister." 한다. 나는 아침을 먹으며 앤드루에게 어떻게 이 나이에 30여 권이 넘는 책을 쓸 수 있었는지 물었다. 앤드루는 "필요는 발명의 어머니"라고 간단히 대답했다. 게이로서 다른 방법으로는 먹고살 길이 없었고, 특히 자기보다 훨씬 어리고 경제적 능력이 없는 에릭과 결혼한 후 생계를 책임져야 했기 때문에 혼신을 다해서 책을 썼고, 그것들이 다행히 좋은 평가를 받아 이 집도 살 수 있게 되었는데, 인세로 돈 걱정 안 하면서 살게 된 것은 불과 1, 2년밖에 안 되었다고 했다. 그전까지 레일러 루스 같은 대모들의 도움을 받았다고 했다.

나는 앤드루에게 나 역시 글을 쓰고 싶다고 했다. 그러자 그는 이렇게 말했다.

"현경, 네 가슴을 가장 뛰게 하는 일을 하고 살아. 작가가 되는 것이 꿈이라면 내가 최선을 다해 도와줄게."

앤드루와 에릭과의 꿈 같은 시간을 뒤로하고 나는 사막을 달려 로스앤젤레스 비행장으로 향했다. 차 안에서 갑자기 "강한 여자는 아름다운 남자를 사랑한다."는 말이 영화 자막처럼 떠올랐다. 앤드루를 뒤에서 받쳐주는 미국의 레일러 루스나 글로리아 밴더빌트 같은 거부 대모들, 에릭을 죽음에서 살려낸 독일의 마를레네 디트리히. 모두가 파란만장하고 힘든 삶을 살아낸 강인한 여자들이었다. 그들이 이토록 앤드루와 에릭을 사랑하는 이유는 이 가부장제 속에서 그들이 꿈에도 그리던, 그러나 찾지 못했던 '아름다운 남자'에 대한 그리움 때문이었을까?

지난번에 한국에 갔을 때 나를 낳아주신 생모와 나누었던 대화가 떠올랐다.

"외롭지 않느냐? 혼자 살기가."

"아니요, 어머니, 저는 자유로운 게 좋아요."

"그래도 남자가 있어야 윤기가 도는 법이여. 너도 네 동생처럼 부자 남자한테 시집가서 떵떵거리며 살아봐. 늦었지만 자식도 하나 낳고 말이여."

"전 부자 남자 좋아하지 않아요."

"그러면 권력 있는 남자가 좋으냐?"

"아니요. 권력 있는 남자는 골치 아파요."

"그러면 공부 많이 한 학벌 좋은 남자가 좋으냐?"

"아니요. 내가 박사고, 공부 많이 했는데 또 무슨 공부 많이 한 남자를 찾겠어요."

"그러면 도대체 어떤 남자를 찾길래 재혼도 못 하고 혼자 사는 거여?"

어머니의 질문에 갑자기 말문이 막혔다. 나는 정말 어떤 남자를 찾고 있기에 왜 그 흔한 짝짓기가 되지 않는 걸까? 내가 찾는 남자는 어떤 남자일까? 갑자기 영화 자막처럼 '아름다운 남자'라는 글자가 보였다. 그래, 나는 전 세계를 다니며 '아름다운 남자'를 찾고 있었다. 영혼에서 꽃향기가 나는, 고목나무에서 피어나는 한 송이 꽃 같은 남자. 지금 생각하니 앤드루의 이미지이다. 다 타버린 남자. 그 백골이 바람과 비에 씻겨 눈처럼 하얘지고, 그 백골 속에서 백만 송이 붉은 장미를 피워내는 남자.

"도대체 어떤 남자를 찾느냐니까?"

어머니가 다시 물으신다.

"아름다운 남자요, 어머니."

어머니는 내게 눈을 흘기시며 답답한 듯 방을 나가셨다.

"미친년! 그러니까 네가 시집을 못 가지!" 하며 혀를 끌끌 차셨다.

그래, 어머니 말씀이 맞다. 이 가부장제 문화 속에서 이 나이가 되도록 아직 결코 '아름다운 남자'를 포기 못 하는 나. 나야말로 '미친년'일지도 모른다.

나는 진짜 미친년처럼 더욱 강하게 액셀러레이터를 밟는다.
사막을 혼자 건너는 진짜 미친년.

"강한 여자는 아름다운 남자를 사랑한다."

생일
파티

Dreaming in the People Republic of New York

지난봄은 참 힘들었다. 예기치 않은 사건 때문에 깊은 혼돈과 분노에 휩싸였고, 30일이나 되는 장기 단식을 했다. 몸무게가 10킬로그램이 넘게 줄었다. 유니언 신학교로 오면서 내게 슬픈 일들이 많이도 일어났다. 내 주변의 나를 사랑하는 어른들과 동료들, 그리고 친구들은 유니언 신학교의 종신교수가 된 것 같은 아주 좋은 일이 일어났으니 그 좋은 선물을 받으면서 일어나는 사소한 '액땜' 정도로 여기라고 나를 격려해주었다.

그러나 나한테 일어난 일련의 사건들은 결코 '사소한' 일들이 아니었다. 그 일들은 삶에 대한, 인간에 대한, 그리고 내가 믿어왔던 이상들에 대한 뿌리를 흔드는 사건들로 느껴졌다. 그것은 일련의 '배반' 사건들이었다. 내 친구들은 내게 "얘, 인간이 다 그런 거야. 너, 더한 배반을 못 당해봐서 그렇게 울고 짜고 하는 거야."라고 말했고, 내게 조언을 해주시는 어른들은 "이건 운명적인 일이야. 에너지가 훨씬 세고 큰 장으로 들어갈 때는 꼭 사고가 생겨. 이건 정 교수보고 지금까지의 에너지와 종류가 다른 새로운 곳으로 들어가면서 앞으로 더욱 조심하고 신중하게 살아가라고 하는 경고니까 이 정도에서 일이 수습된 걸 고맙게 생각해." 하며 나를 위로해주셨다. 유니언에 있는 나의 동료들도 "우리도 오랜 교수 생활을 하면서 그런 일 한두 번은 다 당했어. 그런 일이 당신이 유니언에 온 후 바로 일어났다는 게 다행이야."라고 말하며 나를 격려해주었다.

그런데도 내게는 그들의 따뜻한 위로와 격려가 크게 도움이 되지 않았다. 그들에게 말할 수 있는 단 하나의 사건 때문이라면 그들의 말을 받아들였겠지만, 그들에게 말할 수 없는 일련의 사건들이 겹치면서 나는 인간에 대해, 삶에 대해, 그리고 내가 믿어온 이상들에 대해 깊은 회의가 들기 시작했다. 비관적, 냉소적, 허무주의적으로 되었다고 할까? "어떻게 인간이 그럴 수가 있을까?" 하던 분노에 찼던 질문들은 "이 바보야, 어떻게 인간이 그럴 수가 있느냐고? 이미 그랬는데 이미 일어났는데, 어떻게 그럴 수 있느냐고 묻니?"라는 나의 느리고 멍청함에 대한 자책으로 바뀌었고, "그래도 그 사람은 사회정의를 위해 일하는 사람이잖아? 페미니스트잖아? 종교인이잖아? 도 닦는 사람이잖아?" 하는 '그래도……' 하는 나의 작은 희망들은 "그래도? 좋아하시네. 그러니까 지금까지 세상이 변하지 않는 거야. 말로, 생각으로, 자기에게 이익이 될 때만 받아들이는 그런 이상들이 무슨 의미가 있니? 그런 멋있는 이상들은 다 자기의 이익을 증가시키기 위한 가면에 불과해. 멍청한 년. 철 좀 들어라. 사람 좀 쉽게 믿지 말고." 하는 절망으로 변해가고 있었다.

  그리고 나는 세상을 다 산 여자처럼, 너무 신고 신어서 이제는 다 떨어진 오래된 구두처럼 나 자신이 초라하고 힘없고 불쌍하게 느껴졌다. 피곤했다. 그리고 슬펐다. 겨우겨우 수업을 꾸려나가고, 교수회의에 나가고, 이미 약속이 된 꼭 해야 할 일들은 어쩔 수 없이 지켰지만 직업상의 일 외에는 거의 아무도 만나지 않았고, 전화도 받지 않았고, 편지들에 답장도 하지 않았다. 뉴욕이 버겁게 느껴졌고, 하루하루 살아가기가 힘들었고, '죽음에 이르는 병'을 앓는 여자처럼 몸에서 힘이 빠져나가고 있는 것을 느꼈다. 매일매일 우울했다. 이렇게 우울증 환자가 되어 아무런 쓸모 없는 인간으로 정신병원에서 죽어가지 않을까 하는 생각이 들 정도로······.

  10년 전쯤 이렇게 슬프고 우울한 적이 또 있었다. 박사논문이 전혀 안 써지고, 부모님이 연달아 돌아가시고, 남편과의 결혼 생활이 완전한 막힘으로 느껴졌을 때. 그러나 그때는 그래도 미지의 세계에 대한 동경, 미래의 불확실성에서 오는 희미하지만 야릇한 기대 같은 것이 있었던 것 같다. 그리고 열심히 박사논문을 쓰기 위해, 부모님이 돌아가신 슬픔을 극복하기 위해, 그리고 나의 결혼 생활을 끝내기 위해 노력하고, 계획하고, 그것에 대한 행동들을 취해나갔다.

  이번에 느끼는 슬픔과 우울함은 좀 다른 것 같았다. 그건 이미 다 보아버렸다는, 이미 다 알아버렸다는, 세상이 그렇고 그렇다는, 인간이 다 그렇고 그렇다는, 이상이라는 것이 다 그렇고 그런 환상일 뿐이라는, 힘든 삶을 천 년쯤 살아온 노파의 느낌 같은 것이었다. 그렇게 신나던 뉴욕이 소음으로만 느껴지고, 내 아름다운 집과 그 안을 가득 채운 여신들이 전혀 보이지 않았다. 나의 삶은 무채색의 세계로 점점 변해갔다. 거기다 무리한 단식 때문에 에너지가 너무 떨어져서 그런지 이 위기를 어떻게 헤쳐나가야 할지 대안이 잘 보이지 않았다.

30일 단식을 시작한 것은 내가 다른 사람을 심하게 해칠지도 모르겠다는 생각 때문이었다. 내가 정성을 바쳤던 사람에게 배반당했다는 느낌 때문이었다. 그것도 내 입장에서 생각하기에는 너무 모욕적으로, 너무 의리 없이, 정말 말도 안 되게 말이다. 나는 폭풍 같은 분노로 치를 떨었고, 그 분노 때문에 이 일을 일으킨 사람에게 폭력을 가하고 싶은 느낌이 들 정도였다. 비폭력, 즉 '아힘사Ahimsa'를 믿고 따르는 나 자신이 이렇게 분노하는 것이, 그리고 그 분노 때문에 거의 복수하고 싶은 생각이 드는 것이 섬뜩하게 느껴졌다. 이성적으로 자신을 가라앉히려 노력했고, 명상에 더 많은 시간을 쏟았지만 분노가 잘 가라앉지 않았다. 내가 그 당시 원했던 것은 남자들이 싸우는 방식이었다. 술을 먹고 "야, 너 나와, 새끼야. 결투하자." 하곤 실컷 치고받고 싸우면서 어떤 식으로든 자신들의 쌓인 분노를 푸는 것. 그렇게 해결하고 싶었다. 그래야 해결이 될 것 같았다.

그러나 이 경우는 그렇게 싸울 수가 없었다. 왜냐하면 평등한 힘의 관계가 아니었기 때문이었다. 나를 상처 입힌 사람이 나보다 사회적 힘이 없는 사람이었기 때문에 나는 싸울 수가 없었다. 아마 내 일생에서 처음 있는 일이었을 것이다. 지금까지는 거의 내가 정치적으로 힘없는 제3세계 유색

인종 여성이라고 생각하는 힘의 관계가 많았지, 내가 다른 사람보다 힘이 많으니까 내 힘을 남용해서는 안 된다는 상황에 있어본 적이 없었다. 이 사건을 겪으면서 처음으로 '아! 이제는 나도 정치적인 힘으로 남을 억누를 수 있는 자리에 있다고도 볼 수 있겠구나!' 하는 깨달음이 왔다.

이러한 깨달음이 왔을 때, 내 분노 때문에 나보다 힘없는 사람을 나의 정치적 힘으로 해치면 안 되겠다는 생각이 들어 단식을 시작했다. 그리고 열심히 명상하고 기도했다. 제일 좋은 길을 보여달라고, 내게는 상상을 초월하는 사건으로부터 내가 무엇을 배워야 하는지 가르쳐달라고.

그 봄에 나를 이렇게 분노하게 한 사건은 동료들의 말에 의하면 학문 세계에서 흔히 있는 일이었다. 그러나 내 마음을 깊이 상하게 했던, 너무나 충격적인 일이었다.

내가 유니언에 오자마자 첫 번째 박사과정 학생으로 받은 한국 여학생이 하나 있었다. 학교 동료들은 그 학생이 다른 학생에 비해 준비가 좀 덜 된 것 같다며 내 분야에 다른 학생들을 밀었지만, 나는 그 학생이 워낙 나와 같이 공부하고 싶어 하고, 가능성이 있는 학생이라, '나를 믿고 뽑아달라'고 동료들을 설득하여 그를 박사과정에 받아들였다. 그리고 그를 위해 장학금도 구해주었고, 집이 먼 그가 일주일에 이틀 정도 우리 집에서 머무를 수 있겠느냐고 부탁을 하자, 마음에 내키지는 않았지만 '한국 여자'를 지원해야 한다는 생각에 그 제안을 받아들였다. 나중에 동료들과 이야기하면서 학생을 내 집에 머무르게 한 것이 큰 '실수'라는 걸 알게 되었다.

그러나 그때는 이렇게 큰 집에 살면서 학생의 편의를 안 봐주는 건 너무 매정한 일이라고 '한국식'으로 순진하게 생각했다.

  그는 즐겁게, 열심히 학교생활을 해나가는 것 같았다. 그렇게 한 학기가 끝나고 그의 학기말 논문을 받게 되었다. 그가 다니던 학교와 유니언의 학풍이 달라서 그런지, 상상력은 풍부하지만 '부드러운' 논문으로, 그가 유니언 박사과정을 수료하기는 좀 어렵겠다는 생각이 들었다. 그래서 첫 학기에 방향을 잘 잡아주어야겠다는 생각에 좀 강하게 비판적인 코멘트를 썼다. 그리고 우리 학교에서 가장 권위 있는 페미니스트 노교수에게 그의 논문과 나의 코멘트를 보이고 내가 잘 지도하고 있는지 조언을 해달라고 부탁했다. 그분은 그 논문을 읽어보더니 내 평가에 자신도 동의한다고 하셨다. 그리고 이 학생이 아직 유니언식 논문에 익숙하지 않아서 이런 논문을 썼을 수도 있으니 비록 그 학생이 마음 아파하더라도 첫 학기에 지도교수로서 정직한 평가를 써서 분발할 수 있는 계기를 마련해주라고 조언을 해주셨다. 그래서 그 평가를 학생에게 보냈다. 그런데 그 평가를 받은 후, 그는 나를 만나도 인사도 안 하고, 우리 집에도 더 이상 오지 않았다. '내가 너무 심했나?' 하고 미안한 마음이 잠깐 들기도 했지만 나는 그것이 내가 그에게 지도교수의 역할을 하는 거라고 생각했다. 저러다가 가라앉겠지 하며 곧 그와 그 논문에 대한 대화를 나눌 기회를 만들어야겠다고 생각했다.

  그러던 어느 날, 나의 동료에게서 놀라운 말을 들었다. 그 학생이 우리 학교 학장을 찾아가서 내가 자신을 너무 박해하니까 자기를 보호해줄 수 있는 제도적 장치를 마련해달라고 요청했다는 것이다. 그 동료는 내가 그 학생을 받아들이기 위해, 또 그 학생을 돕기 위해 얼마나 애썼는지 잘 알고 있는 사람이었다. 그는 전에 나에게 학생을 너무 믿고 잘해주다가 뒤에서 칼 맞지 말라고 경고했다. 눈앞이 캄캄했다. 너무 어이없어서 화를 내야 할지, 어떤 식으로 이 일을 이해하고 수습해야 할지 대책이 서지 않았다. 그야말로 뒤통수를 흉기로 얻어맞은 기분이었다. 우선 이 일을 확인해야 할 것 같아서 학장실에 가서 물어보니, 동료 교수에게서 들은 말이 사실이었다. 망연자실해져서 학장실을 나와 그 학생에게 전화를 걸었다. 꼭 만나서 왜 그런 행동을 했는지 직접 물어봐야 할 것 같았다.

며칠 후 그를 만나 왜 그런 행동을 했는지 물었다. 먼저 지도교수인 나와 대화로 오해를 풀어야지, 왜 나와는 한마디 대화도 없이 학장실로 먼저 달려가서 그런 엄청난 요청을 했는지 설명해보라고 했다. 그는 내가 너무 '독재적인' 인간이고, 내가 자기 논문에 쓴 평가는 자기를 '인간 취급 하지 않은 행동'이었기 때문에 나와 대화하고 싶지 않았다고 했다. 말이 여기까지 미치자, 더 이상 대화가 지속될 것 같지 않았다. 내 개인적인 기분 같아서는 실컷 욕을 해주고 싶었지만 내가 지도교수라는 '공식적인' 입장에 있었기 때문에 그 학생을 가능한 한 진정시키고 오해를 풀어보려고 애썼다. 그래서 그 학생에게 입학 사정, 장학금, 우리 집 제공 등 여러 예를 들어가며 내가 진심으로 후원하려 했지, 해칠 마음이라곤 전혀 없었음을 설득시키려고 했다. 나는 지도교수로서 그를 비판하는 어려운 역할을 했을 뿐, 전혀 악의가 없었다고 말했다. 그리고 이번 일은 서로에게 서로가 적응하기 위해 일어난 일로 보고 앞으로는 대화로 잘 해결해보자고 부탁했다.

그를 그렇게 보낸 후, 나는 걷잡을 수 없는 분노에 가슴이 터져 나갈 것 같았다. 그를 실컷 때려주고 싶었다. 내가 미국 백인 남자 교수였다면, 아니 백인 여자 교수였다 해도 그가 절대로 나에게 그런 행동을 못 했을 것 같다. 같은 연배의 한국 여자라는 것이, 그 피상적인 가까움이 그가 나에게 그런 행동을 할 수 있게 한 게 아닌가, 생각이 들었다. 유니언의 내 동료들 보기가 창피했다. 그들은 내가 그 학생을 받기 위해, 그들의 반대에도 불구하고 얼마나 노력했는지 다 알고 있었다. 그들이 내 뒤에서 '그렇게 우겨대더니 꼴좋다' 하고 비웃을 것 같았다. 앞으로 이들이 내가 하는 판단을 잘 신뢰하지 않을 것이라는 생각도 들었다. 그리고 같은 대학을 나온 한국 여자끼리 외국에서 이게 도대체 뭔가? 이 백인 우월주의 가부장제 사회에서는 한국 여자끼리 뭉쳐도 우리가 받고 있는 '인종차별'이나 '문화제국주의'를 극복하기 어려울 텐데, 이렇게 우리 사이에 창피할 정도로 이상한 일이 일어났으니 백인들이 얼마나 우리를 우습게 볼까 하는 생각에 잠이 오지 않을 정도였다. 그때까지만 해도 나는 나 때문에 그가 얼마나 상처를 받았기에 그렇게 행동했을까, 하는 '연민'을 가질 여유가 없었다. 그리고 아직까지는 지도교수로서 학생의 심리를 꿰뚫어 볼 수 있는 '내공'을 쌓지 못한 나의 '미숙함'을 반성할 만큼 내 감정에 대해 거리를 가지지도 못했다.

이 불타는 마음을 식히려고 30일 단식을 시작했다. 이런 일이 일어났다는 것은 나에게도 분명히 무슨 문제가 있기 때문일 테니 그것이 무엇인지 정확하게 보고 싶었다. 뭔가 원인이 있으니 이런 결과가 일어났을 것이라고, 그렇게 생각했다. 단식 명상을 시작하고 열흘쯤 지나니 너무 기운이 빠져서 그를 보아도 전혀 화가 나지 않았다. 아니, 화낼 기운이 없었다. 그와 나를 다 제3자의 눈으로 볼 수 있게 되었다. 인생을 살며 힘든 일을 많이 겪었던 그가 아직 그 상처들이 다 치유되지 않았다면, 나의 비판을 다른 학생들처럼 그냥 학문적인 비판으로 받아들이기 어려웠을지 모르겠다는 생각이 들었다. 그의 치유되지 않은 상처를 내가 강한 비판으로 다시 건드렸을 수도 있다. 그리고 그가 나를 '독재적'이라고 평가한 것은 사람에 따라서는 있을 수 있는 관찰이라는 생각도 들었다. 문득 나의 애인과 나눴던 대화가 생각났다.

"당신이 걸어가는 뒷모습을 보면 커다랗게 발기된 페니스를 달고 가는 깡패 두목처럼 보여. 거기다 손에는 큰 망치까지 들고 있는 것 같아."

"그거 너무 그로테스크하다. 그래서, 그게 무슨 의미야? 여자답지 않아서 기분 나쁘다는 이야기야?"

"아니, 어떨 땐 당신이 당신의 의도와 달리 너무 강하게 보이기 때문에 사람들이 괜히 당신을 보고 위협을 느낄 수 있다는 이야기지."

"그래서 내가 싫어?"

"아니, 내게는 그런 당신이 너무 섹시하지. 그런데 당신을 싫어하고 모함하는 사람들의 심리도 이해된다는 이야기야."

도대체 일부 사람들이 나를 보면서 느끼는 그 '위협적인 힘'은 무엇일까? 나 자신은 내가 얼마나 속으로 약하고 상처받기 쉬운 사람인지 너무도 잘 알고 있는데 사람들은 나를 '위협적인 힘'을 가진 여자로 보는 것이다. 아직도 닦아야 할 먼지가 너무나 많이 끼여 있는 내 존재 때문에 이런 일들이 일어나는 게 아닌가 하는 생각이 들었다. 단식일이 길어질수록 나의 그에 대한 분노가 그를 향한, 또 나를 향한 연민으로 바뀌어갔다. 우리의 인생이 다 불쌍했다. 그리고 그에게 내가 너무 심하지 않았나, 반성하는 마음도 생겼고, 나의 의도와는 달리 그가 상처를 받았다면 정말 미안한 일이라는, 그의 심정을 헤아리는 마음도 생기기 시작했다.

30일 단식 끝에 몸이 너무 약해지자 친구들이 걱정을 하며 내게 단식 끊기를 종용했다. 나는 단식 상담자의 조언을 들으며 서서히 몸을 회복시켰다. 이 단식을 하며 어려운 고비 하나를 잘 넘긴 것 같았다. 그런데 몸이 거의 회복되자 이상한 일이 일어나기 시작했다. 단식 전보다 더 큰 분노가 밀어닥치는 것이었다. 마치 한번 항생제에 살아남은 균이 더욱 지독해지는 것처럼, 이번 사건에 대한 분노와 함께 지금껏 내 인생에서 일어났던 모든 억울한 일에 대한 분노가 거친 파도처럼 내게 밀려왔다. 내가 주체하지 못할 정도로……. 이러다 정신이 돌아버릴 것 같았다. 나에게 상처를 입힌 인간들의 얼굴들이 하나씩 다 떠올랐고, 나는 그들에 대한 해결되지 않은 분노로 금방이라도 폭발할 것 같은 시한폭탄이 되어갔다. 내게 기관단총이 있다면 인도의 밴디드 퀸, 풀란 데비처럼 그들을 다 쏘아버리고 싶었다. 물론 이건 있을 수도 없는 일이다. 나는 개미 한 마리도, 바퀴벌레

한 마리도 내 손으로는 못 죽이는 인간이다. 그리고 나는 '아힘사'를 주장하는 에코페미니스트가 아닌가? 도대체 이 살의가 가득한 분노의 뿌리는 무엇일까?

너무나 큰 분노로 이불 속에서 뒤척거리던 어느 날 밤, 내 머리 위에 누가 서 있는 것이 느껴졌다. 그녀였다. 너무도 한심하고 가엾다는 눈으로 나를 내려다보고 있었다. 나도 이런 모습을 들킨 게 창피했다. 그녀를 쳐다보지도 못하고 베개 속으로 더 깊이 얼굴을 묻었다. 그녀가 말을 걸었다.

"참, 스타일 말이 아니네."

"……."

"너 그렇게 영혼의 청소가 안 되어 있으니, 내가 어떻게 너를 믿고 네게 천기를 누설하겠니?"

"……."

"그렇게 속으로 삭인다고 문제가 해결되는 게 아니야. 그렇게 힘들면 해결 방법을 강구해봐."

해결 방법이라는 그녀의 말에 귀가 번뜩 열렸다. 개미만 한 소리로 주저주저하며 그녀에게 물었다.

"어떻게?"

"드디어 입이 열렸구나? 너 목사 되는 공부할 때 다 배웠잖아. 사이코드라마라는 거 있지? 그거 해봐. 미친 척하고 모든 것이 가능하다면 어떤 식으로 그 인간들에게 내가 반응할까 생각나는 대로 해보는 거야. 그렇게 일단 네 마음을 다 풀어내면 해결 방법이 보이게 돼."

"정말 아무 짓이나 해도 돼?"

"연극으로 하는 거니까 괜찮아. 하다 보면 네가 어떤 인간인가, 네 문제가 뭔가, 또 그 인간들의 문제가 뭔가 잘 보이게 되지. 마음이 보이면 문제는 이미 다 해결된 거야. 잘해봐!"

이 말을 남기고 그녀는 사라졌다.

나는 이불 속에서 빠져나와 여신방으로 들어갔다. 수십 개의 초를 켜고 향을 피워놓고 여신방의 카펫 위에 가부좌로 앉았다. 그리고 눈을 감고 마음속의 사이코드라마를 시작했다. 모든 것이 가능한 나의 상상의 무대 위에 섰다. 나는 그동안 나에게 분노를 심어준 사람들을 내 앞으로 불러내어 휴화산처럼 만들어 묻어두었던 분노를 꺼내 재현하기 시작했다. 그 사람 하나하나가 손에 닿을 거리에 있다고 생각하고 그동안 하고 싶었던 온갖 욕지거리를 퍼부어댔다. 내 온몸으로부터 나오는, 거의 절규에 가까운 목소리로……

그리고 그들의 '소행'에 걸맞는 보복(?)을 해줄 수 있는 '해결사'를 상상해냈다. 마치 〈사랑과 영혼〉이라는 영화에서 보았던 못된 인간들을 잡아가는 그런 영적 세계의 존재들을. 그들은 상상의 무대 속에서 나를 해쳤던 사람들을 하나하나 불러내어 그들의 소행을 만천하에 공개했다. 그리고 영적 세계의 '대법원'에서 판결을 내리듯이 그들 하나하나에게 죄명을 정해 공포하고 거기에 알맞은 지옥의 감옥소로 이들을 날려 보냈다.

이 영적인 존재들은 여자 잘되는 꼴을 못 보고 계속 여자를 모함하는 스몰 딕Small Dick들을 '독사의 새끼들'이라고 부르며 그들 모두를 독사로 만들어버렸다. 그러고는 그들을 모두 지옥의 큰 '생사탕' 끓이는 가마솥에 집어넣어버렸다. "이생에서는 그렇게 스몰 딕으로 치사하게 살았지만 이렇게 살신성인해서 다른 한국 남자들을 빅 딕Big Dick으로 만들어줌으로써 다가오는 미래에 한국 남자들이 여자 존중하고 여자와 평등하게 살아가는 데 공헌하라." 하는 덕담을 해주면서.

또 여자끼리의 '다름'을 인정하지 못하고, 성공한 여자들을 질투하고, 온갖 루머를 만들며 다른 여자를 끌어내리려는 일군의 여자들도 영적 대법원에 끌려 나왔다. 영적인 판사들은 그들을 '쥐새끼 같은 년들'이라고 부르며 그들을 모두 생쥐로 만들어버렸다. 그리고 그들을 방음 장치가 된 유리병에 다 집어넣어버렸다. 그러면서 이렇게 그들을 타일렀다.

"이생에서는 그렇게 '소음'들을 만들어서 남에게 상처를 주었으니, 비슷한 것들끼리 이 방음 장치된 병 속에서 실컷 싸우다 스스로 깨달아보라. 다른 여자를 모함하는 것이 결국은 여자인 네 얼굴에 침 뱉는 일이라는 것을!"

그리고 또 많은 '죄수'들이 '지옥도'의 그림에서처럼 자기 죄목에 적절한 죄를 다 받는 모습들이 내 눈앞에 펼쳐졌다. 나는 그들에게 소리소리 질러댔다.

"거봐, 내가 뭐랬어? 이제 고만들 하라고 그랬잖아. 경고할 때 듣지 않더니 꼴들 좋다. Fuck You! Fuck You All!"

그렇게 욕을 퍼붓고 있는데 특히 나에게 치사하게 굴었던 남자 학자가 내 눈앞에 나타났다. 그 남자는 너무도 나를 한 맺히게 한 인간이었다. 나는 그의 얼굴을 똑바로 쳐다보며 그에게 소리쳤다.

"당신, 남자 학자들에게 뭐라고 말했어? 뭐? 내가 한국 남자 욕하는 것 가지고 유명해졌으니 공식석상에서 큰 망신을 주라고? 치사한 남자끼리 모여 여자 학자들을 학문적으로 집단강간하려는 의도야? 좆도 없는 놈! 당신이 화가 나면 직접 나와서 말해. 그렇게 뒤에서 다른 남자들 동원하지 말고. 그리고 당신은 누가 박정희, 전두환 후손 아니랄까 봐 그렇게 온갖 수법을 동원해서 나를 학회에서 제명시켜? 뭐? 유치찬란하게 내가 세계의 좋은 기회를 다 가져가서 당신이 국제회의에 초대될 기회가 박탈되었기 때문에 나를 제명시켜야 한다고? 도대체 당신이 하는 연구는 독재자의 '한국적 민주주의'를 재현하는 거야? 그렇게 동백림 사건처럼 판을 짜서 나를 모함하고 죽이려 하는 이유가 도대체 뭐야? 박정희가 '하면 된다'고 했다고 당신도 하면 되는 줄 알았어? 당신, 제명에 살고 싶으면 조심해. 박정희에게는 김재규가 있었어. '나는 하면 한다는 사람입니다.' 하고 사격하는. 당신, 여자가 원한을 품으면 오뉴월에도 서리가 내린다는 말 알지? 당신의 부정의한 소행을 국제 학자 사회에 폭로해서 개망신시킬 생각도 해봤어. 다시는 그 뻔뻔한 얼굴을 못 들고 다니게……. 앞으로 조심해. 당신 하는 짓 보고 이미 변호사들과 작전 다 짜놨어. 이미 국제적으로 증인도 선정해놨고. 당신, 내 주변에 얼마나 힘 있는 여자 변호사들이 많은 줄 모르지? 이제 더 이상 나 밟지 마. 지렁이도 밟으면 꿈틀한다는 말 기억해. 당신이 또 그런 치사한 행동 하고 다니면 나도 밀라레파처럼 당신

없애버리고, 그걸 크게 반성 회개하며 큰 도인이 되어버릴 거야."

그 남자 뒤에서 떠오르는 얼굴은 내가 무척 사랑했던, 지금은 나를 떠난 친구의 얼굴이었다. 그 헤어짐 때문에 나를 몇 년이나 울게 만든 친구였다. 나는 그녀의 두 눈을 똑바로 쳐다보며 나지막이 말했다.

"너 그 남자가 그렇게 좋니? 그렇게 친했던 친구를 버릴 정도로……. 내가 너를 불러낸 건 그 남자가 술주정을 하며 내게 달려들 때 나를 보호해달라는 거였지, 그 남자와 눈이 맞아 친구에게 거짓말을 시작하면서 결국은 그 오래된 우정을 버리라고 불러낸 게 아니야. 네가 그 남자와 공식 석상에 같이 나타나면 내 마음속에 영화〈데미지〉의 한 장면이 항상 떠올랐어. 한 남자가 자기 약혼녀가 자기 아버지와 섹스하는 장면을 보고 2층에서 떨어져 죽는 장면. 너를 볼 때마다 나는 그렇게 떨어져 죽었다. 내 안에서……. 네가 나를 떠난 후 나는 가부장적 권력과 특권의 기제인 '자지 없음'을 한탄했어. 네가 그 남자와 연애하기 위해서 거짓 연극을 시작할 때 나는 '자지는 자매애보다 강한가?' 하는 페미니스트 논문을 다 쓰고 싶을 정도였지. 누가 너보고 연애하지 말랬어? 나는 너도 알다시피 사랑에 있어선 자유주의자야. 그렇지만 페미니스트 여자 친구들 사이의 의리라는 것이 도대체 뭐니? 그 남자를 보호하기 위해서 그 남자가 자기 친구를 해치는데도 침묵하거나 그 남자 편을 드는 것, 그걸 내가 참을 수 없는 거야. 아마 그 남자가 네가 그렇게 하지 않으면 너를 떠나겠다고 협박했는지도 모르지. 자기 사회적 지위와 명예에 조금이라도 손상이 갈까 봐. 위선자. 회칠한 무덤! 그리고 그런 놈을 사랑하는 너, 의리 없는 년!"

분노와 슬픔에 눈물이 비 오듯이 쏟아졌다. 흐느껴 울고 있는데 누군가가 다가와 어깨를 잡아주었다. 그는 영적 세계의 대법원장처럼 보이는 존재였다. 그는 내 어깨를 다독거리며 내게 이렇게 말했다.

"당신, 당신이 따르는 예수가 당신께 뭐라고 했소? '죽은 자의 장례는 죽은 자에게 맡기고 산 자는 나를 따르라' 하지 않았소? 당신 가슴에 그렇게 큰 못을 박은 그 인간들은 당신 삶에서 이미 죽은 자들인데 왜 그들에게 아직도 연연하는 거요. 다른 인간들의 못된 소행을 심판하는 일들은 우리에게 맡기고 당신은 어서 앞만 보고 걸어가시오. 그 빛을 따라가는 일만 해도 시간과 정열이 너무나 많이 필요할 거요. 자, 이제 모든 것을 놓아버리고 어서 그를 따라가시오."

그의 가르침에 나 자신이 부끄러워 더 많은 눈물을 흘렸다.

그렇게 울다가 너무 지쳐서 방에 누웠다. 인생이 폐허 같았다. 내 머리 위로 발리 섬에서 모셔 온 나는 여신이 보인다. 언제 왔는지 창턱에 그녀가 앉아 있었다.

"야, 너 참 대단하더라. 완전히 '킬링 필드'에 돌아온 '터미네이터'이시더군. 그 정도면 악역으로 아카데미 여우주연상은 받겠더라. 그래, 그렇게 온갖 발광을 다 하면서 욕을 실컷 해주니까 속이 시원하냐?"

"아니, 처음엔 좀 그런 것 같기도 했는데 이렇게 끝내고 나니 기분이 더러워."

"그래, '시리얼 킬러연쇄살인범'가 되고 나니 기분이 좋을 수 없겠지. 그렇게 발광하면서 뭐를 봤어?"

"내가 얼마나 한심한 인간인가, 이 나이까지 이렇게 분노 때문에 치를 떨고 있으니 언제나 깨달을 수 있을 것인가. 정말 한심해, 나는 영락없는 '카인의 후예'야. '연쇄살인범'이고 '막가파'야."

"네가 그 사람들에게 그토록 분노하는 것은 아직도 네가 어떤 면에서 그 사람들을 사랑하고 있기 때문이야. 정말 그 사람들을 완전히 이생에서 안 볼 사람으로 끊어버리면 그렇게 분노하지도 않겠지."

"하긴, 그 모든 사람들이 내게 다 잠깐이나마 어떤 식으로든 애정을 주던 사람들이었긴 해. 그리고 어떤 이유에서든 우리 삶이 꼬이면서 이런 일들이 일어나게 된 거야."

"잘 들여다봐. 사실은 그 삶들이 다 너의 분신이야. 그리고 너의 그림자들이지. 그 사람들의 행동들이 너에게 그렇게 상처를 입혔듯이 너도 다른 사람들에게 얼마든지 그럴 수 있는 가능성이 있어. 어떤 면에서 그들이 너도 모르는 너의 숨어 있는 모습을 거울처럼 비춰주기 때문에 네가 그렇게 분노하는지도 몰라."

갑자기 예수님 생각이 났다. "자기 눈의 들보는 못 보면서 남의 눈의 티끌은 잘 본다"는 가르침과 "누구든 죄 없는 자가 먼저 이 여자를 돌로 쳐라"라는 말씀이 떠올랐다. 그리고 부처님 생각도 났다. 마라가 보내는 모든 독화살을 꽃으로 변화시켜 자신에게 독화살을 쏜 마라에게 돌려보냈다는……. 그리고 별것도 아닌 걸 가지고 지지고 볶고 인생의 귀한 에너지와 시간을 낭비하고 사는 우리 모두가 불쌍해졌다. 사랑만 하고 살기에도 너무 덧없고 짧은 인생인데, 뭐 하러 서로를 이렇게 괴롭히는가! 계속 강대국의 침략을 받으며 약소민족 콤플렉스에 젖어 살면서 내면화된 자기 증오로 계속 남을 끌어내려야 직성이 풀리는 우리 민족이 불쌍했고, 그 조그만 나라에서 우물 안 개구리 자지를 가지고 여자를 짓밟아야만 자기 자지가 서는, 나를 분노하게 했던 그 몇몇 한국 남자들이 불쌍했고, 몇 개 주어지지 않는 남자상에서 떨어진 부스러기 권력과 자리를 차지하기 위해, 또 제 아버지에게 못 받은 결핍된 사랑을 다른 성인 남자에게 받아보려고 다른 여자를 짓누르고 헐뜯고 죽여야 하는, 내가 만났던 그 여자들이 불쌍했고, 또 아직도 그들 마음속의 깊은 고통을 헤아려주지 못하는 나의 작음과 어림이 불쌍했다. 그냥 눈물이 비 오듯이 흘렀다. 내 조국이, 내 동포가, 나의 사랑이자 원수였다.

그렇게 울면서 밤을 새웠나 보다. 여신방 창문으로 새벽의 기운이 쏟아져 들어왔다. 조깅복으로 갈아입고 집을 나섰다. 5월인데도 아직 새벽 기운이 찼다. 리버사이드 공원을 뛰다가 작은 제비꽃 같은 보라색 들꽃을 발견했다. 오만하게 보일 정도로 작은 얼굴을 바짝 쳐들고 자신의 아름다움을 과시하고 있었다. 가만히 쪼그리고 앉아 그 꽃을 한참 들여다보았다. 갑자기 내 속에서 웃음이 터져 나왔다. 이 조그만 꽃도 자기의 생명을 이렇게 축하하며 즐기며 사는데, 나는 그렇게 많은 축복을 받았으면서 무엇 때문에 이렇게 울고 짜고 살고 있는지······. 나 자신이 한심했다. 나도 저 작은 들꽃처럼 내가 살아 있음을, 내 생명을 축하하고 싶어졌다. 그날 조킹을 마치고 집에 돌아와 근사한 생일 파티 계획을 세웠다. 내가 나 자신에게 차려주는, 내 생애에서 가장 풍성하고 아름다운 생일 파티를 해보는 거다.

내가 사랑하는, 또 나를 사랑하는 사람들 30여 명의 명단을 만들었다. 내가 뉴욕에 와서 살면서 새로 사귀거나, 아니면 오래전부터 사랑하던 사람들. 그들을 모두 불러 제일 좋은 음식, 와인, 샴페인, 음악과 춤을 제공하며, 우리의 살아 있음을, 우리의 사랑을, 삶의 아름다움을 축하하고 싶었다. 타라 언니와 오라버니, 그리고 내 조교 데이비드를 불러 근사한 생일 파티 각본을 짰다. 미국 대통령의 손녀이면서 억울한 사람들을 도와주는 인권변호사 친구의 아름다운 컨트리 하우스를 빌렸다. 그리고 1박 2일의 '향락적인' 생일 파티 계획을 세웠다. 데이비드와 그의 남편 앤디가 다른 유니언의 젊은 남자 학생들과 함께 주요리인 랍스터와 파스타를 만들기로 했고, 타라 언니와 나는 그 파티에 쓸 온갖 다른 음식들과 샴페인, 와인 들을 준비했다. 차편은 우리 친구들이 다 나눠서 준비했다. 그리고 대학 시절 나에게 아름다운 노래들을 가르쳐주었고, 나의 결혼식에서 〈천리길〉과 〈꽃밭에서〉를 불러주셨던 조동호 형을 우리의 '국민가수'로 초대했다. 은행에 조금 모인 돈을 다 털었다. 내 생일 파티에 온 모든 사람들이 단 하루만이라도 삶의 모든 슬픔과 괴로움을 내려놓고 즐겁게 삶에 대한 연가를 부르며 축제를 벌이도록 화려한 잔칫상을 차리고 싶었다.

눈이 부시게 아름다운 5월의 휴일, 나의 생일날이었다. 점심 식사를 마친 후, 쏟아지는 햇빛 속으로 친구들이 삼삼오오 짝을 지어 푸른 물이 오르는 시골길을 산책했다. 앞에서 예쁜 파라솔을 쓰고 걸어가고 계신 장혜원 선생님, 임순만 목사님 부부의 모습이 그림 같았다. 글로리아가 입을 연다.

"너무 낭만적이야! 저 노부부 참 멋있어. 아까 대화하면서 그들로부터 많은 걸 배웠지. 너희 나라에서는 많은 사람들이 저렇게 파라솔을 쓰니?"

"아니, 그렇지는 않아. 요사이 젊은 여자들이 얼굴을 안 태우려고 좀 쓰지. 임 목사님이 햇빛 알레르기가 있어서 쓰시는 거래."

"나이 든 친구들이 있다는 건 큰 축복이야. 벨라_미국의 유명한 페미니스트 정치 지도자_가 보고 싶어. 벨라가 저세상으로 가버리니까 너무나 허전해. 이제 어려운 일이 생기면 벨라로부터 나왔던 그 지혜로운 조언을 누구에게 들을 수 있을까?"

얼마 전에 죽은 벨라 앱저그Bella Abzug를 그리워하는 글로리아의 얼굴이 슬퍼 보였다. 옆에서 걷고 있던 세계 여성환경기구 총무인 수전이 글로리아에게 장난을 걸며 그녀의 기분을 바꾸려 했다.

"글로리아, 벨라가 속으로 당신을 얼마나 부러워했는지 알아? 왜 자신은 글로리아 같은 미모를 못 타고났느냐며 항상 당신을 질투했지."

글로리아가 웃는다.

"하지만 벨라는 한 번도 그런 문제로 나를 가슴 아프게 한 적이 없었어. 매스미디어의 여자들이 내가 아무리 열심히 일해도 그건 아랑곳하지 않고 오직 내 미모 때문에 세상이 나에게 관심을 보인다고 이야기할 때 너무 억울했지. 그때도 벨라는 나를 한결같이 사랑하고 나의 능력을 높이 사며 격려해줬어."

내가 글로리아에게 팔짱을 끼며 말했다.

"글로리아, 당신 같은 페미니스트가 그런 미모를 타고났다는 건 우리 여성 모두를 위해 좋은 일이야. 남자들이 툭하면 못생겨서 페미니스트가 됐다고 우리를 깎아내리잖아. 그러니까 당신 같은 여자가 나타난 건 여성운동을 위해 좋은 일이지."

"하지만 나는 젊었을 때 사람들이 내 미모 운운하면 괴로웠어. 나의 모든 뼈를 깎는 노력들이 얼굴 생김 하나로 무산되는 것 같아서 말이야. 그런데 예순이 넘어서 내 30, 40대 사진을 보니까 내가 보기에도 괜찮더라. 그때 내가 지금처럼 삶의 지혜가 있었더라면 내 모습을 즐기면서 살았을 텐데. 페미니스트는 미인이라도 비판받고, 추녀라도 비판받는다는 것, 그러므로 자기 생긴 대로 신나게 살면 된다는 것도 모르고 공연히 괴로워하기만 했지. 그러니까 당신들도 자신들의 미모를 지금 젊을 때 맘껏 즐기면서 살아."

'미모'라는 말에 타라 언니와 내가 얼굴을 서로 쳐다보며 웃었다.

"미모? 글로리아, 농담하지 마. 우린 전혀 미인이 아니야."

타라 언니가 글로리아의 말을 받는다. 내가 언니에게 말했다.

"언니, 무슨 말이야? 언니는 미인이야. 언니, 데미 무어처럼 생긴 거 몰라?"

"내가 무슨 데미 무어처럼 생겼니? 돼지처럼 살만 쪘는데."

"돼지?"

글로리아와 수전, 그리고 내가 꺅꺅대며 소리를 질렀다.

"돼지는 무슨 돼지야? 세상 돼지 다 죽었네."

언니가 소리 지르는 나에게 말했다.

"현경, 정말 예쁜 여자는 현경이야. 너를 보면 정신이 다 나간다."

"언니, 정말 우린 고슴도치 가족이네. 고슴도치도 제 새끼는 예쁘다고……. 나처럼 '몽고인 양백치'처럼 생긴 여자가 뭐가 예뻐? 내 초등학교 때 별명이 '10층에서 떨어진 메주'였어."

수전이 우리 말을 가로막았다.

"헤이, 내가 보기엔 당신들이 다 예쁘니까, 그만들 싸워."

글로리아가 우리를 보며 웃는다. 그리고 정말 큰언니답게 우리에게 부드럽게 한마디 했다.

"이것 봐, 여자들은 다 자신들을 자기 실체보다 비하하도록 길들여졌다니까……. 자신들이 아름답다는 걸 믿지 않지. 여자를 정말 아름답게 하는 것이 뭔지 알아? 결국은 '그 여자의 일'이야. 해가 가고 나이가 들수록 말이야."

결국은 여자의 일이 여자를 아름답게 한다는 것은 얼마나 신나는 말인가. 저쪽 시냇가에서 동호 형이 기타를 들고 다른 친구들과 노래를 부르고 있다. 동호 형에게 달려갔다.

"동호 형, 신청곡이 있어. 〈꽃밭에서〉하고 〈천리길〉 불러줘."

"그거 너 결혼식 때 부른 노래잖아?"

"맞아. 아마 동호 형이 결혼축가 선곡을 잘못해서 내가 결혼에서 낙제한 것 아닐까?"

"그 노래를 니가 골랐지, 내가 골랐니? 기억 똑바로 해."

"그래, 형 말이 맞구나. 아, 그때 선곡을 너무 잘해서 결혼 조기졸업 했나 보다."

친구들이 웃는다. 지금 그 사람은 어디서 무엇을 하고 있을까? 그가 보고 싶어졌다. 우리는 시냇가에 발을 담그고 한참 노래를 불렀다.

"이렇게 좋은 날엔, 이렇게 좋은 날엔, 그 님이 오신다면 얼마나 좋을까……."

맛있는 냄새가 온 집 안에 진동했다. 집 안 군데군데 촛불이 켜졌고 친구들이 자유롭게 여기저기 모여 즐겁게 대화를 나누고 있었다. 벌써 몇 병의 와인과 샴페인이 비워져 있었다. 다들 여유롭고 편안한 모습이었다. 부엌에 가보니 데이비드와 앤디, 그리고 월 스트리트에서 도덕적 투자 운동을 벌이고 있는 데이나가 열심히 랍스터와 파스타를 요리하고 있었다. 데이나는 휴대폰으로 캐나다에 있는 자기 엄마에게 전화까지 해가며 요리의 디테일에 충실하려 했다. 젊고 아름다운 세 남자가 앞치마를 두르고, 땀을 뻘뻘 흘려가면서 요리 삼매경에 빠져 있었다.

나는 부엌에 들어가서 연극 대사 외우듯이 메신저처럼 두 팔을 번쩍 들고 소리를 질렀다.

"형제들이여, 여자들은 전부 술을 먹고 취해서 앉아 놀고 있고, 건장한 젊은 남자들은 부엌에서 요리를 하느라 술 한잔 마실 시간도 없으니. 이것은 페미니즘의 '영원한 승리'를 의미하는 것인가?"

그러자 그들이 나를 보며 "그만해! 그리고 부엌에서 빨리 나가! 음식 하는 데 정신 집중해야 하니까." 하고 웃으며 소리 질렀다.

얼마나 아이러니한가? 이 건장하고 똑똑한 백인 남자들이 동양에서 온 조그만 여자 친구를 위해 이렇게 열심히 생일상을 차리고 있으니. 나와 피를 나눈 것도, 조국을 나눈 것도, 사회운동을 나눈 것도 아닌 그들. 그들이 이 삭막한 뉴욕 인민공화국에서 내 생일 저녁을 차려주고 있었다. 저쪽 구석에서는 흑인 재즈 가수이자 연극배우인 세타가 빡빡 깎은 머리를 반짝이며 뉴저지에서 온 내 친구 캐서린 켈러 교수와 그의 남편과 함께 열을 올리며 무언가를 열심히 토론하고 있었다. 구석구석에서 친구들이 자기 나름대로 즐겁게 놀고 있었다.

드디어 데이비드가 앞치마를 벗고 나와 우리에게 선언했.

"저녁 식사가 다 준비되었습니다!"

우리는 모두 큰 식탁으로 다가가 이 젊은 남자들이 정성껏 차린 식탁 앞에 섰다. 서른 마리의 큰 랍스터와 김이 모락모락 나는 파스타, 신선한 샐러드, 그 외의 여러 음식들이 상 위에 가득 차려져 있었다. 타라 언니가 먼저 건배를 제의했다. 모두 샴페인 잔을 들고 타라 언니를 쳐다봤다. 언니가 나를 쳐다보며 내 생일을 축하했다.

"현경, 현경은 보따리 가득 기쁨을 싸서 뉴욕에 왔어. 그리고 우리 모두에게 그 전염될 수밖에 없는 너의 기쁨을 나눠주고 있어. 고마워. 너의 존재가, 그리고 너의 태어남이."

글로리아가 타라 언니의 축하를 받아 축복의 말을 했다.

"현경, 현경이 우리에게 가져다준 것은 마술이야. 네가 온 후로 뉴욕이, 내 삶이 마술에 걸린 것같이 재미있어졌어. 마술을 가져다줘서 고마워."

이런 식으로 여러 명의 친구들이 나를 위해 축배를 올려주었다. 그리고 우리 모두는 걸신들린 사람들처럼 먹고 또 먹었다. 식사가 끝나자 음악을 틀고 춤을 추고 있는데 데이비드가 생일 케이크 가득히 초를 켜서 들고 왔다. 뉴욕에서 가장 예술적이고 맛있는 케이크를 파는 가게에서 데이비드가 고르고, 오라버니가 돈을 냈다는 하얀 생크림 케이크였다. 웨딩 케이크만큼 예뻤다. 소원을 빌라는 친구들의 아우성에 나는 속으로 소원을 빌었다. 이제는 사랑의 아픔과 분노의 고통에서 벗어나게 해달라고……. 그리고 세상을 위해, 적어도 내 먹은 '밥값'은 하고 사는 사람이 되게 도와달라고……. 남자들이 끓인 맛있는 커피에 우리는 또 케이크를 먹었고, 더 많은 샴페인과 와인을 마셨다. 음악 소리는 더 커졌고, 춤은 열기를 더해갔다. 준법정신이 강한 윤리적 쾌락주의자들의 광란의 밤이었다.

많은 친구들이 잠들거나 집으로 돌아갔고, 타라 언니, 수전, 데이나, 그리고 나는 벽난로 앞에 앉아 조용한 음악을 들었다. 다들 지쳐 있었다. 아침부터 산에서 들에서 너무 즐겁게 뛰놀았고, 하루 종일 떠들면서 먹어댔다. 정말 기진맥진했다. 친구들에게 고맙다고 인사하고는 자러 가겠다고 일어섰다. 달빛에 흠뻑 젖어 있는 정원으로 나왔다. 고마운 사람들. 나를 위해 이렇게 많은 시간을 내주다니…….

  밤의 정원이 내 세포 속으로 부드럽게 흘러 들어왔다. 달빛에서 그의 냄새가 난다. 언제쯤 나는 나에게서 떨어져나간, 그 모든 사랑했던 사람들을 초대해 생일 파티를 할 수 있을까? 이생에서 그것이 가능할까? 달빛에 젖은 이름 모를 꽃들을 들여다보며 그들의 얼굴을 하나하나 떠올려보았다. 그리고 나지막이 그들의 이름을 불러보았다. 가슴속 깊이 숨겨둔 상처가 다시 열렸다. 뜨거운 강물이 내 목구멍으로, 등뼈로, 다리로 흘러내렸다. 정원의 하얀 그네에 앉았다. 어릴 때 아빠가 밀어주시던 그네 같았다. 그넷줄에 머리를 대고 아빠 잃은 아이처럼 울었다. 달 밝은 생일날 밤이었다.

2권에 계속

결국은 아름다움이 우리를 구원할 거야 1 — 뉴욕의 여신

초판 1쇄 인쇄 2013년 12월 23일
초판 1쇄 발행 2013년 12월 30일

지은이 현경
펴낸이 정중모
펴낸곳 열림원

편집부장 강희진 | 편집 김다미 조혜정 고윤희 한나비 | 디자인 주수현 서연미
홍보 김정일 | 제작 윤준수 | 마케팅 남기성 이수현 | 관리 박지희 김은성 조아라

등록 1980년 5월 19일 (제406-2003-026호)
주소 서울시 마포구 잔다리로 2길 7-0
전화 02-3144-3700 | 팩스 02-3144-0775
홈페이지 www.yolimwon.com | 이메일 editor@yolimwon.com
트위터 twitter.com/Yolimwon

© 2013, 현경
ISBN 978-89-7063-786-0 04810
ISBN 978-89-7063-785-3 (세트)

● 책값은 뒤표지에 있습니다.